Peter Grohmann

Alles Lüge
außer ich

Eine politische
Biografie

Silberburg·Verlag

1. Auflage 2013

© 2013 by
Silberburg-Verlag GmbH
Schönbuchstraße 48,
D-72074 Tübingen
Alle Rechte vorbehalten.

Satz und Umschlaggestaltung:
Atelier Stankowski, Dresden,
unter Verwendung eines Fotos von
Silvie Brucklacher (Umschlag).
Lektorat:
Gertrud Menczel, Böblingen.

Druck:
Freiburger Graphische Betriebe,
Freiburg im Breisgau.

Printed in Germany.

ISBN 978-3-8425-1267-2

Besuchen Sie uns im Internet
und entdecken Sie die Vielfalt
unseres Verlagsprogramms:
www.silberburg.de

Prolog

Bürger 1:   Ein schöner Vorspann muss her!

Bürgerin 1: Was denn für ein Vorspann? Die Geschichte und den Typ kenn' doch alle. Da brauchste kein Vorspann!

Bürger 1:   Eine Einleitung, so was wie'n Prolog.

Bürger 2:   Vielleicht auch noch feierlich, was …?

Bürgerin 2: Seid doch mal konstruktiv!

Bürger 1:   Ich hab eine Idee. Vielleicht was in der Art: »Wir sitzen ja alle in einem Boot.«

Bürgerin 1: Und alle wollen steuern.

Bürger 2:   Einer rudert.

Bürgerin 2: Siehste?!

Bürger 1:   Was, »siehste«?

Bürgerin 2: Es kommt eben nicht darauf an in der politischen Arbeit, dass man rudert, das kann jeder, sondern dass man *steuert* …!

Bürger 2:   Was treibt so einen dann ans Ruder, durch die Jahre? Vielleicht ist er verrückt.

Bürgerin 2: Es macht ihm Spaß, sagt er.

Bürger 2:   Spaß? Wo hat ein Frontschwein für den Frieden Spaß zu haben?

Bürgerin 1: Fragen, lauter Fragen.

Bürger 1:   Jetzt lehnt euch einfach zurück, Leute.

Kapitel I

1937

❖ *geboren in Breslau, Brassel,*
Vratislavia, Wrocław – Schlesien,
im fast unbekannten Mitteleuropa.
Erstes von zwei Kindern. Vater
Polizist, Mutter Schneiderin,
Sozialdemokraten.

❖ Die Deutschen bombardieren
das baskische Gernika (Guernica).

1938

❖ Österreich wird deutsch gemacht.

❖ Die Wehrmacht besetzt unter Jubel
das Sudetenland.

❖ In der Reichspogromnacht brennen
100 Synagogen.

1939

❖ Der Zweite Weltkrieg bricht plötzlich
aus – Polen wird überfallen.

❖ Die Ermordung von Zehntausenden
Kranken und Behinderten beginnt.
Zehntausende Gesunde wirken
daran mit.

1940

❖ Die deutsche Wehrmacht sprengt das
Chopin-Denkmal in Warschau.

❖ Frankreich wird deutsch.

❖ Das Konzentrationslager Auschwitz
wird nach Plan eingerichtet.

❖ Deutschland, Japan und Italien in
einem Boot.

❖ Katyn.

1941

❖ Adolf Hitler umarmt den
faschistischen General Franco.

❖ Deutsche Bomber zerstören
Coventry schon zum zweiten Mal
und endgültig.

❖ Überfall auf die Sowjetunion.

1942

❖ Das tschechische Dorf Lidice wird
dem Erdboden gleichgemacht.

❖ Wo ist Hanns Martin Schleyer?

❖ Die Wannseekonferenz findet einen
organisatorischen Rahmen für die
Endlösung der Judenfrage.

Der große Krieg und die kleinen Fluchten 1937 bis 1947

1943

✤ Im Warschauer Ghetto erhebt man sich.

✤ Kindersoldaten zwischen Aachen und Zwickau: Der Volkssturm entsteht.

1944

✤ Mitglieder der Waffen-SS erschießen fast alle 550 Bewohner des italienischen Dorfs Sant'Anna di Stazzema – überwiegend Frauen und 116 Kinder.

1945

✤ Die Rote Armee befreit Auschwitz.

✤ Am 13. und 14. Februar wird Dresden durch Luftangriffe zerstört.

✤ Breslau wird deutsche Festung – bis zum Verrecken – und das Deutsche Reich kapituliert höchst ungern.

✤ Ein paar Millionen Flüchtlinge irren durch Deutschland. *Wir auch.*

✤ Am 6. und 9. August fallen Atombomben auf Hiroshima und Nagasaki.

✤ Bodenreform in der sowjetisch besetzten Zone.

1946

✤ Der Indochina-Krieg beginnt. Nürnberger Kriegsverbrecher- prozesse. Im übrigen Land hängt man die Kleinen, die Großen laufen davon.

Denkzettel 1

Breslau liegt zwischen Berlin, Prag, Budapest und Warschau. 1000 Jahre hat die Stadt auf dem Buckel – Heimat für Juden, Polen, Preußen, Böhmen, Russen, Alemannen, Sachsen, Wasserpollacken, Schlawiner, Habenichtse, Möchtegerne, arme Schweine und reiche Ferkel.

Zweimal wurde Breslau verwüstet – beim Mongolensturm 1241 und 700 Jahre später, beim Nazisturm. Das heißt – eigentlich war es kein Sturm, eher ein Schwelbrand, der unter den Teppichen begann, unter die man alles Heiße kehrte.

Die Nazis, eine gewählte Sippschaft, machten Breslau 1944/1945 unter dem Jubel ihrer Einwohner zur Festung gegen die anrückende Rote Armee. Vorher hatten die Breslauer ihre 51 000 Juden nach Riga und Theresienstadt, nach Sobibor, Majdanek und Auschwitz geschickt. Ihre? Jo. Die Juden waren Breslauer seit 1203. Zwischen 1203 und der Neuzeit wurde der eine oder andere gelegentlich verbrannt von den Christen, aber fast ausgerottet wurden sie, mit dem Segen der Kirchen, erst 750 Jahre später. 1937 lebten 630 000 Breslauer in Breslau. Und ich.

Breslauer? Zum Beispiel Dietrich Bonhoeffer, Paul Ehrlich, Gerhart Hauptmann, Max Born, Angelus Silesius, Ferdinand Lassalle, Hans Aßmann von Abschatz, Gertrude Stein, Adolf Menzel, meine Mutter, Heinrich Graf Yorck von Wartenburg, Alfred Kerr, Otto Klemperer, Joseph Schmidt, Fritz Sternberg, Günter Anders, Heinrich Albertz, Ferdinand Sauerbruch, Marek Krajewski, Karl Hanke und Anita Lasker-Wallfisch. Sie war die einzige Überlebende des Mädchenorchesters Auschwitz.

Joseph Schmidt,
Tenor in Breslau.

Joseph Schmidt hat mir schon als Kind gefallen. Wir hatten daheime ein Grammophon – mit Kurbel. Schmidt war kinderlieb. Der Sohn deutschsprachiger Juden studierte an der Musikschule Breslau und der Königlichen Musikschule Berlin. Schallplatten, der Tonfilm »Ein Lied geht um die Welt«, Rundfunksendungen und Konzerte machten ihn bekannt und beliebt. Die Breslauer vertrieben Schmidt 1933 aus Breslau und sagten später, das seien die Nazis gewesen. Er floh nach Frankreich, wurde interniert, bis ihm 1942 die Flucht in die Schweiz glückte. Pech gehabt.

Sportfest, Rathaus, Hakenkreuz, Breslau 1938.

»Ohne Geld biste ohne Freunde und iberall verlorn«, wusste meine Omi Glimbzsch aus Zittau. Joseph Schmidt schlug sich als Waldarbeiter durchs restliche Leben in den Tod. Er starb aufgrund mangelnder medizinischer Betreuung seines Herzleidens, und ich träumte von Alpenmilchschokolade und glücklichen Kühen. Auf den meisten Schallplatten, den alten und neuen Tonträgern, fehlt der Hinweis auf solche Schicksale. Schmidt heißen viele.

Denkzettel 2

Breslau. Wrocław wurde im Jahre 1000 durch Otto Kaiser gegründet. Früher hätte man gesagt: Kaiser Otto. Es war der Dritte. 1163 wurde Wrocław Hauptstadt des polnischen Herzogtums Schlesien, und erst 1232 kamen die deutschen Kaufmänner, um den Slawen ihre Töppe und Strickjacken anzudrehen. So viel zur Landsmannschaft Schlesien.

Breslau war Hansestadt, fällt an die tschechische Krone, fällt den Habsburgern zu, fällt an die Preußen, fällt an Napoleon, fällt vor der Roten Armee. In die Knie!

Hin- und hergefallen also zwischen den Völkern, den Machthabenden, ein fruchtbarer Ort, Schmelztiegel der Völker. Breslau. Wrocław. Vratislavia.

Breslau hat mich mehr beschäftigt als alle anderen Orte, die ich durchwandern musste, zwangsweise meist, mit der Hand an der Mutter in den frühen Jahren, auch selbstständig dann und wann, also allein oder den Bruder an der Hand oder andere Kinder, vaterlose und vaterlandslose, zwangsweise. Der Vater ist im Krieg, die Mutter ist in Pommerland. Pommerland? Ist abgebrannt.

Es hängt mir die Sprache der Kindheit auf der Seele, dieser typische Breslauer Dialekt, ein Slang der Lergen, der heute noch bei den Breslauern auch in der zweiten, dritten Flüchtlingsgeneration durchschimmert. In die Sprache hat sich mitunter ein wenig Polnisches gemischt, viel Jiddisches, etwas vom korrekten Preußisch, ein Hauch Berlinerisches. Wenn der Breslauer westwärts ging vor der Jahrhundertwende, als Handwerker oder Kaufmann, freiwillig oder nicht, landete er häufig in Berlin. Das war naheliegend. Es hat seinen guten Grund, wenn es dort immer noch heißt, dass »jeder zweite Berliner aus Breslau« stammt. Die jungen Mädchen aus Groß-Brassel wurden als Beifrau über Hausmädchenagenturen vermarktet – Zimmermädchen, Kindermädchen, Köchin, Putzfrau – als Mädchen für wirklich alles.

Die »Breslauer Lerge« bezeichnete treffend einen besonderen Menschenschlag, eine frühe multikulturelle Gemengelage, in der Städtisches und Ländliches, Handel, Handwerk, Proletariat und Großbürgertum, Schalk und Überlebenskunst, Aufstieg und Niedergang den Typus des Breslauers ausmachten. Das ist vorbei, oder so gut wie. Die Dialekte, das Typische der Sprache, stirbt aus mit den Menschen, die bis zum Ende des Zweiten Weltkrieges irgendwo jenseits der Oder groß wurden. Selbst die großen Namen haben ihren örtlichen Bezugs- und Identifikationspunkt verloren.

Vor allem in den so genannten deutschen Ostgebieten (Schlesien, Pommern, Ostpreußen), die nach dem Potsdamer Abkommen der Sowjetunion oder Polen zugeschrieben wurden, lebten bis Ende des Zweiten Weltkriegs rund 10 Millionen Menschen, die ihre bisherige Heimat verlassen mussten und vor allem im geteilten Deutschland eine neue fanden. Wenige Hunderttausend sind dort geblieben, kleine sprachliche Minderheiten, vorwiegend in den großen Städten wie Breslau, Königsberg, Stettin oder in den Bergbauregionen Oberschlesiens. Deutsch bis auf die Knochen.

Die Eingliederung dieser Millionen Vertriebenen in relativ kurzer Zeit in die neuen Heimaten im Osten und Westen, die Ost- und Westzonen, war ein schwieriger, oft schmerzhafter, doch letztlich gelungener Prozess. Wir Flüchtlinge oder Vertriebenen begriffen unser Schicksal häufig als Unrecht, ja, auch uns Kindern passierte da etwas, für das wir nichts konnten. Die Flüchtlinge sagten sich: Wir sind der Zahlmeister des verlorenen Krieges, der Krieg, der alles Hergebrachte und Liebgewordene durcheinandergeschüttelt hatte. Noch bis in die späten Siebzigerjahre, bei den großen Treffen der Heimatvertriebenen, machten sie als Schuldige an diesem Schicksal häufig »die Russen« oder »die Polen« aus – sie selbst hatten nach ihrem Verständnis damit nichts zu tun. Schuld, wenn überhaupt, traf dann und allenfalls am Rande »den Hitler« oder »die Nazis«. Das waren die deutschen Niemands. Die Anerkennung der »Oder-Neiße-Linie« kam für einen erklecklichen Teil von ihnen nicht in Frage, war schlicht Verrat.

Die offizielle (west)deutsche Politik der Nachkriegsjahre unterstützte diese hingekotzte Haltung mit dem Slogan »Dreigeteilt? Niemals!«. Vor allem für die konservativen Parteien CDU, CSU und FDP oder DP (Deutsche Partei) waren diese Menschen ein hochwillkommenes Wählerpotential, um das sie sich nicht nur mit typischen Flüchtlingsparteien wie dem BHE, dem Bund der Heimatvertriebenen und Entrechteten, schlugen, sondern auch mit der SPD. So wie es heute ganz normal ist, ein paar mehr oder weniger wichtige Positionen etwa mit Frauen zu besetzen – Frauenquote –, gab es in jenen Jahren eine Flüchtlingsquote, die bei fast allen Parteien galt und bei der selbsternannte oder tatsächliche Vertreter dieser neuen Bevölkerungsgruppe zum Zuge kamen. In den Schaltstellen der Landsmannschaften und Flüchtlingsverbände – es gab viele und die Positionen waren hervorragend dotiert – hatten die braunen Geier von gestern ihre Fettlebe.

Keine Frage, dass diese herrschenden Positionen in der westdeutschen Bevölkerung weitgehend das Bild von den Heimatvertriebenen prägten. *Bauernarbeit schützt vor Armut und vor Reichtum*, heißt es treffend auf der Schwäbischen Alb. Der Boden ist karg da wie die Menschen, das Wetter rau. Wo da die durcheinandergeschüttelten Flüchtlinge auftauchten, nahm man sie ins Gebet und schenkte ihnen die ausrangierten Teller und Töpfe. Glauben schenkte man ihnen nicht – zu weit weg waren die Wirklichkeiten jener, die aus den Städten des Ostens kamen, den mächtigen Gütern, die Herrschaften waren im Leben davor, Großbürger mitunter, die ihre Haut und ihren Pelz gerettet hatten nach Ödenwaldstetten, Bauersleute, die von blühenden Landschaften und Pferdeherden, von Scheunen, groß wie die Dorfkirche, erzählten, aufgeklärte Proleten aus städtischen Milieus. Passend der Witz zur Lage der Nation:

Was ist der Unterschied zwischen einem Flüchtling und dem Mond? Keiner. Beide kamen aus dem Osten und hatten einen Hof.

Was zu beweisen war.

Die armen Schlucker, die vordem schon Habenichtse waren, blieben es auch am Rande der Dörfer, da, wo die Flüchtlingshäuser entstanden. Klein-Sibirien, sagten die Einheimischen. Oder Polenhäusler. Rucksackdeutsche. Sie hatten nichts und konnten auch nichts beweisen. Anders die Besserbetuchten aus dem Osten – die Kleider, die sie am Leibe trugen, waren von besserem Stoffe und selten fadenscheinig. Sie mussten nicht kleckern, sondern konnten klotzen beim Lastenausgleich. Hier der Knecht, der Habenichts mit seinem Entlausungsschein – Bein amputiert, Stalingrad, persönlicher Dank vom Kommandeur (feiner Kerl!). Und da der Herr aus besseren Kreisen: Leutnant der Reserve, uk-gestellt, unabkömmlich, standgehalten den Bolschewiken an der Heimatfront bis zuletzt, die wichtigsten Papiere wenigstens hinübergerettet in die neue Zeit: Arier-Nachweis, Stammbaum, Auszüge aus dem Grundbuch, Zeugnis des Pastors, Besitzurkunden. Hieb- und stichfest wie der Schmiss. Wer hat, dem wird gegeben.

Sie mussten nicht allzu lange warten auf die besseren Zeiten, sie hatten als Erste Arbeit, ein Telefon, ein Auto und waren rasch wieder aus den Dörfern verschwunden, in die sie der verlorene Krieg geweht hatte. Wenn sie blieben, wurden sie erfolgreiche Unternehmer.

Auch wenn dieser und jene die Flüchtlinge heimlich als asoziales Pack sahen, als arbeitsscheue Mitesser: Meist waren sie überraschend schnell als fleißige Nachbarn anerkannt. Sie brachten durch neue und andere Fähigkeiten und Fertigkeiten einen frischen Wind

Kleine und große Fluchten, 1945.

in althergebrachte Strukturen. Mit ihren vielfach revanchistischen Ansichten hatte die Bevölkerung nicht viel am Hut. Nicht nur das. Bei den eher fortschrittlich orientierten Menschen formierte sich eine regelrechte und verständliche Abwehr, die letztlich dazu führte, dass man nicht nur die These von der dreigeteilten Heimat nicht mehr hören wollte, sondern auch das Gesamtproblem schlicht ignorierte. Das Trauma von Vertreibung und Flucht, von Vergewaltigung und Verfolgung war für die deutsche Öffentlichkeit, besonders für die linke, kein Thema. Es reichte, wenn sich die Flüchtlingsfunktionäre darum kümmerten. Das war mehr als eine Unterlassungssünde – es war geschichtsfremd und unhistorisch. Der Osten wurde schlichtweg ausgeblendet – und damit auch ein Teil der deutschen Kultur- und Geistesgeschichte, der Geschichte der Arbeiterbewegung, der Juden, der Geschichte des Widerstands gegen die Nazis.

Das Trauma war ein kollektives und ein individuelles. Für die Behandlung des kollektiven waren möglicherweise jene seltsamen Flüchtlingstreffen zuständig, bei denen Mädchen von sieben, acht Jahren in original schlesischen Kostümen (von mir aus: Trachten aus Oppeln-Land) über die Bildschirme huschten und Edmund Stoiber seit 75 Jahren sein Grußwort spricht. Die Eltern der Mädchen sind, sagen wir mal, Jahrgang 1981, die Urgroßeltern sind vielleicht mein Jahrgang: 1937.

Man wird den jüngeren Generationen zugutehalten, dass ihr Anteil an »alter Schuld« gering ist. Dass sie nun offenbar nicht viel dazugelernt haben bis heute, ist wiederum auch ein gesamtgesellschaftliches Problem.

Was machen wir nun mit dem individuellen Trauma? Dasselbe, was die deutsche Bundesregierung mit den Traumata der deutschen Soldaten macht, die irgendwo im Krieg waren oder sind: in der Regel nichts. Ignorieren. Abstreiten. Soll doch der Soldat erst einmal bitte sehr beweisen, dass er an der Seele beschädigt ist. Der hat ja kein appen Fuß.

»Der deutsche Soldat hält viel aus, bloß nich im Koppe«, das wusste auch mein Vater.

Der »Dienst fürs Vaterland« ist dem Vaterland nicht mal ein Nasenwasser wert (der schwäbische Ausdruck meint Rotz) – ob das Vaterland samt Ureinwohnern nun an Ebert und Noske, Hitler und Goebbels, Grotewohl und Honecker oder Schröder und Merkel glaubt. Ob es nun die Soldaten der Wehrmacht waren, die Gefangene massakriert haben, oder der gemeine Landser, der Deserteure zu erschießen hatte, ob es nun die Wärter aus den Heil- und Pflegeanstalten waren, die ihre Schutzbefohlenen ans Messer lieferten und ins Gas schickten – ob auf Befehl gehandelt wurde oder freiwillig, ob der Täter sich im Notstand befand oder endlich mal so richtig die Sau rauslassen konnte –, in der Regel gab's keinen Prozess, keine Sühne, kein Schuldeingeständnis, sondern das große »Schwamm drüber«. Die aktuellen Nachrichten von gestern kommen aus Kundus. 3000 Euro für ein totes Kind – keine Ahnung, woran sich so ein Preis misst.

Generationen von Tätern, Mittätern, direkt und indirekt an Mord und Totschlag Beteiligten, im geringsten Falle Augen- oder Ohrenzeugen, hatten nach dem Zweiten Weltkrieg nur eine einzige Chance, mit ihren Erlebnissen fertig zu werden: Selbstmord. Davon wurde reichlich Gebrauch gemacht. Wer diesen Ausweg nicht gehen wollte, konnte immerhin noch bei den Jahrgangs- und Flüchtlingstreffen erzählen, wie's wirklich war – vielleicht auch Polizist oder Lehrer werden.

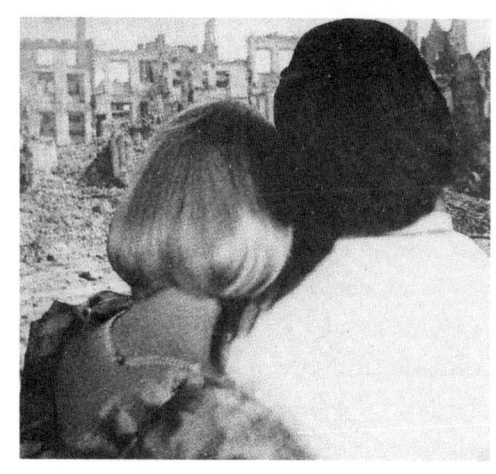

Heute blüht in den alten Städten des alten deutschen Ostens ein neues Leben. Millionen Zuwanderer aus den russischen

Alte Welt, neue Welt. Collage.

West- und den polnischen Ostgebieten sind in die Städte gezogen, haben sie wieder bewohnbar gemacht nach den Stürmen. In Breslau leben wieder Menschen mit jüdischen Wurzeln, handeln Ukrainer oder Vietnamesen oder Italiener, sind Türken und Spanier zu Hause – als Bauleute oder Ingenieure, als Studenten, Handlungsreisende, Wissenschaftler.

Städte wie Breslau machen sich auf die Suche nach ihren Wurzeln, nach ihrer Geschichte, die auch unsere ist, und so versteht man das auch in der Stadt. Sie restaurieren das alte gotische Rathaus, finden alte Schriften von Bonhoeffer oder Lassalle, sammeln für den Wiederaufbau der Storchensynagoge, einer von vormals fünf Breslauer Synagogen, suchen nach den Quellen.

Denkzettel 3

Irgendwo an einem der alten Breslauer Bürgerhäuser, so erzählte mir mein Freund Janusz Witt, Breslauer in Wrocław, haben die Bewohner eine Tafel an ihre Tür genagelt:»Hier lebte bis zum Jahr 1946 die Familie Schneider. Seit 1947 lebt hier die Familie Szymansky. Beide Familien sind befreundet.«

»Bei den Juden gekauft ham wa immer«, erzählte meine Mutter.»Die ließen einen nie ungekauft raus aus ihr'm Laden. In mei'm Schwimmverein warn etliche jüdische Mädel, etliche! Bildhübsch. Die Kerle hätten se ja gerne vernascht. Bisse halt nich mehr kamen, eines Tags. Da mussten wir ohne die schwimmen …

Zu Hause? Nu, zu Hause warn wa ja alle sozialdemokratisch, bei den Assmanns. Und bei den Grohmanns ooch. Der Emil Grohmann war ja mit dem Löbe Paule im Stadtrat von Breslau. Nu klar, der war ja Präsident oder so. Der saß öfters am Tische beim Emil, da hamse politisiert, auch euer Vater. Ach Gottchen, was hamse den gekascht! Als obbers druff abgesehn hätt! Saß andauernd im Loche. Die wollten ihn halt kleinekriegen. Der Löbe sagte immer zu deim Vater: ›Geh in die Polizei, mein Junge, da brauchen wir welche wie dich.‹

Bei den Polizisten waren ja viele SPD. Als die Nazis dranwollten, hätten die bei der Polizei immer auf ein Signal aus Berlin gewartet, erzählte der Erich später, um die zu verbieten oder so. Rechtzeitig, vastehste? Die ham auf einen Wink von oben gewartet, von der Führung.«

Sozialdemokraten winken nicht.

Mein Eid, dein Eid.

Der Eid auf den Führer:»Ich schwöre bei Gott den heiligen Eid, dass ich dem Führer des Deutschen Reiches und Volkes, Adolf Hitler, dem Oberbefehlshaber der Wehrmacht, unbedingten Gehorsam leisten und als tapferer Soldat bereit sein will, jederzeit für diesen Eid mein Leben einzusetzen.«

Die Mutter: »Wir wohnten in der Polizeisiedlung in Krietern. Damals brachte der Erich paar Mal Leute mit nach Hause. Juden. Die ham sich bei uns getroffen und bei uns übernachtet, kannsta ja denken … Der Möbelhändler Hübner und seine Freundin. Von dem ham wa das Schlafzimmer gekooft. Der Hübner hat sich ja dann noch rechtzeitig absetzen können. Manchen hat der Papa Papiere zugeschoben, damit se türmen konnten.«

Was sind schon falsche Papiere, wenn man sich den Vater als Partisanen wünscht?

Denkzettel 4

Die Oma hat in der Yenidze gearbeitet, die Grohmann-Oma. Von Meißen sind die Mädels damals jeden Tag, außer sonntags, nach Dresden gefahren zum Tabakschneiden und Zigarettendrehen. Über den Tietz hat sie nur Gutes gesagt, immer nur Gutes, egal was man sonst denkt. Der war ein Sozialer. Hatte der doch die mächtige und prächtige Glaskuppel in der Mitte Dresdens, direkt an der Bahnstrecke Dresden – Leipzig, bauen lassen nebst vier Minaretten – zweifelsfrei eine Moschee. Seinerzeit, als das Bauwerk samt Zigaretten dem rauchenden Volke diente, moserten zwar die Dresdner

Salem Aleikum: Yenidze Dresden um 1900.

Stadträte, aber wie heute waren Arbeitsplätze das wichtigste Argument. Ganz nebenbei wurde Leipzig eins ausgewischt: Der Gute hätte nämlich sonst dort seine Yenidze gebaut, und da der Dresdner als solcher wie heute auch kaum eine Moschee wirklich kannte, nahm er's hin. Jetzt wäre so ein Bau natürlich undenkbar.

Der Tabakfabrikant, erzählte uns die Oma, hatte im obersten Teil der Kuppel, deren Gläser in allen Farben des Orients glitzerten und funkelten und leuchteten, Ruheräume für die schwangeren Arbeiterinnen einrichten lassen, im Kreis standen Liegen. Junge Frauen werden mit Vorliebe schwanger, aber arbeiten mussten sie natürlich trotzdem, bis kurz vor der Niederkunft. Frühgeburten mag niemand.

»Und einmal am Tage gab's warm«, setzte die Oma eins obendrauf, »aus dem großen Dampfkochkessel. Schonkost!« Anna hieß sie, meine Oma väterlicherseits, die aus Oybin kam. Halbwüchsig, weil das Essen nicht reichte, wurden allenthalben die Kinder aus den armen Familien in die nächste Stadt gegeben, Mädchen für alles. Die Jungs konnten wenigstens unter die Soldaten. Anna erzählte, dass sie im Holzschuppen ihr Plätzel zum Schlafen hatte und das Bündel am Nagel hing und dass zu arbeiten war für das Kind von »helle bis dunkel«. Heim durfte sie zu Ostern und Weihnachten, oder wenn jemand starb – aber nur ersten Grades – und wenn sie's rechtzeitig erfuhr. Manchmal wollte sie, dass jemand starb.

»Als ich Weihnachten heime kam, lag der Vater schon unter der Erde.« Seit Wochen.

In die Yenidze, zu den Zigarettenarbeiterinnen, hatte sie der Emil geschickt. Emil war ein Guter, sie liebten sich. Er stieg immer mit ein in die Bimmelbahn, mit der nach Feierabend die Arbeiterbewegung aus der Tabakmanufaktur Yenidze und drumrum in die nahen Dörfer und Weiler fuhr, paar Stunden vielleicht noch der Muttel helfen auf dem Felde oder beim Einkochen oder Strümpfe stopfen oder den Karnickelstall sauber machen, stricken, mit den kleinen Geschwistern lernen, die Verbandszeitung lesen, ausruhen, schlafen.

»Ne Mütze Schlaf«, lachte der Opa. Manche hattens schlechter, die mussten noch kilometerweit laufen über die Felder. Wenn sie zu Hause ankamen, war die halbe Nacht rum. Nu ja, ja, nu nee, nee. Die Eisenbahn hat ja nur ihre Strecke, da kommt sie nicht davon runter.

Es rußte, Fenster schließen. Sie saßen auf Holzbänken, ganz dichte, und wenn sie zu müde waren, sangen sie sich wieder munter. »Wenn ma Sunntigs ei a Kratschern giehn …« Manche hatte eine Mundharfe im Bündel, öfter der Emil die Mandoline am Rücken. »Er hat gut ausgesehen …«, erzählte den Heimfahrenden Geschichten oder las was vor von den Arbeiterinnen in Crimmitschau. Ja, die hatten sich durchgesetzt, egal was kam.

Der Emil wusste genau Bescheid über die Proleten in Manchester, wusste, wie's dort aussah, ganz so, als sei er eben erst aus Manchester gekommen, und über die im Hamburger Hafen (»… alle organisiert«, meinte er eher bissel nebenbei und sah der einen oder anderen prüfend ins Gesicht). Er spann sein Garn von den schlesischen Webern über Plauener Klöpplerinnen, berichtete, dass die Schiffe in allen Häfen die Botschaften der Internationale über die Meere trugen, erinnerte sich an den fürchterlichen Sommer in Madrid, »da konntste dein Spiegelei aufm nackten Stein machen«, und wo die Werkbänke standen in den Hallen, war's so heiß, dass sie reihenweise umgekippt sind. Aber sie durften kein Wasser holen, nicht für sich und nicht für die Ohnmächtigen, der Faktor hatte es nicht erlaubt, er hatte ja auch seine Vorschriften. Bis einer tot dalag. Da platzte den Proleten der Kragen. Schade, dass es immer so lange dauert. Sie rissen die hohen Zäune ein und gingen zum Fluss mit der Leiche und holten Wasser für die Halbtoten.

Der Emil erzählte die Geschichten immer so, dass ihm die Arbeiterinnen an den Lippen hingen, und wie! Dass sie aufschrien vor Schmerz und Empörung, dass sie mitlitten, dass sie stolz wurden auf jene, die da trotzten und kämpften, und dass sie traurig wurden.

Er konnt aber auch zaubern, richtig zaubern oder Leute hypnotisieren und genauso oft veräppeln. Er machte sich halt einen Spaß draus, so lange rumzuspinnen, bis keiner mehr wusste, was wahr war und was nicht wahr war, und oft genug löste er das Rätsel nicht, da ließ er sich nicht erweichen, das ging ihnen im Koppe rum bis zum nächsten Tage. Dass sie im Verband sein sollten, damit war's ihm Ernst, eine

Gewerkschaft war wichtig, die Fabrikarbeiterinnen müssten sich eben auch zusammentun, fünf Pfennige die Woche, weniger geht nicht als Beitrag.

Und immer wenn der Konduktör kam zum Fahrkartenknipsen von Waggon zu Waggon, kam eine vorausgerannt und warnte ihn und er kroch unter die Bänke, unter die Röcke. Der Konduktör wusste, was gespielt wurde, und sah unseren Emil und hätte ihn so gerne nicht gesehen bei den jungen Frauen. Der Emil nämlich besaß nur seine Bahnsteigkarte, wenn überhaupt. Immer konnte er ihn ja nicht übersehen. Manchmal hing der schlaksige Bursche draußen am fahrenden Waggon und krallte sich fest an den Türgriffen und duckte sich und musste aufpassen, dass er nur nicht runterfiel und sich's Genicke brach oder dass ein Bahnhofsvorsteher oder Schrankenwärter den Mann außen am Waggon hängen sah und Meldung machte oder dass ihn, wenn er wieder reinkletterte in den fahrenden Zug, ein Wachmann erwartete oder ein Ziviler.

Später haben sie geheiratet, der Emil und die Anna. Das war geschafft, das mit den Fabrikarbeiterinnen. Die Anna, sie hieß jetzt Grohmann, hatte zuerschte ganz woanders die Lumpen gewaschen als Tagelöhnerin. Da hatte sogar einer wie der Emil Mitleid mit dem abgemagerten Ding und ihr gesagt, dass da Mädels gebraucht wurden mit flinken Fingern in der Tabakfabrik. Der Emil suchte welche, die nicht auf'n Kopp gefallen waren und die einen Standpunkt hatten und die Gusche halten konnten. Zur Anna hatten die Frauen Zutrauen, und so organisierten die beiden den ersten Streik in der Yenidze. Da war's aus mit der guten Ordnung, und das war gut so.

Nu freilsch: Sie waren ausgesperrt, keine warme Suppe heut aus dem Dampfkochkessel, die Eisenbahnwaggons hatte die Obrigkeit versiegelt, die wollt es denen zeigen! Solln se gucken, wo se bleiben die Nacht über. Um halb sieben abends würden auch die aus den anderen Manufakturen kommen zur Manifestation auf den Elbwiesen. Die Polizei hatte die Brücke gesperrt und die Abgänge und Aufgänge besetzt

und war mit Pferden da und ist reingeritten in die Menge, hat reinge-
hauen auf die Frauen, hat die Säbel blankgezogen und zugeschlagen,
Befehl ist Befehl, immer, und einer haben sie fast den Arm abgehauen.
Unter die Hufe sind sie gekommen reihenweise, die Pferde haben ge-
scheut vom Geschreie, das kannste glauben! Man hat die Verletzten
wegbringen können, ungesehen in der allgemeinen Panik, konnt sie in
trockne Tücher packen, die nass wurden vom Blut, nu aber schnell weg
von hier, bloß nicht in die städtischen Krankenanstalten, da standen
die Spitzel, da saßen die Denunzianten. Die würden sich die Hände
reiben über unsere Dummheit. Ein leichtes Spiel.
»Es war große Unruhe in der Stadt«, erzählte Anna später,»weil die
so gemeine waren.«

Siehste jetzt, dass die fünf Pfennige die Woche gut aufgehoben sind
bei der Fabrikarbeitergewerkschaft? Sie haben die Schwerverletzten
nach Tharandt gebracht, in den Morgenstunden, im Möbelwagen, was
denkst du denn? Auf der Handkarre vielleicht, wie auf'm Präsentiertel-
ler, wär man doch keine 100 Meter weit gekommen! So sind sie drinne-
gelegen im Möbelwagen im eignen Blute, den kontrolliert keiner. Aber
kein Ton durfte raus, kein Geklage, und die zwei Ärzte in Tharandt
haben sich gekümmert. In den Arbeitervororten sind die Bäckergesel-
len zu ihren Meistern und haben geguckt, dass Brot da war, und die
Stadt hat zusammengehalten, und die aus den besseren Kreisen haben
ihren Dienstmädchen gesagt, wenn die verstört und verschreckt und
verängstigt berichteten:»Es wird ihnen ne Lehre sein.« Und:»Emma,
untastehnsesich, dasse uns da jemanden uff die Kammer nehmen!«
In die Kammern der Dienstboten ging's nämlich über den Dienstbo-
teneingang, die hatten ihren eignen Aufgang, meistens, und enge und
ohne Lichte, wie die Kammern selbst. Ja, so war's, da hat das Mitleid
gesiegt über die Angst und der gute Glaube an den lieben Gott oder
einfach Solidarität.

Später, wo sich alles wieder bissel beruhigt hatte, bestellte der Jude
den Emil zu sich, und der hat den Hut abgenommen und hat einge-
willigt, dass am Sonnabend um viere Schluss ist mit der Arbeit in der

Yenidze und nicht erscht um sechse und dass das Geld gleich bleibt, und hat dafür gesorgt, dass die Verletzten ihre Arbeit behalten und der Emil, der ausgeschrieben war zur Suche, an den Heizkesseln für paar Wochen unterkriechen kann, bis sich der Rauch verzogen hat. Das war dann doch zu heikel, denn die Geheimen kamen immer wieder und haben die Leute ausgehorcht und dumm gefragt und rumgeguckt. Sicher sein kannste nie, und wenn so ein armes Schwein ein Goldstück kriegt, wird sein Herze weich oder er macht sich ins Hemde, wenn sie ihm drohen – und er pfeift.

Denkzettel 5

Die Anna verlor schließlich doch ihre Arbeit und der Emil wurde immer noch gesucht: Da war nicht mehr zu leben für die beiden in Meißen, nichts zu beißen in Dresden, in Sachsen, sie haben ihr Bündel schnüren müssen und sind ostwärts gezogen. Lodz oder Breslau? In Lodz lebte Verwandtschaft, die warn nicht so ganz koscher, man war sich auch nicht wohlgesonnen, was Besseres, nicht ohne Einfluss, nein, keine Hungerleider wie die da, Betuchte eher in Textilien, die würden ihnen eine neue Zukunft zeigen, vielleicht. Fortschrittliche. Die freilich wollten von den alten Geschichten in Dresden und Meißen nichts wissen, mit der Organisation nischt zu tun haben und erst recht keine neuen Geschichten draus machen im alten Lodz (sprich: Litzmannstadt), nichts auch mit ihren polnischen sozialistischen Juden.

Da hat eben die Anna Grohmann, geborene Neumann, abgewinkt, stolz, denn sie wusste wirklich nicht viel über die Alten Meister oder die Gotik, aber aufrecht gehen konnt sie allemal, wollt niemandem in den Arsch kriechen, denen schon lange nicht, denn Wohlstand war eher ein Makel, mit Recht wohl. Also blieb Breslau übrig, weltoffene Handelsstadt an der Oder (auch das sollte täuschen), eine der ganz großen jüdischen Gemeinden, hatte fünf Synagogen, das will was heißen, und auch Polen genug da, die Arbeiterbewegung im Auftrieb, große Geister, und dreisprachig wenigstens, wenn nicht mehr.

Der Emil und die Anna. Da war nischt ohne Mühe, ohne Qualen, aber sie waren lustige Leute, hatten ihren Spaß in den Arbeiterheimen und zu Hause auch, da waren dann nacheinander rasch die Kinder da, die Gretel, die Hanne, der Walter und der Erich, der Letzte. 1907. Mein Vater.

Großvater Emil also in Breslau belaberte die fortschrittlichen unter den Fabrikanten. Die wussten wie er, dass es so, wie es war, nicht bleiben würde. Dass die Leute, sollten sie Leistung bringen in den Fabriken, gesund sein mussten und stark und nicht krank, und dass der Arbeiter sich nicht die Kehle absaufen sollte in Verzweiflung, weil das Geld nicht reichte hinten und vorne, dass die Wohnungen Licht brauchten und Aborte und eine Wasserleitung und keine Plumpe auf dem Hinterhof. Dass acht oder zehn Kinder zu viel waren und man die ja nicht ersäufen durfte wie die jungen Hunde im Sack, den man vom Odertor in den Fluss warf, und dass man die aufklären musste übers Kinderkriegen, denn die katholischen Mädchen, die hereingeströmt waren vom Lande in die aufbrechenden Städte, wussten von Mariä Empfängnis, aber nichts von Verhütung.

Krankheiten und Krätze, Läuse und Mäuse in den Quartieren, wo es Tag- und Nachtschläfer gab und Stundenschläfer, denen das Geld eben mal für eine Mütze Schlaf reichte, wo sich Unrat sammelte und Wut. Dort war Emil zu Hause und sammelte die Groschen ein für

Der Emil und die Anna, Meißen, Dresden, Breslau.

die Gewerkschaft und die Partei, das lag beinander, anders als heute. Der Emil wollte nicht auf bessre Zeiten warten, himmelschreiend das Unrecht, schrieb er in seinen Zeitungen, aber die's betraf, wussten es, es war ihr jämmerlicher Alltag. Er kannte sie ja, die Fortschrittlichen von der anderen Seite, keine Klassenkameraden, sondern Klassengegner, die ihren Angelus Silesius kannten und zehn, zwölf Gebote auswendig, und er ackerte bei ihnen nach den Sonntagsmessen und dem Sonntagsbraten in ihren Bildungsvereinen und klagte dort das Leid, eignes und anderes. Beweise wollten sie sehen, die Pastorentöchter und schwarzbefrackten Fabrikanten, die hochgestelzten Beamten, die Bürovorsteher aus den Wohlfahrtsämtern, Zahlen wollten sie hören, Fakten standen hoch im Kurs, auch anders als heute, denn das, was der Grohmann Emil erzählte aus eignem Augenschein, was war das schon wert?

Die Anstellung, die er bekam, um erst einmal Hand und Fuß dranzumachen an das, was er in- und auswendig wusste[1], die Anstellung war dünn und dürftig. Aber eben was fürs Leben, todsicher. Selbst das täuschte. Die Hanne, die Tochter, musste dennoch täglich eine halbe Stunde Fußmarsch machen und dem Vater das Mittagessen bringen im Henkelmann, und verspäten durfte sie sich auch nicht, sonst war's Essen kalt und es gab was hinter die Ohren, links hin oder her. Aber die Anstellung war besser als die bei der Gewerkschaft und dazu angetan, Wissen zu sammeln und Schlüsse zu ziehen zum Wohl der arbeitenden Klassen.

Der jüngste seiner Söhne, Erich, wurde Kaufmann bei der Konsumgenossenschaft, der andere, Walter, wurde Fleischergeselle, das eine wie das andere warf gelegentlich was ab – mal ne geplatzte Wurst beim einen, mal ein halber Sack Mehl mit Mehlwürmern drinne. Maden im Speck. Die Gretel, was die Älteste war, heiratete einen alten Schweden und zog nach Göteborg, die Hanne ging auf Anstellung und

---

1 Emil Grohmann, Kinderarmut in Schlesien, Breslau (genaues Datum offen, um 1913).

der Grohmann-Opa ging hausieren mit seiner Untersuchung bei den fortschrittlichen Unternehmern, und hin und wieder schlug da die humanistische Bildung voll zu: Wenn das Elend zu groß war in den Proletenquartieren und der Stimmenanteil der Sozialdemokraten wuchs, da freuten sie sich an Emil, den sie zum Beamten der schlesischen Provinzialverwaltung gemacht hatten, denn der musste loyal sein als Beamter, Krätze hin oder her, und kannte die Mittel gegen Läuse, die auch gegen Sozialdemokraten halfen.

So ging die Zeit ins Land. Erich war inzwischen vom Konsumverein zur Polizei gewechselt und hatte im Schwimmverein »Aurora« die Mädels kennen gelernt – Damenstaffel – und sie ihn. Schlesischer Meister waren die, da schwamm die Assmann mit, die Gerda. An der Nase sahste, dass die Gerda keine von ihnen war. Und von ihnen wurde bei uns immer mit Hochachtung gesprochen, warn ja nicht aus Lodz, hattens zu was gebracht.

Die Schneiderin Gerda Assmann, angestellt bei Salomon Maier-Breslau, heiratete 1932 den Polizeiwachtmeister Erich, und das Schlafzimmer war Birnbaum pur und wurde von Aaron Hübner geliefert (auch hochanständig, wie mein Vater nicht oft genug betonen konnte). Aaron fuhr einen offenen Horch, und mit dem offenen Horch fuhr der Aaron Hübner die Braut Gerda und Bräutigam Erich vom Standesamt in die winzige Dreizimmerwohnung im Süden Breslaus, die Erich eingerichtet hatte und die abgestottert werden musste.

Die Polizeisiedlung im Stadtteil Krietern bestand aus 25 bis 30 bescheidenen Mehrfamilienhäusern mit Gärten, einem Lebensmittelladen (Böhm), einem kleinen Fernsprechamt und drei, vier Straßen. Konnt man sich verloofen? Na, wenn schon. »Wie heißte?« – »Peta.« »Weiter?« »Grohmann.« »Und wo wohnste?« »Mommsenstraße 20.« Ich war drei Jahre alt.

Die Häuser stehen alle heute noch, wie seltsam, die Fassaden übersät mit Narben der Befreiung 1945. Die Gerda, geborene Assmann 1911, das war meine Mutter.

Denkzettel 6

Er hatte es faustdicke hinter den Ohren, Gerdas Vater Paule, den die gesamte Familie nur »Assmann-Opa« nannte. Ladenbesitzer! Schuhmachermeister! Wohnung im gleichen Hause. Erste Adresse! Odertor 4, Breslau. Direkt vorm Haus die Allee, aber ohne Bäume. Die Straßenbahn. Der Fluss. Zwei Brücken, eine rechts, eine links. Kaiserbrücke. Die Dombrücke. Zwei von 116 Brücken. Die Dominsel. Und glei nebendranne die Universität Breslau, gegründet 1638 / 1702. Das färbt ab. Und alles alt.

Als wir im Rahmen der jährlich stattfindenden offenen Studienreise der AnStifter von Stuttgart nach Auschwitz in Breslau am 3. Oktober 1993 Station machten –

Breslau, 300 Jahre vor meiner Zeit.

einer Reise, die so oder so jeder machen sollte – suchte ich nach diesem alten Schuhgeschäft am Odertor – erste Adresse! – und taperte in der Gegend rum und sah kein Schaufenster am Haus Nummer 4. Dabei hatten die Polen doch die von den Deutschen zusammengeschossene historische Innenstadt[2], und nicht nur die, originalgetreu wieder aufgebaut nach dem Ende des Zweiten Weltkriegs, Haus um Haus, weil sie sich sagten zu Recht, die in Jahren und Jahren gewachsene Stadt, das ist auch unsere Stadt und unsere Vergangenheit und Zukunft, da haben Baumeister aus Prag geplant und Ingenieure aus Rostock, da haben Zimmerleute aus dem Rheinischen und Steinmetze aus Straßburg mitgebaut, Pflasterleger und Kirchenbauer aus Venetien, da lebten sie noch zusammen, die Freidenker und Katholi-

---

2   1945 war Breslau »Festung« gegen die zur Befreiung heranrückende Rote Armee – um freies Schussfeld zu haben und Nachschub aus der Luft, sprengten die Deutschen Teile der Innenstadt selbst in die Luft.

schen, auch wenn die die gelegentlich lieber verbrannt hätten, da wurde polnisch und deutsch und jiddisch gesprochen und die Mischung aus allem, Worte, Wörter, die heute noch herüberwehen aus meiner Kindheit, und alle verstanden, was gesagt oder gemeint war. Es warn die Zeiten, da konnte einer evangelisch sein und der andere königstreu oder Schlowake.

So eine Stadt muss doch weiterleben, und wenn die alten Mauern eingefallen sind: Die Steine sind noch da, die Zeugnisse von den Pogromen, die von Bischöfen und Adligen und Aufständischen, noch da sind die gestohlenen Kleinodien aus Kleinasien. Die dicken hundertfachen Bände aus den tiefen Gewölben der altehrwürdigen Universität Wrocław haben den Feuersturm und die Dummheit überstanden – »der Pole« hat das Erbe angetreten, koste es, was es solle, anders etwa als in Stuttgart, wo Hochmut und Kapital aufs Erbe schon immer geschissen haben.

So gesehen, hätt ich Opas Laden finden müssen – alles, wie's früher war, samt dem Geruch, der mir in der Nase hing. Aber die Grohmanns übertreiben, alle, immer. Die Hausnummer stimmte, das »riesige Haus mit zig Stockwerken hoch« hatte eben mal fünfe, und der Laden war kein Laden, sondern Keller, na ja, allenfalls Tiefparterre, erreichbar von der Straße über sechs Stufen nach unten. Auch das Schaufenster entdeckte ich schließlich, alles andere als das, was man sich – heutzutage sowieso – unter einem Schaufenster vorstellt. Einsdreißig auf einsdreißig, zwischen Hauseingang und Kellerabgang. Entdeckt hatte ich's aber nur wegen der kindsgroßen Plastik aus Plaste und Elaste aus Schkopau[3]: Jungfrau Maria mit dem kleinen Jesulein auf dem Arm. Marias Heiligenschein leuchtete in allen Farben der Kurie – alles blinkte und glitzerte und ging an und aus, wie bei einer türkischen Girlande zum Beschneidungsfest. Also gewissermaßen ein Blickfang für ein Paar Damenschuhe und eine offenbar alte zerbeulte Dose Erdal-Schuhcreme aus angeblich besseren Zeiten: Eine Antiquität – Reste vom Opa? Weiß

---

3 »Plaste und Elaste aus Schkopau« - heute »Dow Chemical«.

der Himmel. Paule war katholisch, aber mit Sicherheit ist er in die Hölle gekommen und brät und schmort unter elenden Qualen.

Da hat er also gehaust, Paule, der Schuster, wie die Tochter ihn nur heimlich nannte, sonst gab's was auf die Gusche. Da hat er gewohnt samt Hamper, Gerdas Bruder, verschollen im Zweiten Weltkrieg, und der Oma Magdalena, die wir nicht mehr kennen lernen konnten, weil sie vorzeitig im Himmel war bei Maria und all den anderen. Gewohnt hamse überm Laden, da ging ne schmale, eiserne Wendeltreppe ins Hochparterre. Runter in

Die Assmanns: Paule, Muttel, Gerda.

den »Laden« ist die füllige Oma nur, wenn's wirklich dringend war, wenn's Leder gestreckt werden musste oder wenn sich der Paule mit dem Hammer auf die Finger gekloppt hatte und fürchterlich fluchte oder wenn er Heißhunger hatte auf ein Näppel Leinöl mit Quark und n Renftel zum Eintunken. Naja, ungerufen ist sie hin und wieder auch runtergewendelt, leise. Um zu gucken, ob der Paule überhaupt noch da war. Ob er sich nich wieder mal aussem Hause geschlichen hatte auf ein Dünnbier nebenan.

Eines Tages war's aus damit, mit'm Hinterherspionieren! Sie blieb nämlich mitten auf der 40 Zentimeter engen Wendeltreppe stecken mit ihrem dicken Arsch, und der Paule war tatsächlich auf ein Dünnbier. So schmal war die Treppe und so dick die Oma. Blut und Wasser geschwitzt hat sie da und hat gerufen und dann gebrüllt wie am Spieße – aber kein Aas hat sie gehört. Nu ja, ja, nu nee, nee. Und schließlich isse gerettet worden, nach sechs Stunden. Die ganze Nachbarschaft hatte mitgezogen und geschubst und die Fettpolster mal so rum, mal so rum verteilt. »Das haste jetze davun!«, giftete Paule, der aber eigentlich ein Guter war. Irgendwann mal isse gestorben, auf natürlichem Wege …

An Omas Stelle half nun die Tante Trudel dem Opa, wo sie konnte. Der Paule brauchte an vielen Stellen Hilfe. Die Tante Trudel hatte einen Namen mit »sczszy«, man musste ihn nicht unbedingt wissen, und wenn man ihn wusste, dann konnte man ihn nicht aussprechen. Die Tante Trudel war Vollwaise oder noch mehr, was wir Kinder voller Hochachtung hörten. Der Assmann-Opa hat viel von den Frauen gehalten und manches mit ihnen, und schon zu Lebzeiten haben ihm seine Mädel nicht abgenommen, dass er zum Parteiabend ist.

»Nu komm doch mit, wirschte sehen«, sagte er der ersten und der zweiten Frau. Aber die wussten auch, ohne zu sehen. Fünf Minuten vor seinem Hinscheiden 1955 heiratete er die Tante Trudel, im freien Westen, bei Braunschweig. Es gibt eben doch noch so was wie Anstand in unserer Familie.

Zehn Jahre vorher hatte der Paule noch die Stadt verteidigt, gegen wen denn, für wen denn, gezwungenermaßen so oder so, vor der anrückenden Roten Armee. Das hat ihn verfolgt bis zu seinem Tode, und erzählt hat er's dutzendfach, damit's nicht vergessen wird. Was die Alten nach dem Kriege erzählten, interessierte in Wirklichkeit kein Schwein, da hatte doch jeder sein Päckel zu tragen und seine Leichen im Keller. Man hörte halt anstandshalber zu.

Anders wir Kinder. Wir wussten, was Plünderer sind, waren ja selbst welche und stolz drauf, wir wussten, was Partisanen oder Goldfasanen oder Russenhuren treiben, wie Seitengewehre aufgepflanzt werden müssen oder eine Flak in Stellung zu bringen ist und wann man eine Panzerfaust auseinandernehmen kann – und wann besser nicht. Wir waren die, die den deutschen Müttern sagten, was der Russe wollte, wenn es nicht das eine war.

Wenn er den Faden abbiss, Opa, der Paule, beim Schuhenähen, das Dreibein zwischen den Schenkeln, und listig lugte hinter seiner kaputten Brille, da saßen wir Kinder neben ihm auf dem Maul. »Erzähl vom Kriege, Opa!«

Die Geschichte, wo sie einen beim Plündern erwischt hatten – »so alt wie du!«, und die Schusterahle stach mir fast ins Herze, »und an die Wand stellten.« Die Geschichte, wo sie einem den Kopp weggeschossen hatten, der neben ihm im Graben stand – »alles voller Blutt«, nickte er uns vielsagend zu und machte eine Gebärde, die vom Halse bis zum Knie reichte und uns kalte Schauer über den Rücken jagte. Ach Gottchen, wir Kinder hatten ja mehr gesehen als der Paule, auf eine Leiche mehr oder weniger kam es uns nicht an.

Denkzettel 7

Die Mutter: »Wir mussten los, zu Fuß. Da war der grade mal acht Jahre alt (ich!) und hat den Koffer geschleppt und der Ingo mit dem Rucksäckel. Ich seh se heute noch, die zwei Knirpse. Und hundekalt war's auch noch, 's war ja Januar. 45. Manchmal konnten wir n Stickel auf'm rumpligen Pferdewagen mitfahren oder hinten druff auf'm Lastauto.

Nachmittags kamen wir in ein Dorf. Da warn schon überall Flüchtlinge, in der Schule, sogar in der Kirche lagen die, in den Scheunen sowieso. Nicht mal ne Decke hatten die. 's gab ne dünne Suppe. Wir schliefen bei einem Bauern zu fünft im Bette. Am nächsten Tag musste der Treck weiter. Der Papa war im Krieg, schon 39. Bei der Truppenbetreuung, mit seinem Quartett. Und dann verschollen …«

Die Wäsche hängt noch auf der Leine, steif gefroren. Wir müssen los, sagt die Mutter, schiebt den überladenen Kinderwagen, den Bruder an der Hand. Obendrauf ein Stück Wäsche, frisch von der Leine. Ich trage einen Koffer, den Kinderrucksack und meinen Teddybären mit dem appen Arm. Bei der Breslauer Wetterwarte in Krietern wartet kein besseres Wetter, der Kinderwagen darf nicht mit aufs Lastauto, »der ist sowieso schon überladen, nur das Notwendigste, haben wir doch ausdrücklich gesagt, und Ihre können doch schon laufen!« Der Teddybär darf.

Im August 1944 hatte die Rote Armee die Grenzen Ostpreußens überschritten, westwärts. Schlimmes hatten sich die Frauen erzählt von den russischen Tieren. Die Frontlinie lief im Winter über Warschau und Budapest, die Oder lag in Reichweite, Breslau war eine lächerliche »Festung«, in der die Deutschen ihre eigenen Kinder verheizten.

Die Luftangriffe auf Breslau begannen am 18. Januar 1945. Da war der Opa schon im Schützengraben, der Vater, wie sich's gehört, unterwegs nach Sibirien und wir auf dem Lastwagen. Der wurde nach einer viertelstündigen Fahrt requiriert von der Wehrmacht, um den Feind aufzuhalten. Wer wollte das nicht? Also Fußmarsch durch den Winter, westwärts.

Übernachten im Stroh, daran erinnere ich mich, an Schulen oder Scheunen und dicke Ehebetten mit klammen Kissen, an Eisblumen an den Fenstern, an Kälte und Dörfer, und dass es in den Kuhställen immer am wärmsten war. »Gleich sind wir bei der Tante.« Es gab da viele Tanten und Onkels in Dresden und in Meißen, Verwandtschaft, aber vielleicht doch keine echte. Das war gut so.

Wir irrten mit einem kleinen herrenlosen Handwagen, den die Mutter hatte mitgehen lassen im Eulengebirge, durch die Straßen. Es war so viel herrenlos inzwischen, denn die tapferen deutschen Herren hatten sich mit der Vereinskasse und ihren Mätressen oft rechtzeitig abgesetzt. Wir irrten durch herrenlose Dresdner Nobelviertel und Armensiedlungen, manchmal mit der Straßenbahn, aber meistens zu Fuß. Endlos kam mir das alles vor. Überall Flüchtlinge, überhaupt waren überall Flüchtlinge, noch keine Vertriebenen. Hunderttausend, und kein Platz nirgends. Die falsche Tante vorerst noch kein Flüchtling.

»Glei dreie? Nee, das geht nich, beim besten Willen …« Die Mutter heulte, und wenn die Mutter heulte, heulte auch der Ingo, und wenn der Ingo heulte, heulten alle. Eine Nacht oder so konnten wir in Laubegast bleiben, aber zu essen sollten wir uns anderswo was besorgen, es reichte ja nicht mal für die eigenen, beim besten Willen, wie man weiß. Die Hakenkreuzfahnen hingen noch stolz im Winterwind.

Manchmal war's nur Übung. Fehlalarm, Sirenen, die den Fliegeralarm probten. Es war spannend für uns Kinder, in den Keller zu rennen, durch Dresden, hochmütig über große Kreuzungen ohne Verkehr. LSR heißt Luftschutzraum, das muss jedes Kind wissen. In den Kellern Durchbrüche, wo es ging, zum Nachbarhaus, ein Holzverschlag davor, »wegem Kartoffelklauen. Die Flüchtlinge klauen wie die Raben.« Eine Reihe roter Eimer mit Sand, man durfte nichts rausnehmen, nicht mal eine Handvoll zum Spielen. »Hier wird nicht gespielt.« Es spielten andere.

»Nu geht doch rieber innen Großen Garten.« Das G gegurrt. »Da stellnse poar Baracken uff, da isses worm und Gulaschkanonen.« Gulaschkanonen sind schöne Kanonen, aber die Schlangen drum rum waren endlos. Alle sahen verhungert aus, die zwei Baracken waren restlos überfüllt. Es war arschkalt. Die Leute kamen nirgends unter. Sie hatten Brennholz gesammelt, dann Sträucher abgehackt, später Äste, zum Schluss ganze Bäume. Große Feuer im Großen Garten. Der ganze Große Garten brannte, aber erst später.

Wir liefen todmüde in die Neustadt, irgendwo bei der Lutherkirche sollte sie wohnen, die zweite falsche Tante. Sie wollte erst nicht aufmachen, dann wollte sie uns wegschicken.

»Da schlafen wir ebent auf der Treppe«, schnappte die Mutter zurück.

»Der Onkel ist doch krank«, entschuldigte sie sich und murrte uns rein. Der Onkel giftete schon im dunklen Flur, kein Gruß, doch der böse Blick machte uns Angst. »Er hat's an der Seele.«

Wer nicht!

Ich weiß nicht mehr, wo und wie und ob wir schliefen, aber der Schrank begleitete meine Erinnerungen noch lange, lange. Obendrauf lagen Äpfel, abgedeckt mit Papier, der ganze Raum duftete nach Äpfeln, und ich holte einen nach dem anderen herunter, bis sie alle alle waren. Es war der 13. Februar 1945.

Was ist Fantasie, was tatsächlich Erlebtes, Erfahrenes? Was ist Gehörtes, Gesehenes? Ist es ein im Schrecken der Nacht entstandener Alptraum? Wo sind die Ängste geblieben, die Ahnungen? Was ist vergessen, verdrängt, ausgelöscht? Für immer? Ihm, dem Vergessenen, müssen wir auf der Spur bleiben, die Sünden des Vergessens abarbeiten mit der Lust der Herumstocherns – so, wie ungezogene Kinder im Ameisenhaufen herumstochern mit einem Stecken, der lang ist: Wer weiß schon, was da rauskommt? Raus kommen die Vergessenen, die Untergetauchten, die in der Erde leben müssen mit unbestimmten Ängsten, die Sehnsucht haben, gesehen zu werden. Raus kommt für uns selbst, wenn wir Glück haben und genau hinschauen, der Schlüssel für Utopia, den wir verloren haben.

1990 kehrte ich nach Dresden zurück. Ich lief an den Ufern der Elbe, suchte in Laubegast jenes Bäckerhaus, das uns offenstand nach den schweren Angriffen. Ich suchte die Straßen stadtauswärts, stadteinwärts, durch die sich Mütter und Kinder und Alte geschleppt hatten im endlosen Zug ohne Orientierung, verdreckt, verrußt, verletzt, taub und stumm, und sehe mich selbst, nicht einmal acht Jahre alt, mit offenem Mund am Straßenrand oder mitlaufend. Die Marschkolonnen

Der Feind im Land: Dresden 1945.

der Überlebenden. Nichts mehr von Reih und Glied und Hurra, aber auch nichts von Begreifen. Endlos.

Ich zog nach der Rückkehr, der gewaltsamen Wende, die Kreise enger und enger, eroberte fünfzig Jahre später unbewusst jenes Terrain des 13. Februar 1945. Die Tränen und Träume kamen erst nachts, wie der Schrei der Sirenen.

Der Traum, wie ich den Teddy mit dem appen Arm umklammere. Der Luftschutzkeller überfüllt. Die Mütter halten den Kindern die Ohren zu. Von der Kellerdecke rieselt unablässig Staub. Die Lippen sind ausgetrocknet. Das Licht flackert, geht ganz aus.

Dann Schlag auf Schlag. Einschläge. Krachen. Kerzen werden angezündet. Der Kellerboden bebt. Aus der Decke lösen sich Putz und kleine Steine. Es wird heiß im Keller, immer heißer. Nach Luft schnappen. Der Onkel tobt im Dunkeln, die Frauen müssen ihn festhalten. Die Kerzen flackern. Er reißt sich los und stürmt zu einer eisernen Feuerschutztür. Sie ist so heiß, so heiß, dass sein Schrei das Weinen der Kinder und das Jammern und das Krachen und Dröhnen draußen übertönt. Dann krächzt jemand:»Wir sind verschüttet.«

Später. Auf der Straße steht ein Lastauto, auf der Plane ein rotes Kreuz, die Plane ist halb verbrannt, das rote Kreuz auch. Die Ladeklappen des Lasters sind heruntergelassen. Neben dem Auto ist ein riesiger Bombentrichter, in dem eine Wasserfontäne sprudelt. Im Bombentrichter liegt ein angezogener Arm.

»Die Kinder zuerst.« Der Hauseingang ist verschüttet, überall Trümmerteile. Aus dem Seitenabgang zum Keller, über die Steine, wird der Onkel getragen, er schlägt mit den Armen um sich.

Später. Das Auto holpert durch die Nacht, dem Morgenrot entgegen. Das ist das Waisenhaus. Uns Kindern sind mit Lappen und Tüchern die Augen verbunden. Ich halte mich an der Ladeklappe des Autos fest. Mein Teddy hat auch den zweiten Arm verloren.

Die Lappen stinken. Alles stinkt. Es ist tonlos.

Später. Ich stelle mich mit dem Rücken zu den Erwachsenen. Mein Augentuch verrutscht. Ich helfe nach. Es ist ein leises Weinen in der Luft. Das Auto kann nicht weiter, die Straße brennt. Wie Straßen brennen können. Aus dem Fenster des Hauses wird ein kleines Bündel geworfen und wieder eins. Auf den Trümmern vor dem Haus liegt ein Holzbrett. Auf dem Holzbrett liegen schon Bündel. Und wieder ein Bündel. Der Stoff löst sich, der Stoff, der das Bündel umschließt. Ich sehe die verbrannte Puppe.

Sie legen sie neben die anderen Bündel. Sie legen den Stoff darüber.

So viele Puppen, und kindergroße.

Später. Rot-golden leuchtet der Himmel. Es ist der schönste Himmel, den ich je gesehen habe.

»Wer das Weinen verlernt hat, lernt es wieder beim Untergang Dresdens«, proklamierte Gerhart Hauptmann nach 1945. Dresden hat nicht geweint, vorher. Es hat unseren und seinen Soldaten zugejubelt, es hatte keine Tränen für die Arbeitssklaven, keinen Blick auf Auschwitz. Als ich zurückkehre in die Dresdner Neustadt, 1990, in die Nähe der Kirche, die dem Feuersturm standhielt, weine ich. Wir werden die Stadt verlassen, wir werden nach Breslau zurückkehren. Wohin sonst?!

Russische Soldaten lassen uns mitfahren, wieder auf einem Lastauto. Unterwegs, Dresden im Rücken, ostwärts gefahren, wir sitzen vorne im Führerhaus – im Führerhaus? – bricht der Soldat, der Sascha heißt und Deutsch kann, ein Stück Brot in vier Teile, damit wir nie mehr Feinde sind. Ob Kinder auch Feinde sind, frage ich meine Mutter.

Gelegentlich träume ich. Ich rieche im Traum den Duft der Äpfel im Winter. Ich umklammere meinen Teddy. Er hat keine Arme, keine Beine mehr. Er ist ein Bündel, gewickelt in verbranntes Tuch. Ich sehe den Onkel im Traum, wieso hängt die Haut an seiner Hand herunter? Am Himmel dieser Tage sehe ich Flugzeuge. Erst sind es wenige. Sie fliegen hoch, sind kaum zu erkennen. Und dann ist der ganze Himmel voll von ihnen. Ich möchte rufen, warnen, aber der Traum lässt es nicht zu. Ich wache auf, schweißnass, den Mund voller Staub aus dem Keller.

Denkzettel 8

Ein Bestandteil der Brandbomben der Alliierten war Rohbenzin. Weil es zu schnell verbrannte, wurde es mit Kautschuk gemischt und geliert. Diese brennende, klebrige Masse konnte nicht von der Haut entfernt werden, war fast nicht zu löschen: Napalm.

»Bereits kleine Spritzer verursachen schwere und schlecht heilende Verbrennungen auf der Haut. Wegen seiner hydrophoben Eigenschaften kann Napalm zudem nur schlecht mit Wasser gelöscht oder von der Haut abgewaschen werden. Auch bei einem nicht direkten Treffer wirkt Napalm sehr zerstörerisch gegen Lebewesen und hitzeempfindliches Material. Je nach Rezeptur erreicht es eine Verbrennungstemperatur von 800 bis 1200 Grad Celsius. Napalmbomben, die häufigste Einsatzform des Brandstoffes, sind mit Napalm befüllte Metallkanister. Zünder an beiden Enden lösen beim Aufschlag kleine Explosivladungen aus, wodurch der Kanisterinhalt über eine große Fläche verteilt wird. Napalm kann auch mit Hilfe von Flammenwerfern eingesetzt werden.«[4]

Flammenwerfer waren bei der Truppe sehr beliebt, später auch bei den Verbündeten.

Die Bomben kamen zurück wie das Feuer. 1914 bombardierte ein deutscher Zeppelin Lüttich und Antwerpen. Ab 1916 setzten wir, die Deutschen, Spreng- und Brandbomben ein.

1937 wurde die baskische Stadt Guernica bombardiert. 1938 Warschau, 1940 Coventry, Rotterdam und London. Die Angriffe galten der Zivilbevölkerung.

Die Bomben wurden zuvor gesegnet.

Tagsüber kamen sie ja erst später, Jahre später, als sie Radar hatten oder so was, als die Flak ausgeschaltet war und der Alarm und die Sirenen. Ich empfing die Geschwader des Feindes mit einem Schauer, dem Prickeln im Rücken, die zugekniffenen Augen himmelwärts. Ich hörte sie, lange bevor ich sie sah. Es war ein großes Brummen in der Luft, das lauter und lauter wurde, die Luft zitterte, das Herz schlug schneller, ich hielt den Atem an, wenn sie näher kamen, hoch oben. Tommys. Amis. Russkis. Die am wenigsten. Hoch oben sie: Die wollen nichts von mir, von uns, die Lasten sind für andere vorgesehen. Sonst wär's ja ich im Keller gewesen, im Bunker.

Mutti, ist jetzt Krieg?

Als die Sirenen heulten, ja, das weiß ich von unzähligen Augenblicken, in Breslau, unterwegs, auf der Flucht, im Eulengebirge, in Dres-

---

4 Aus: Wikipedia.

den. Aber ich hatte die Sirenen längst vergessen. Eines Tages würden sie wieder heulen, heulen im frenetischen Geheule des Kalten Krieges. Tatsächlich, sie wurden wieder installiert wie manches andere, dabei hatte man doch so viel abmontiert, auf den Misthaufen der Geschichte geworfen, pfui Teufel gesagt, ausgespuckt aus tiefster Lunge. Nun waren sie wieder da, über Nacht. Nein, nicht über Nacht, es gab ja Diskussionen, Kritik, doch auch Arbeitsplätze für die Sirenenmacher in der westdeutschen Nachkriegsrepublik, hinein in die Fünfzigerjahre, hinein in den Alltag der Sechzigerjahre. Es hatte alles seine Richtigkeit. Das Volk war wie immer gut vorbereitet, vorgewarnt waren die Älteren, damit sie wussten: Man musste sich nicht auf den Boden werfen, keine Aktentaschen über den Kopf, man hatte nichts, absolut nichts zu befürchten. Der Russe kommt nicht!

Plötzlich wieder aktuell: Das Gaslied aus dem Jahr 1929 von Ernst Busch (Musik) und Max Jensen (Text). Schon dort hatte es spöttisch geheißen: »Aus ist's mit den bösen Kriegen, sprach der Völkerbund, Friedenstauben munter fliegen um das Erdenrund. Es ertönt in jedem Land Friedensmusik und geächtet und verbannt ist jetzt der Krieg.« Und munter ging es weiter im Text, »nur zum Spaß« mache man Gas, und Panzerkreuzer seien »das beste Friedensinstrument«.

Und als sie wirklich heulten, die Sirenen, Jahre nach der Kindheit, 1957, ich war zwanzig, da fuhr es den Menschen durch Mark und Bein, man wollte das Lied nicht zu Ende hören, obwohl es doch nur drei Signale gab, ja, kurz genug, aber niemand konnte dem Heulen entweichen.

Entwarnung. Doch gestern war wieder da, von heute auf morgen.

In den Fetzen meiner Erinnerungen an die Kindheit tauchten die Luftangriffe, die Sirenen, immer im ungünstigsten Augenblick auf. Beim Abendessen. Oder wenn man bereits eingeschlafen war. Oder wenn man gerade auf dem Klo saß. Oder wenn man unterwegs war und Angst haben musste, dass man schnell genug einen Unterschlupf fand. Die Menschen liefen dann kopflos kreuz und quer durch die Straßen.

»Alles vull, sehnse doch.«

»Nulassense doch die Frau mit de Kinder rei!«

»Sie ham hier goarnischt zu meldn!«

Feind hört mit. Tarnanstriche. Verdunkelung. Unterschlupf. Luftschutzkeller. Feuerpatsche. Handpumpe. Sandeimer. Wassereimer. Volksgasmasken. Spaten. Luftschutzwart. Fluchtwege. Bunker. Armbinden. Holzbänke. Wolldecken. Pritschen. Staub rieselt. Kartoffelgeruch. Notausgänge. Stahltüren. Flackerndes Licht. Nebelwerfer. Geschützdonner. Einschläge. Notlicht. Bombentrichter. Blockwart. LSR heißt Luftschutzraum. Stahlplatten über den Gitterrosten der Lichtschächte außen: Hier sind Sie richtig, hier ist ein Luftschutzkeller.

Tausend Leute irrten durch die Stadt. Überall lagen welche. Mit dem Handwagen zog meine Familie übers Land, wie tausend andere auch. Im Kurort Hartha hing die Hakenkreuzfahne an der Kirche, und der Bürgermeister erzählte, wie man die Kunst aus dem Dresdner Zwinger gerettet hat vor den Bomben und Barbaren.

Barbaren, das waren die Russen. Kunst zu retten: Das ist keine Kunst. Im Mai 45 war alles abgehauen, der Ortsgruppenleiter mit Kasse und Mätresse, die Offiziere, die Generäle, das ganze Pack. Sie hatten den Braten gerochen. Die bleiben mussten und die Neuen, die aus dem Elend kamen, stürmten die Lagerhäuser. Jeder nahm mit, was er schleppen konnte, egal was.

Sofjjetsoldaten:
Befreier und Sieger.

Die Mutter:»Wir hatten einen Sack Salz erwischt. Woher sollste denn wissen, was drinne ist, wenn außen nisch druffsteht!«

Am 5. Mai 1945 musste alles in den nahe liegenden Wald. Weil die Russen da warn.

Ich war gespannt und freute mich, weil ich nicht wusste, wie Russen aussehen. Ich wollte endlich Russen sehn!

Alles stehn und liegen lassen, warnten die Lautsprecher auf der Straße. Ich hatte meinen Grießbrei noch nicht mal halb gegessen. Es war warm. Hin und wieder riefen welche um Hilfe, nachts, im Wald, weit weg. Wie Ilse hat's geklungen. IIIIIIIIIIIIIIIIIIIlse … Illllllllllllllllllllllllllse!

Jetzt mussten wir an uns denken. Wir deckten uns mit Zweigen zu und rumliegendem Gepretze[5] und froren uns den Arsch ab und hörten Schüsse und Illllllllse.

Als wir zurückkamen aus dem Wald, weil wir zurückdurften, war alles weggefressen, sogar mein Grießbrei. So sind die Russen.

Wir zogen weiter mit nicht viel. Überall brüllten Kühe vor Schmerzen, weil die niemand gemolken hatte ein paar Tage lang. Zwei Italiener hatten Erbarmen.

Die Mutter:»Ob wir bissel Milch kriegen könnten, für die Kinder, hab ich gefragt. In der ganzen Gegend stromerten Zwangsarbeiter herum, halbverhungert, aber junge, hübsche Kerle. Die Italiener waren braungebrannt. Die freuten sich und nahmen uns mit in ihre Baracken. Na, ich kann Ihnen sagen, das war vielleicht armselig. Wie die Hunde ham die hausen müssen. Ungefähr dreißig Leute, wenn ich's Ihnen sag, und alle in eim Zimmer und ein Waschbecken und ein Klo.

Wann machen die Läden wieder auf? Bald. Immer sagste bald. Gestern haste auch bald gesagt und nischte wars. Vielleicht nie mehr, dachte ich für mich.

Die Italiener hatten Brot, das sie in ganz kleinen Stücken zwischen die Zähne schoben und ganz, ganz langsam, ganz langsam kauten. Mir lief schon das Wasser im Munde zusammen.

›Die haben ja seit Tagen nischt Richtiges gegessen, wenn überhaupt! Um mich wärsch mir ja nich …‹, hab ich gesagt.

Jeder von uns bekam ein kleines Stickel vom Brot. Und die Kinder Milch. Und dann sangen die Arbeiter den ganzen Abend lang. Die Kinder sind mir aufm Schoß eingeschlafen. Bella Ciao …

---

5   Gepretze = Lumpenzeug, Kruscht, unordentliche Ansammlung.

Wissense, na, ich war ja auch noch jung. Nich nur einer von denen wollt ja mit mir rumkaschpern. Was willste machen … Aber sie gingen nich zu weit, wenn Sie das meinen! Nu ja …«

Die Melodie des Liedes »Bella Ciao« wurde bereits Anfang des 20. Jahrhunderts von den Reispflückerinnen der ehemaligen italienischen Provinz Terre d'Acqua in der Nähe von Bologna gesungen. Der Text beklagt in immer neuer Form, in immer anderen, aktuellen Interpretationen die harten Arbeitsbedingungen unter der stechenden Sonne. Bereits die erstmals 1906 dokumentierte Fassung trägt die Züge eines Protestliedes gegen den Capo, den unsere Italiener später in den deutschen KZs kennen lernen sollten. Denn der Ausdruck Capo stammt aus dem Italienischen (il capo – »das Haupt«, aber auch »der Chef«). Italienische Wanderarbeiter brachten den Ausdruck als Bezeichnung für ihre Vorarbeiter in die süddeutsche Arbeitersprache ein.

Nachdem das erste »offizielle« Konzentrationslager in Dachau eröffnet worden war, und da es sich bei den ersten Häftlingen dort um Angehörige der bayerischen Arbeiterbewegung handelte, gelangte der Ausdruck in die Sprache der KZ-Insassen. Bella Ciao erzählt vom Chef, der »mit einem Stock in der Hand« die Arbeit überwacht, das Leben der Frauen »aufzehrt« und obendrein wenig zahlt. Doch eines Tages, so hofft die Erzählerin, werden die Frauen »in Freiheit« arbeiten.

Weltweit bekannt wurde das Lied in seiner Adaption durch die italienische Widerstandsbewegung gegen den Faschismus während des Zweiten Weltkriegs. Der Text, dessen Autor unbekannt ist, lobt den Freiheitskampf der Partisanen und gedenkt der Toten, die ihr Leben für eine bessere Zeit gaben. Das Lied gehört in unseren, also den besseren, Kreisen zu den bekanntesten Kampfliedern und wird noch heute dem faschistischen Kampflied »Faccetta Nera« entgegengesetzt. Wie viele Lieder der europäischen Arbeiterbewegung wurde es in die verschiedensten Sprachen übersetzt. In den Tagen des Mai

2013 wird es auf Türkisch gesungen, auf den Straßen Istanbuls, auf dem Taksim-Platz 21, im Gezi-Park.

O bella ciao

Questa mattina, mi sono alzato, oh bella ciao,
bella ciao, bella ciao, ciao, ciao.
Questa mattina, mi sono alzato, e ho trovato l'invasor.

O partigiano, portami via, o bella ciao,
bella ciao, bella ciao, ciao, ciao.
O partigiano, portami via, ché mi sento di morir.

Auch in Dresden waren die Nazis, mir nichts, dir nichts, die stärkste Partei, damals, bei den letzten demokratischen Wahlen. Jetzt, 1945, spielten am Stadtrand die Rotarmisten Balalaika und Schach und auf gestohlenen Flügeln Beethoven. Die Klaviere hatten sie aus den Wohnungen auf die Straße geholt, »fürchterlich, wie die mit den Instrumenten umgegangen sind«. Die Dresdner waren verunsichert, aber auch empört. Ein Flügel ist ganz schnell verstimmt.

Die Flügel hatte die Wehrmacht in Warschau geklaut und in Lodz, nein, nicht nur dort – überall in den polnischen und russischen Städten, und die Noten dazu, und die Komponisten und Pianisten und Klavierhändler an die Wand gestellt.

»Aber vorher hatten die dafür zu sorgen, dass der Bechstein unbeschädigt – kein Kratzer, du Arschloch! – auf den Einheits-Diesel kam, ich kann Ihnen sagen, der beste LKW, den die Wehrmacht hatte, Vierganggetriebe, drei Achsen, nich kaputtzukriegen, Henschel hat den gebaut, und baugleich Daimler, Magirus, nich kaputtzukriegen, deutsche Wertarbeit, so was gibts heut garnich mehr. Wenn das Klavier unten war – kein Kratzer, sag ich, vastehste kein Deutsch? Vorsicht, du Arschloch! Aufs Auto! – dann musste sich der Besitzer nackt ausziehen und uns eins aufspielen, wenn einer der Kameraden Geburtstag hatte in Litzmannstadt.

In Dresden die Flügel mitten auf der Straße, mitten in die Trümmer. So waren sie halt, die Russen. Meine Frau und ich, wir ham uns nur angesehen.«

Was für ein Mai! Nie war der Himmel so blau. Nie war die Luft so klar. Nie waren die Menschen so freundlich. Nie schien die Sonne so schön. Nie blühte der Flieder so kräftig, wie als es aus war.

Schluss. Ende. Vorbei, mitten im Mai.

Als Kind – ich war 1945 gerade mal sieben Jahre alt – erinnert man sich meist nicht mehr daran, wie es war, als keine Sirenen mehr heulten. Was grausam war, tödlich, schrecklich, hat das Gedächtnis im Untergrund versteckt. Meist für immer. Meist, aber eben nicht immer. Irgendwann explodiert irgendwas, und es kotzt dich an, es kommt an die Oberfläche wie eine Wasserleiche, aufgedunsen, gefährlich. Die Erinnerung an das, was passierte mit dir oder anderen, Augenzeuge, Ohrenzeuge. Damals.

Schluss. Ende. Vorbei, mitten im Mai. Irgendwie war ja doch alles anders, es war unbeschwerter von diesem Tag auf den nächsten. Ein irritierendes Flirren lag in der Luft. Man konnte die Wunden bewundern, die unser Krieg geschlagen hatte, Bombentrichter, Holzfüße, nicht Verheiltes. Ausgebrannte Panzer besteigen, Krieg spielen.

Sie hatten die Stadt am 8. Mai 1945 genommen samt der Kunst, die noch da war. Unersetzlich, sagten die Dresdner. Ungeheuerlich, sagten die Dresdner. Und dann auch noch Russen, sagten sie.

Die Dresdner hatten 1937 ohne Empörung zugeschaut, wie die Bilder abgehängt wurden, beschlagnahmt, verscheuert. Unersetzlich, ungeheuerlich sagte da niemand.

I wo. Sie haben beim Abhängen wie beim Aufhängen geholfen. Überzeugungstäter eben, wie überall. Entartete Kunst in Dresden. Otto Dix, Emil Nolde, Oskar Kokoschka, George Grosz, Conrad Felixmüller, Karl Schmidt-Rottluff, Lyonel Feininger, Paul Klee, Ernst Barlach, Max Liebermann und so weiter und so fort.

Denkzettel 9

Im Sommer 1945 gingen wir zurück nach Breslau. Die Russen gaben uns einen Napf Kascha, und wir durften mitfahren mit der Russen-Kolonne. Zurück nach Breslau? »Kaputter als Dresden kann nischt sein«, meinte die Mutter. »Und wo soll uns denn sonst der Papa finden?« Und: »Wo sollnwa denn sonst hin mit uns? Willkommen biste nirgens …« Zurück nach Breslau! Ostwärts? Ostwärts. Kascha, Kascha, Kascha!, riefen wir.

Die Mutter: »Kascha is so'n Brei. Brei aus Buchweizengrütze. Wenn's die nich gibt, kannste auch Hirse nehmen oder Hafer oder Gerste, was halt gibt. Bissel wie Graupen. Die russischen Soldaten ham das in großen Kesseln gekocht, auf'm Holzfeuer. Das war nur grob gemahlen, dann kam Wasser rein und Salz. Und dann hamse umgerührt, bis das Wasser weg war. Die Offiziere ham, wenn's gab, noch saure und süße Sahne dazugetan. Kascha ham alle gekriegt, die Hunger hatten. Die Russen warn nich so.«

Morgens um zweie fuhr die Kolonne los. Als die Sonne aufging, hielt der Konvoi.

Schiffen. Wir waren die einzigen Zivilisten: Die Mutter und die beiden Söhne.

Die stolze Festung Breslau hatte 80 Tage lang und doch vergeblich dem neuen Mongolensturm standgehalten. Befreiung niemals! Sieg oder Tod. Heil Hitler.

Zum Volkssturm musste Mann und Maus. Zu guter Letzt wurden auch 13-Jährige erst in Uniformen, dann in die Schützengräben und anschließend in die Särge gesteckt.

Breslau kapitulierte am 6. Mai, Berlin am 2. Mai 1945. Vier Tage länger tot. Die Flugzeuge der Roten Armee warfen Flugblätter ab über der Stadt, um die Menschen zu demoralisieren. Die Flugblätter nahmen den Volkssturm auf die Schippe.

Heraus denn, was da kreucht und fleucht
Im Schulhof und im Kindergarten
Das Höschen nass, das Näschen feucht
Der Volkssturm ruft und kann nicht warten.

Wo immer Adolf Hitler auftauchte, versammelten sich deutsche Frauen, deutsche Mütter vor seinem Hotel. Sie warteten stundenlang und schrieen sich die Seele aus dem Leibe: *Lieber Führer, sei so nett – zeige dich am Fensterbrett!*

Die Rote Armee hatte Auschwitz am 27. Januar 1945 befreit, bevor sie Breslau niederkämpfen musste. Die Breslauer ahnten, was ihnen blühte. 3000 Breslauer hängten sich aus Verzweiflung oder Angst auf, nahmen Gift oder schossen sich eine Kugel in den Kopf. Der Rest hielt stand: Befehl ist Befehl.

15000 sowjetische Soldaten waren im Kampf um die Stadt gefallen, etliche zehntausend deutsche Zivilisten im eigenen oder gegnerischen Feuer, von den Kettenhunden der SS erschossen, weil sie was zum Fressen suchten.

Die Mutter: »Als wir zurückkamen nach Schlesien, warn vor den Häusern ganze Berge von Schutt und Müll. Es war n kalter Winter. Die Russen hatten ja jede Menge Panjewagen, ein oder zwei Pferde vorne dranne. Die Pferde ham se in die Erdgeschosse getrieben. Die hätten sich doch den Tod geholt, draußen. Uns ham se erzählt, dass der Russe alles aus dem Fenster gehaun hat, was im Wege war, und dann ebent die Tiere untergestellt. Die Russen erzählen aber, dass das die Deutschen warn. Die ham überall alles kaputt gehaun. Bevor sie abhaun mussten.

Alles verbrannt. Vergiftet. Damit dem Feind nischt in die Hände fällt. Naja, wem sollste glooben?«

Fast alle Häuser hatten Treffer – Brandbomben, Sprengbomben, Stabbomben, Granaten, Einschläge von Maschinengewehren. »Das hier warn normale Gewehrkugeln.« Wir Kinder wussten ganz genau, was welche Treffer waren. Und achtungsvoll konnten wir oft sagen: »Volltreffer!«

»Ja«, wandten dann andere ein, »aber erscht anschließend ausgebrannt.« Wir hatten genug Sachkunde und erkannten scharfe Munition sofort. Wir wussten, was Stellungen der deutschen und was Stellungen der russischen Truppen waren, wie die Feuerlinien verlaufen waren. Wir kannten die strategische Bedeutung von Hügeln, Straßen, Brücken, wenn wir Uniformstücke fanden, wussten wir: Schütze Arsch, Unteroffizier, Leutnant. »Das sieht ja ein Blinder mit'm Krückstock.« Wenn wir was Größeres fanden, einen Blindgänger, eine Mehrzentnerbombe, die nicht hochgegangen war, begutachteten wir das Ding mit dem notwendigen Abstand (wie wir dachten), merkten uns die genaue Lage und malten dann als Warnung einen großen Totenkopf auf den Erdboden, um dann den Russen oder den Polen Fundmeldung zu geben. »Melder Grohmann, Bombe 80 Zentimeter, Hindenburgstraße 20, Garten.« Natürlich durften auch die anderen mal melden.

Das Metall der ganz gewöhnlichen Gewehrkugelhülsen konnte man verscheuern, aber wir freuten uns vor allem über die großen Granatsplitter oder andere Waffenteile aus Metall – das gab Gewicht. Bei Patronen, die noch nicht explodiert waren, musste man vorsichtig sein. Ganz vorsichtig durch gezielte, kleine Hammerschläge die Spitze von der Hülse lockern, das Zündpulver auf trockenes Papier und den Rest in die Metallsammlung.

Musik, Trümmer, Soldaten und Kinder – Breslau nach 45.

Unsere Wohnung unterm Dach war heil geblieben, aber mehr oder weniger geplündert. Der russische Offizier, mit dem wir gefahren waren, blieb über Nacht. Vorm Haus schlief sein Adjutant im Auto. Deutschen Frauen kann man nicht trauen. Einer muss aufpassen. Am nächsten Morgen schoss er vom Wohnzimmer aus eine streunende Katze. Es war das erste Fleisch seit langem.

Denkzettel 10

Die meisten Deutschen waren abgehauen aus Breslau oder evakuiert, zwangsweise, oder ausgebombt oder tot. Jedenfalls war's da draußen im Süden Breslaus, wo wir hinwollten und wo wir gewohnt hatten noch im letzten Winter und wo uns der russische Offizier freundlicherweise mit dem lächerlichen Gepäck abgesetzt hatte, dem Kinderrucksäckel, einem Körbchen und einem Klammersack mit luftgetrocknetem Brot.

Den letzten Koffer, den die Mutter geschleppt hatte die langen Strecken, hatten zwei Russen kassiert unterwegs, als wir Pause machten. Wir sollten ein Stickel zu Fuß gehen, alles mitnehmen, alles, und der russische Offizier bedeutete der Mutter, dass er uns später wieder auflesen würde, denn Deutsche mitzunehmen ostwärts in diesen Tagen, wo doch alles westwärts unterwegs war, was deutsch war, war eher ungewöhnlich und nur im Schutz der Dunkelheit möglich.

Die beiden Russen hatten das wohl beobachtet und uns Alleingelassene abgepasst, während wir auf die Dunkelheit und die Autokolonne warteten, die unterwegs war von Dresden über Breslau nach Moskau, zur Parade der Sieger am Roten Platz. Es waren zwei freundliche, junge Soldaten, sie sprachen bissel verlegen, beruhigend auf uns Kinder ein. Der eine von ihnen passte auf uns und unseren Koffer auf, der andere dirigierte die Mutter in die Büsche. Als sie wieder rauskam, heulte sie, und dann passte der andere Russe auf uns auf, und nu heulte sie noch mehr. Sie lachten und nahmen unseren Koffer mit. Jetzt war alles leichter.

Der Offizier fragte nicht nach dem Koffer, als wir in der Dunkelheit zustiegen, aber er sah offenbar, dass er fehlte. Von den 40, 50 deutschen Familien, die in der Polizeisiedlung im Süden Breslaus gewohnt hatten, war nichts zu sehen und zu hören. Alle Türen standen sperrangelweit offen, wenn's überhaupt Türen gab, und vor den Häusern, hinter und neben den Häusern lagen riesige Berge von Müll aller Art – Matratzen, Möbel, Wäsche, Klamotten, Klaviere, Kaputtes. Zerbeulte Fahrräder und Kinderwägen, Fensterrahmen mit und ohne Glas, Obstbäume, abgehackt, abgesägt, und sie hatten versucht, mehr oder minder erfolgreich, das alles in Brand zu stecken.

Frau Hörchner, die das elterliche Birnbaumzimmer noch retten konnte vor den Tartaren und die dann ins Zentrum in den letzten Kriegstagen musste zum Schützengräben ausheben, war wohl immer noch eine glühende Verehrerin des fast untergegangenen braunen Systems, bejammerte Niederlage und Niedergang aller Kultur und klagte die russischen Tiere an, als sie uns traf: »Nu stelln Se sich vor, Frau Grohmann, die ham ihre Pferde – Pferde! – mit in die Wohnungen reingenommen!« Was stimmte. In den Erdgeschossen Pferdemist und Stroh, es stank nach Pisse, und Pferdepisse hat was.

Frau Hörchner deutete auf die Müllberge und schluchzte und weinte über die fürchterliche russische Rache. »Was die an Werten im Unverstand kaputtgemacht haben …« Sie ließ den Satz offen. Offen war aber nicht, wer hier was im Unverstand kaputtgemacht hatte, auch wenn man jeder Armee, auch der Roten, ruhig alles zutrauen darf. Es waren die Deutschen selbst, die nach der Evakuierung, der ihrer Bevölkerung, alles kurz und klein schlugen. Die deutschen Tiere nahmen sich – gründlich – eine Wohnung nach der anderen vor, hauten raus, was rauszuhauen war, vergifteten Lebensmittelvorräte und zündeten die Berge vor den Häusern an. Benzin war teuer, das kam demnach nicht in Frage, es wurde ja noch für die eigenen Leichen gebraucht, und so hieben Volkssturm, Wehrmacht und Dummvolk mit Feueräxten auch die Obstbäume nieder, ums zum besseren Brennen zu bringen. Dem Feind sollte nichts in die Hände fallen. Und wenn, sollt er dran verrecken.

Übrigens, du kannst gegen die Russen sagen, was du willst – ein Fahrrad haben die noch nie stehen lassen.

Während die Mütter Steine kloppen gingen und Trümmerfrauen werden durften, waren die Kinder fast alleine den lieben langen Tag. Keine Schule. Wir stromerten durch die zerbombten Häuser, krauchten durch notdürftig abgedeckte Kellerfenster, erst recht, wenn die Schilder mit den Totenköpfen »Vorsicht! Lebensgefahr!« verhießen, denn wir hatten rausgekriegt, dass die älteren Jungs solche Schilder überall da aufstellten, wo sie noch nicht gestöbert hatten – um uns fernzuhalten. Die Älteren sammelten Waffen, Patronen, Gewehre, Panzerfäuste, wir hatten sie beobachtet, wie sie das Zeug fachgerecht einwickelten und versteckten. Als sie uns erwischten beim Nachspionieren, wollten sie uns weismachen, dass jeder, der mit Munition oder einer Waffe erwischt wurde, standrechtlich erschossen würde.

Wir suchten und sammelten aber ansonsten alles, was man zu Hause irgendwie verwerten konnte – Holz, Kohlen, Kartoffeln, Eingemachtes, Nägel, Farben, Werkzeuge, Besteck, Töpfe, Geschirr – am Schwarzmarkt gab es fast nichts, was sich nicht tauschen ließ. Wir fragten uns nie, wo wir wohl Uhren oder Schmuck versteckt hätten, wenn's unser Haus gewesen wär und es geheißen hätte: Schnell weg, der Russe kommt! Es war nischt Neues. Oft genug hatte ja die Mutter Sachen versteckt, wenn Polen oder Russen die Wohnungen ausräuberten, egal ob jemand zu Hause war oder nicht. Meistens hatten sie Erbarmen, wenn Kinder zu Hause waren und flennten. Mein Bruder Ingo war drei, vier Jahre alt, er konnte am glaubwürdigsten flennen.

»Ruich! Sie kommen wieder!« Die Russen. Oder die Polen.

»Flenn!«, ermunterte die Mutter meinen kleinen Bruder.

»Ich kann nich.«

»Dann gib dir halt bissel Mihe«, schimpfte sie und drohte: »Oder sie nehm' mich mit.« Das klappte. Wenn sie reinpolterten, standen wir zu dritt da und heulten Rotz und Wasser. Dann ließen sie die Federbetten da und nahmen nur die Nähmaschine mit. Der Russe hat tatsächlich, wenn er kam, zuerst »Uri, Uri« gerufen, aber auch Eheringe genommen. Na ja.

Hin und wieder fanden wir in den Monaten nach der Niederlagen-Befreiung tatsächlich Dokumente, Fotoalben, Wertpapiere oder goldene Löffel in so einem Versteck. Alles, was ein Hakenkreuz trug, verbrannten wir. So hatten es die Erwachsenen auch gehalten, als der Krieg aus war.

In der Siedlung war inzwischen noch die eine oder andere Mutter mit Kindern dazugekommen, hatte nicht gewusst, wohin im Chaos, und die alten Höhlen aufgesucht. Die Frauen pilgerten frühmorgens ins Zentrum und wir machten, was wir wollten. Es war eine schöne Zeit.

Als ich im Müll das Brennglas gefunden hatte, musste ich's ausprobieren an einem ruhigen Orte – der war die Wetterwarte. In den Räumen lagen haufenweise Akten, Papiere, Wetteraufzeichnungen, hier ein umgekippter Schreibtisch, zerdepperte Fenster, eingetretene Türen. Und keine Menschenseele weit und breit. Zu Hause war ich immer fürs Feuermachen zuständig, ich knüllte Papier zusammen, riss Holzsplitter aus den Türen und war fasziniert, wie das Feuermachen mit einem Brennglas klappte. Als es richtig loderte, haute ich ab und schaute zu mit Abstand, wie es endlich lichterloh brannte. Dabei hab ich mich eingepinkelt. Heim bin ich erst, als die Hosen trocken waren. Allen zur Ehr, dem Nächsten zur Wehr. An Feuerwehren kann ich mich nicht erinnern, nicht an Sirenen, nicht an Schimpfe. Es war ja niemand zu Hause, und als sie kamen, war alles längst abgefackelt. Schön hat's trotzdem ausgesehen.

Zwei-, dreimal fanden wir Leichen. Soldaten, mit allem dran und an. Beim ersten Mal rannten wir weg. Nach zwei, drei Tagen sind wir wieder hin, ham uns die Nase zugehalten. Beim dritten Mal angelten wir uns vorsichtig das Gewehr. Es funktionierte noch. Waffen lagen hinter jedem Gebüsch. Lafetten von Kanonen standen an der Ecke, ausgebrannte Panzer im Straßengraben. Munition vor der Haustür.

Chaos. Die deutsche Verwaltung war mit dem Ende der »Schlacht um Breslau« auch zu Ende. Viele waren geflohen, wenn's noch gereicht hatte, aber es waren auch Deutsche dageblieben, zum Teil aus Pflichtgefühl: In den kommunalen Gas-, Wasser- und Stromwerken, Versorgungsbetrieben, bei den Straßenbahnen, der Feuerwehr, in den Krankenhäusern. Die Totengräber hatten alle Hände voll zu tun. Züge fuhren nicht mehr – der Kohlenklau[6] ließ grüßen.

Lieber frieren oder lieber klauen?

Die Flüchtlingstrecks waren längst über alle Berge, die Autos von den Leuten mit den Durchhalteparolen requiriert, damit sie selber abhauen konnten. Es ging drunter und drüber. Mit der Roten Armee kam auch eine polnische Zivilverwaltung.

Ende 1945 lebten in Breslau / Wrocław rund 35 000 Polen und 180 000 Deutsche. Ende 1946 war es genau umgekehrt. Die Deutschen wurden verachtet. Dennoch forderten die just von denen, die sie ein Jahr vorher noch ausrotten wollten, die sie mit Terror und Krieg überzogen hatten, gleiche Rechte.

Nachts musste sich jeder verrammeln, da kamen die Banden. Zwangsarbeiter oder welche aus dem KZ, russische Soldaten oder polnische Neusiedler.

Die Mutter: »Zweimal nahmen sie uns alles ab, wir hatten ja nicht viel. Paar Sachen versteckten wir – aber die waren ja nicht dumm. Ich ging regelmäßig in die nahe gelegene Kaserne, wo jetzt die Russen waren, und wusch die Sachen von den Rotarmisten. Fürs Essen. Oder du bekamst mal ne Handvoll Zucker oder ein kleines Stickel Seife. Das Essen war ja die größte Sorge. Mensch, ham wir gehungert. Ich nähte ja viel. Auch für die weiblichen Offiziere. Die hatten Stoff ergattert und

---

6   Kohlenklau – Bildmotiv der Nazis: Schwarzer Mann mit (Kohlen-)Sack auf dem Rücken.

ließen sich von mir Röcke und Blusen und Kleider nähen. 1946 wurde in unsre Wohnung ein jüdisches Pärchen einquartiert. Der Mann arbeitete in der Breslauer Waggonfabrik, die Frau klaute.«

Alle klauten. Meine Mutter putzte und kochte damals eine Zeitlang bei einem jüdischen Zahnarzt-Ehepaar. Die Reste vom Mittagessen konnte sie mit nach Hause nehmen. Sie hat so gekocht, dass es immer Reste gab. Wir waren damals drei und sieben Jahre alt. Wenn die Mutter nicht da war, gingen wir stehlen, sammeln oder betteln bei den Polen. Wenn die aufmachten, sangen wir ein polnisches Kinderlied, noch bevor sie uns wegjagen konnten.

A-a-a, a-a-a,
byly sobie kotki dwa.
A-a-a, kotki dwa,
szarobure, szarobure obydwa.

Oder eben deutsche Lieder. Manchmal haben sie uns reingewunken und wir bekamen richtiges Essen. Fast immer ne Scheibe Brot mit Marmelade oder mal n Apfel oder was vom Kuchen.

Jeder musste sehen, wo er blieb. Aus den kaputten Panzerfäusten fummelten wir Kinder das gelb-weiße Zeug raus. Karbid, würd ich mal sagen. Wir rannten zum Teich, steckten etwas von dem Zeug in eine Flasche – bissel Wasser drüber, Korken drauf und dann in hohem Bogen in den Teich. Nach ein paar Minuten trieben tote Fische nach oben. Unsere Mutter

Gut gebettelt: Peter und Ingo Grohmann, 1946.

wurde von den Polen zur Sau gemacht, als man uns Kinder erwischte.

»Was musste dir erwischen lassen! Nischt als Sorgen macht ihr einem. Ich komm noch ins Gefängnis.«

Denkzettel 11

In den Wintermonaten 1945/1946 kam die Rote Armee mit LKWs in die Vororte und brachte Essen für die hungernde Bevölkerung. Sie hupten, und die Kinder des Viertels liefen zusammen. Mal gab's Kascha, mal eine Handvoll getrocknetes Schwarzbrot: steinhart. Da bissen wir und knabberten und versuchten im Heißhunger größere Brocken abzubrechen mit den Zähnen und wir kauten drauf rum am Kanten und lutschten, wenn's doch zu harte war.

Die Kinderschar vor den Russen-LKWs wurde immer größer. Auf dem Auto stand ein Soldat, der austeilte und einer, der für Gerechtigkeit sorgte: Erst kamen die Mädchen an die Reihe, dann die Kleinen. Der Soldat hatte einen langen Stock, mit dem er den frechen und älteren Jungs auf die Hände schlug, wenn die sich zu sehr vordrängelten. Mein kleiner Bruder Ingo war immer vor mir dran. Wenn wir was ergattert hatten, rannten wir nach Hause. Aber hinter der nächsten Hecke lauerten oft die älteren Jungs und wir mussten teilen. Freiwillig. Oder halt paar auf die Gusche. Am sichersten war es, immer sofort alles zu essen. Runterwürgen, das Harte.

Als wir dann rausmussten 1947 aus den polnisch besetzten Gebieten, aus Schlesien, hatte sich doch wieder dies und das angesammelt an Eigenem. Wir mussten zu Fuß aus Krietern zum Breslauer Hauptbahnhof. Mitnehmen konnte man nur, was man tragen konnte. Auf den Bahnhöfen kontrollierten Volkskomitees das Gepäck. Da wurde diesem und jenem noch dies und das abgenommen. Pech. Anschließend kam die Miliz durch, deshalb musste in dem Waggon ein kleiner Gang frei sein. Ganz zum Schluss, als wir dachten, es ist alles vorbei, jetzt geht's gleich los, kam noch einer und machte Körperkontrolle, griff zwischen die Beine und in die Büstenhalter und die Hosen. Die Leute waren ebenso entsetzt wie empört, ja, manche wagten sogar den Protest. Bei dieser letzten Kontrolle vor der Abfahrt wurde natürlich immer noch etwas gefunden, ein goldenes Parteiabzeichen, ein Trauring, ein Armreif ...

Heute erinnere ich mich an das, was uns unser Freund Henryk Man-delbaum[7] 2007 erzählt hatte, als wir mit den AnStiftern in Auschwitz waren, es war das Jahr, bevor er starb, und er hat uns aufgetragen, euch alle zu grüßen, die es gut meinen miteinander und mit den Völkern. Ein polnischer Jude, damals 16 Jahre alt und bärenstark.

Ihn hatten die Deutschen in eines der Sonderkommandos von Ausch-witz-Birkenau gesteckt. Sie hatten die Aufgabe, die Leichen aus den Gaskammern zu holen, die über- und untereinander und nebeneinan-der lagen oder in Schichten, Kinder und Frauen und Männer, nackt. Er musste sie mit seinen Kameraden herausziehen und dann, Mensch für Mensch, Mann und Frau und Kind, durchsuchen – den nackten, toten Leib. Nicht nur einfaches Abtasten, ob da an einem Finger noch et-was steckte, unter den Armen vielleicht. Nein. Kräftig zuge-griffen: erst die Ohren, dann die Nase, dann der Mund, und da, »Nicht so zimper-lich!«, rügte der freundliche

AnStifter in Auschwitz-Birkenau: Henrik Mandelbaum, 2007.

Deutsche. Es könnt noch Gold sein an den Zähnen. Nimm die Zange. Was ist unter der Zunge, im Rachen? Ein Edelstein vielleicht, ein Dia-mant, winzig und klein genug …

Sie haben's überall versteckt, allen bösen Kontrollen zum Trotz fin-det der Mensch, auch ohne jedes Kleid, in größter Not eine Öffnung an seinem Körper, an dem versteckt werden konnte, was bis hierhin unentdeckt blieb wie der letzte Funken Hoffnung, der irrwitzige Glau-be, dass es vielleicht doch nur die Dusche der IG Farben sein könnte, die letzte Säuberung von Ungeziefer, die unerklärliche Hoffnung, dass

---

7   Vgl. den Artikel über Henryk Mandelbaum auf Wikipedia.

man selbst von diesem Ort davonkommen könnte. Da hineingegriffen also, hineingegriffen in alle Öffnungen, die wir Menschen haben. Er erzählte es uns Sprachlosen, Fassungslosen. Und dass es Routine war, und dass es ihn beschäftigt ein Leben lang bis heute und krank gemacht hat und dass er es so lange erzählen wird, wir er atmen kann. Was sie fanden, kam in eine stählerne Kassette mit schrägem Schlitz. Damit auch der deutsche Wächter nichts stehlen konnte, was dem deutschen Staat gehört von Rechts wegen.

Aufgeschichtet hat man sie dann, Holz dazwischen und die abgemagerten dürren Leiber im Wechsel, wenn's denn ging, mit den gut genährten, und eine Rinne lief unten am Scheiterhaufen, in die das Fett tropfte, wenn die Feuer brannten, und sie brannten nie schnell genug, und eine Kelle war da, mit der sie das Fett über die Mageren gießen mussten.

2013. Jeder fünfte unter 30-Jährige kann mit dem Wort Auschwitz nichts anfangen. Eine Studie belegt, dass 20 Prozent aller Deutschen zumindest unterschwellig judenfeindlich sind.

Ach, Kinder, die Mandelbaums und die anderen werden uns noch eine Weile beschäftigen.

Hab acht, hab neun
hab Kinder freun
hab hü, hab hott
habt niemals Trott
habt öfters fott
Hab vollen Schrank
Hab aus mal Schank
Hab immer Trank
Hab Schaff, hab Schlaf
Hab niemals Raff,
Hab nie nur Nick
hab Gegenklick
habt Sommer Reh
habt Winter Schnee
Hab dies und dös,
hab niemals bös

Kapitel II

1947

✤ Wolfgang Borchert stirbt draußen vor der Tür.

✤ Wer nicht geflohen ist, wird ausgesiedelt. *Auch wir siedeln um.*

✤ Die deutschen Ostgebiete sind nicht mehr deutsch.

✤ Die CDU fordert im Ahlener Programm etwas Sozialismus.

1948

✤ Heißt Palästina Israel.

✤ Währungsreform wunderbar – für Schieber und Fabrikbesitzer.

✤ Die Soffjets blockieren West-Berlin, die Wessis lassen Schokoladen-Bomber steigen.

1949

✤ Vor dem Gesetz ist alles gleich: Verkündung des Grundgesetzes.

✤ Erste Wahlen zum Deutschen Bundestag.

✤ *Besuch der Grundschule, Klasse 4.*

✤ Es klopft. Du rufst herein. Wer steht draußen? Die NATO.

✤ Gründung der Deutschen Demokratischen Republik.

1950

✤ »Korea, Korea, der Krieg kommt immer näher.«

✤ Beim Waffenstillstand erschießen sich die Waffenhändler.

✤ *Rückkehr des Vaters aus sowjetischer Kriegsgefangenschaft. Flucht in »den Westen«.*

✤ *Besuch der Katholischen Volksschule in Zwiefalten.*

✤ Adenauers Innenminister Gustav Heinemann tritt zurück.

✤ McCarthy jagt die Rechtdenkenden: unamerikanische Umtriebe.

Ostzone, Westzone – Rübermachen. Große und kleine Fluchten 1947 bis 1957

1951

❖ Der Schah von Persien heiratet Soraya.

1952

❖ Die Sowjetunion bietet die Wiedervereinigung und freie Wahlen an.

❖ Helgoland wird wieder deutsch.

❖ *Albert Schweizer trifft Peter Grohmann.*

1953

❖ *Drei Lehrjahre als Schriftsetzer in Pfullingen.*

❖ Auch Stalin ist nicht unsterblich.

❖ Arbeiteraufstand für echten Sozialismus in der DDR.

1954

❖ Der Vietcong übernimmt die uneinnehmbare Festung Điên Biên Phu.

1955

❖ Adenauer in der UdSSR und die BRD in der NATO.

❖ Der millionste VW-Käfer rollt vom Band. *Ich habe ein Fahrrad.*

1956

❖ Elvis Presley im Fernsehen und Bert Brecht im Himmel.

❖ Der sympathische Franz-Josef Strauß wird Verteidigungsminister.

❖ *Schriftsetzer bei der Ravensburger Druckanstalt bis 1959.*

❖ Chruschtschow geißelt Stalin zum 20. Parteitag der KPdSU. Dafür wird bei uns die KPD verboten.

❖ Die Ungarn machen mehr oder weniger ungern eine Oktoberrevolution und israelische Truppen fallen im Sinai ein.

❖ Weil Nasser den Suezkanal verstaatlicht, bombardieren England und Frankreich Ägypten.

Denkzettel 1

Wir waren eine absolut abgebrüht Familie. Erschüttern konnte uns nichts mehr. Wir hatten ausreichend Tote in jedem Zustand und in jedem Alter gesehen, wir hatten Blut und Gift und Galle gespuckt, Gas gerochen, wir waren zwischen alle Schusslinien geraten, hatten uns rausgebuddelt aus Bunkern und Kellern, hatten gelogen, gestohlen und betrogen, wo es ging, mussten mit ansehen, wie die Zwangsarbeiter mit dem Ochsenziemer bestraft und die Frauen vergewaltigt wurden, auch die eigene Mutter, wir sahen die Elbe brennen und die Menschen ins Wasser rennen, wir sahen die Bombengeschwader im Anflug und die weißen Fahnen in den Fenstern.

Das kann doch einen Seemann nicht erschüttern, keine Angst, keine Angst, Rosmarie!

Irgendwann war alles wie vorher.

Die aus dem Osten rollenden Flüchtlingszüge, in denen wir kauerten, hielten tatsächlich in irgendwelchen Lagern, die auch früher irgendwelche Lager waren, und dann wurden wir erst einmal kahl geschoren, Kind und Mann und Maus, bekamen eine warme Decke für die Nacht und eine Schüssel Suppe, und wenn man Glück hatte, ein paar neue Klamotten.

Stadtarchiv Dresden:
Einstürzende Neubauten.

Wir waren im neuen Deutschland, jetzt konnte es nur noch besser werden. Tambach-Dietharz im Thüringer Wald hatte Glück – wir wurden dort zugewiesen. Manche waren nur Flüchtlinge, andere nur Heimatvertriebene. Wieder andere waren nur Reichsdeutsche oder nur Evakuierte oder Umsiedler. Oder Ausgebombte. Wir waren alles. Darauf waren wir stolz als Kinder.

Junge Pioniere kennen nur eins: Die Tat
Junge Pioniere bauen den neuen Staat
Wo nur gilt, wer etwas leistet
Dem Schmarotzertum erklären wir den Krieg
Junge Pioniere, immer vorwärts
durch Arbeit zum Sieg

Oder auch:

Bau auf, bau auf, bau auf, bau auf
Freie Deutsche Jugend bau auf
Für eine bessere Zukunft
bauen wir die Heimat auf

Das war einleuchtend, das mit der Heimat und der Zukunft. Das begriff sogar ich mit meinen zehn Jahren. Tambach-Dietharz hatte 1947 ein paar hundert Einwohner, lag tatsächlich mehr oder weniger im Wald und war evangelisch, Diaspora für alle Katholischen. Was für ein vornehmes Wort, dachte ich: Diaspora. Wir waren jetzt auch Diaspora, aber es half nichts. Wenn Essen verteilt wurde an die Kinder, bekamen erst die Katholischen was. Katholische Spende aus den Westzonen.

... der Vater ist im Krieg.

Wir warn nicht katholisch. Dann kamen die Evangelischen an die Reihe. Wir warn nicht evangelisch. Die Mutti sagte: »Der liebe Gott sieht jede Gemeinheit.« Und wir freuten uns, weil die jetzt alle in die Hölle kommen würden.

Von den Vätern keine Spur. Meistens. Unserer hatte sich gemeldet, aus russischer Kriegsgefangenschaft. Grüße an die Familie, und dass das Land, das neue, im Sozialismus blühen möge, bald. Bis jetzt waren wir ohne ihn ganz gut hingekommen, und ich hatte Angst, dass der jetzt plötzlich auftauchen könnte – es war ja sowieso nie genug zum Essen da. Und dass die Männer von nun an fürs Essen sorgen könnten, das fiel uns im Traum nicht ein.

Und der Rest der Mischpoke? Erichs Schwester Hanne hatte den Reinhold Zimmer geheiratet, klar, schon vorm Kriege. Der war Redakteur bei der Bergwacht, einer schlesischen Arbeiterzeitung, und ein Aktivist der SAJ (Sozialistische Arbeiterjugend).

Von nischt kommt nischt. Kein Wunder, dass das eigene Kind, mein Cousin Wolfgang, später partout nicht zur HJ, der Hitlerjugend, wollte, und sich stattdessen mit der oppositionellen und widerspenstigen Swing-Jugend herumtrieb, die sich mehr oder weniger offen von den Nazis distanzierte. Wir hörten, dass sie nach dem Krieg mit der Grohmann-Oma, der Anna aus der Yenidze, abgehauen waren. Annas Mann, der Agitator Emil, erhielt kurze Zeit, nachdem man in Deutschland freiwillig die Macht in die Hände der NSDAP, der Nazis, gelegt hatte, Berufsverbot und starb 1944. Reinhold Zimmer blieb aufrecht, und ich war stolz auf ihn. Er wurde zwangsverpflichtet, desertierte aus der Wehrmacht (wer sagt's denn, es geht doch!) und hat sich ins abermals befreite Österreich

Urlaub auf der Krim 1947: Erich Grohmann, kriegsgefangen und gesund gepflegt.

durchgeschlagen. Dort wartete er auf seine Familie, die aus Breslau kommen musste.

Erich Grohmanns älteste Schwester, »die Tante Gretel«, wirkte seit den Zwanzigerjahren als gebender Geist der ganzen Sippe aus dem schwedischen Göteborg.

Der jüngere Bruder meines Vaters, Onkel Walter, war Fleischergeselle. »Zapfer« steht im Breslauer Adressbuch von 1941. Seine Frau Eleonore hatte zwei Töchter – die lebten nun auch in Thüringen.

Gerda Grohmanns Vater, der Schuster Paule Assmann, mein Opa, musste bis zum allerletzten Tag in der »Festung Breslau« bleiben. Gerdas Mutter war schon sehr früh gestorben und so mühte er sich nach der Befreiung als Dorfschuhmacher in Vechelade bei Braunschweig durch die Jahre.

Einquartiert wurden wir Umsiedler und Flüchtlinge in der Ostzone in die größeren Wohnungen des Ortes, in Fabrikantenvillen oder bei ehemaligen Nazis oder alles zusammen. Wir hatten ein großes Zimmer in der großen Wohnung der Anderen. Die Anderen waren unglücklich. Über die Flüchtlinge, die sich zu dritt in ihrem Wohnzimmer breitmachen durften, samt Küchenbenutzung. Unglücklich, weil Deutschland den Krieg verloren hatte und man jetzt Ostzone war, unglücklich über die Russen, die jetzt überall frei rumliefen und mit den echten Deutschen ins selbe Schwimmbad mussten.

Schule hatte ich bis dahin nicht gehabt, außer dem bissel Einschulung in Breslau. A-B-C. Das war's. Es hat nicht geschadet. Nichts hat mir so viel Spaß gemacht wie keine Schule. Ich konnte die Lieder der Jungen Pioniere und der Freien Deutschen Jugend auswendig und laut singen, sehr laut.

Ich war stolz auf die große Sowjetunion. Ich bewunderte Josef Wissarionowitsch Stalin, der noch spätabends im Kreml arbeitete und hin und wieder sorgenvoll auf und ab lief. Meine Mutter konnte nichts dagegen tun.

»Im Kreml ist noch Licht«, so dichtete Erich Weinert und besang den heldenhaften Stalin: Alles war müde und ging ins Bett, pennen. Nur Stalin nicht. »Dein Herz bleibt wach, dein Herz wird niemals müd …« So wollt ich's auch mal halten – später.

Der Klassenlehrer war ein Freundlicher. Ich hatte im Schulranzen einen Karl May dabei: »Durchs wilde Kurdistan«. Den entdeckte er, weil ich unter der Bank las, und warf ihn in den Bullerofen des Klassenzimmers. Er verpflichtete mich, zur Strafe jede Woche ein Buch aus der Schulbücherei zu lesen, dazu einen Aufsatz zu schreiben und vor der Klasse über den Inhalt zu berichten. So begann mein Aufstieg als Kabarettist.

Danke, Lehrer des Volkes!

Ich war gern ein Junger Pionier, im Gegensatz zu Angela Merkel, die behauptet, es habe ihr in der FDJ nicht so gefallen. Frau Hörchner hatte ja schon in Breslau immer über die neuen Zeiten geklagt – sie hatte auch jetzt, wie meine Mutter, an allem und jedem was auszusetzen. Phh! Ich war schließlich zehn Jahre alt und hatte mehr Tote angefasst, als die Frau Hörchner je gesehen hatte. Mich beeindruckte der Kampf der Neger, von dem im Radio erzählt wurde. Ich hörte Paul Robeson singen und wusste, wie wichtig der Kampf der sowjetischen Bauern gegen die Mücken war.

Thüringen, du schönes Land
Deutschlands grünes Herz genannt
Hilfst mit Köpfen und mit Händen
den Fünfjahrplan zu vollenden

So weit sollte es nicht kommen. Der freundliche Lehrer hatte eines Tages gefragt, wo man denn zu Hause politische Witze erzähle, auch über unsere besten Freunde, die Russen. Ich meldete mich sofort und berichtete voller Stolz von meiner Mutter, die dauernd Witze und Geschichten erzählte. Noch bevor mich der Lehrer stoppen konnte, gab ich einen zum Besten: Ein Ehemann erwischt seine Frau mit einem Russen im Schlafzimmer. Entsetzt ruft er: Ihr Idioten! Im Konsum gibt's Apfelsinen!

Als ich heimkam vom Unterricht, war die Mutter ziemlich verheult. Sie hatte Besuch gehabt, von der Partei, und prophezeite dem Kind, dass es eines Tages gar keine Mutter mehr haben würde. Sie hat recht behalten.

Aber ich auch. Als der Vater eines Tages unversehens auftauchte, humpelnd, reichte das Essen hinten und vorne nicht.

Ich war stinksauer. Das war 1950.

Aber irgendwie war's dann doch schön, denn jetzt waren wir auch Heimkehrer.

Die Mutter: »Auf'm Kofferdeckel hatte der Erich ein Schachbrett eingeritzt, für unterwegs. Nach Russland biste lange unterwegs. Zurück noch länger. Wenn überhaupt. Die Figuren warn aus klebrigem Brot geformt, mit Spucke. Es geht alles – man muss nur wollen. Der Erich war immer akkurat, wie sein Schachbrett. Bloß die Knochen waren krumm. Erst ham se ihn ja zum Tode verurteilt, in Russland, weil er bei der Truppenbetreuung das Lied vom guten Kameraden gesungen hatte.«

Ich hatt' einen Kameraden,
Einen bessern findst du nit.
Die Trommel schlug zum Streite,
Er ging an meiner Seite
In gleichem Schritt und Tritt.

Eine Kugel kam geflogen:
Gilt's mir oder gilt es dir?
Ihn hat es weggerissen,
Er liegt mir vor den Füßen
Als wär's ein Stück von mir.

Will mir die Hand noch reichen,
Derweil ich eben lad.
»Kann dir die Hand nicht geben,
Bleib du im ew'gen Leben
Mein guter Kamerad!«

»An Stalins Geburtstag ham se ihn dann begnadigt zu 20 Jahre Zwangsarbeit. Begnadigt, nach Workuta ins Bergwerk. Wo er doch eher für so was gar nich geschaffen war! Dann hat er gleich noch mal Schwein gehabt. Beim Grubenunglück. 100 Tote. Er lag bis zum Halse unter den Steinen. Das musste dir mal vorstellen! 51 Brüche! Für die Toten wollten se ne Trauerfeier machen, aber da hat die Kommandantura nicht mitgemacht. Vielleicht hätt er wieder das Lied vom Kameraden gesungen … Ja, der Uhland. Der hat schon schöne Lieder geschrieben …«

Die Väter ham ja nie viel erzählt. Unsrer auch nicht. Man musste dauernd fragen.

Die im russischen Kriegsgefangenenlager kriegten eine Sonderration Essen für die 100 Toten. Die Schwerverletzten kamen in ein Sanatorium bei Sotschi auf der Krim. Sie haben ihn und die anderen wieder zusammengeflickt, aber richtig ran konnte er nie wieder.

Gerade mal vierzig war er da. Ja, so sind sie dann auch wieder, die Sowjets.

Aus Russland brachte er auch seine Erinnerungen mit, aufgeschrieben auf kariertem Papier. Das interessierte keine Sau. Höchstens, wenn er vom Hungerstreik erzählte, im Gefangenenlager. Wie gesagt, die haben alle nie viel erzählt. Entweder hätten sie lügen müssen oder heulen.

Das Essen war ein Fraß in der Gefangenschaft – und zu wenig sowieso. Aber er hätte ja nicht müssen, er hätte ja nein sagen können. Bevor die Ration in die Blechnäpfe kam, hatte ein halbes Dutzend Mitesser schon einen Anteil abbekommen: Der Lagerkommandant, die Offiziere, die russischen Soldaten, die Köche, die Austeiler, die deutschen Offiziere. Der Rest für die Mannschaften. Die Leute klappten

Ortsgruppenleiter Erich.

zusammen – wie soll man da den Plan erfüllen, Genossen? Also verweigerten die deutschen Kriegsgefangenen ganz und gar das Essen. Das war vielleicht ein Aufstand!

Politkommissare und Lagerkommandanten und Drohungen, der Agitprop-Leiter ließ sogar Filme vorführen von Hungersnöten und Demonstrationen in England und Westdeutschland. Doch die Jungs blieben tapfer bei der Stange.

Komisch, denk ich. Warum hatten diese Deutschen unter den Nazis nicht ein einziges Mal so ein Theater gemacht? Streik und Hungerstreik! Ziviler Widerstand! Ungehorsam. Und wenn sie uns an die Wand stellen, hat der Vater erzählt – egal! Wir halten durch! Die Hungerstreiker wurden durch den Speiseraum der deutschen Offiziere geführt – vorbei an reichlich gedeckten Tischen. Dort saßen die Offiziere und die Obernazis – relativ gut genährt. Die mussten nie arbeiten, von wegen Genfer Konvention. Gelegentlich wurde einer Gruppe Kriegsgefangener eröffnet, dass man sie jetzt erschießen würde. Man führte sie an einen abseitigen Ort im Lager, sie mussten die Hemden ausziehen (sonst hätten die ja Löcher bekommen) und sich nebeneinander an die Wand stellen. Dann kam das sowjetische Erschießungskommando, nahm Aufstellung, sie luden durch, legten an – und die Deutschen haben sich in die Hose geschissen. Sie durften dann ihre Hemden wieder anziehen. Es war nicht die feine Art. Aber Militär, ob Sieger oder Besiegte, kennt keine feine Art. Da wird gemordet, gebrandschatzt, vergewaltigt, gefoltert – eine alte Regel gestern, heute, morgen.

Der Vater kam nach Hause, ins deutsche demokratische Vaterland, und blieb wortkarg ein Leben lang. An große Geschichten oder kleine Kindermärchen war da nicht zu denken, und an Arbeit bei seinem Zustand erst recht nicht. Aber er sah sich um und hörte zu. Irgendwie gefiel ihm die ganze Richtung nicht. Beim Schachspiel – da ist man ja nur zu zweit – fühlte er seinen Gegnern auf den Zahn.

Er agitierte die Leute, er wollte eine Ortsgruppe der SPD gründen. Dabei hatten sich doch gerade eben, 1946, in der Ostzone die KPD und SPD zur SED vereinigt, teils im Glauben an das Gute im Moskauer, teils als Lehre aus der Geschichte – Einigkeit macht stark –, vor allem aber auf Befehl der deutschen und russischen Kommunisten.

Als wir mit dem Vater unterwegs waren, beim Kippensammeln in Tambach-Dietharz, wurde mein Vater gewarnt von einem Bekannten.

»Erich, verdufte! Bist verraten worden.«

Wegen dieser dummen Sache mit der SPD-Gründung. Er solle auf keinen Fall mehr nach Hause gehen, »dortte wirschte schon erwartet!«

Der Papa organisierte irgendwo ne Handvoll Kleingeld, setzte sich mit nischt in der Hand in den Zug und türmte in den Westen.

Natürlich wurde bei der Familie gefragt und geforscht, aber Fluchten waren eher was Alltägliches, im Gegensatz zu Obst und Gemüse. Die Ost-West-Grenze war zwar bewacht, aber noch »offen«. Die Mutter schickte fortan fast jede Woche ein Paket aus der DDR nach Zwiefalten, dem Vater hinterher. Kleider aus gutem Stoff von der schwedischen Verwandtschaft, ein Jagdgeschirr aus dem 17. Jahrhundert, das den Nazis abgenommen worden war, Nützliches aus dem Hausrat der enteigneten Junker des Hauses Gotha.

»I wo, viel waor'sch nich. Olles Gepretze embte«, sagte die Mutter.

Am Rande der Alb saß der Vater in einem kleinen Zimmer und schrieb in die DDR: »Die Leute hier essen Kartoffeln und Nudeln in der Brühe, alles zusammengekocht. Manchmal soll Fleisch drin sein. Wenn ihr kommt, schenke ich jedem eine Banane. Sie sind sehr fromm.«

Alles stimmte. Wobei aber das »fromm« nichts besagte, gar nichts.

Die Mutter: »1951 türmte ich mit den beiden Jungs dem Vater hinterher. Zuerst fuhr'n wir mit der Reichsbahn in die Nähe der Zonengrenze …«

Schlepper sprachen die Flüchtlinge an und versprachen ein sicheres Geleit über die grüne Grenze. Eine russische Patrouille erwischte uns – doch die Russen wiesen im Tausch gegen den goldenen Ehering den richtigen Weg ins Paradies – den freien Westen.

Denkzettel 2

Zwiefalten war eine einzige Enttäuschung. Kein Bahnhof. Aber ein katholisches Münster. Weit und breit keine Bananen. Stattdessen zu viert in einem Zimmer.

Nebenan die Verrückten der Heil- und Pflegeanstalt.

Die Kinder des Dorfes durften nicht mit den Schmuddelkindern aus der Ostzone spielen. Die konnten alles, nur kein Schwäbisch. Die hatten ein Stück von der Welt gesehen. Die waren Flüchtlinge und die Eltern Sozialdemokraten. Die waren nicht getauft. Das war fast so schlimm wie evangelisch.

»Wenn die Schule aus war, trieben se sich auf den Feldern herum. Wenigstens warn se draußen. Und die kam' immer ganz meschugge zurück, wenn se mit die Verrückten gespielt hatten, ham die halbe Nacht rumgefantert[1]«, erzählte die Mutter.

Die Aufpasser sahen das nicht gern. Man traute den Kranken noch weniger über den Weg als den Flüchtlingen.

»Wenn de mit die noch mal spielst, gibt's was auf die Gusche!«, drohte mir die Mutter, und der Vater warnte: »Die sind gefährlich, wie ich gehört hab …«

Am 2. April 1940 fuhren die ersten grauen Busse in Zwiefalten vor – am hellen Tag. Allein in diesem einen Jahr wurden 1673 Menschen mit Handicap – »portionsweise« im grauen Bus – nach Grafeneck, fast ein Nachbardorf von Zwiefalten, verlegt und ermordet.

»Kriagscht a Spritzn, na bischt hin«, tröstete die Zwiefalter Ärztin Dr. Fauser ihre Patien-

Bis zur Vergasung: Graue Busse in Zwiefalten.

ten. Die meisten Ärzte, Nazi-Richter, Staatsanwälte, Ministerialbürokraten, die Angestellten der Gesundheitsämter, die an den Ermordungen der Kranken und Behinderten beteiligt waren, taten nach 1945 weiter ihren Dienst wie eh und je.

In vielen Anstalten herrschte eine – na, wie soll ich sagen? – gewisse Resignation. Wegen des Kriegsendes konnten verständlicherweise

---

1 Rumgefantert: herumfantasiert.

viele der zur Ermordung vorgesehenen Kranken nicht mehr »weggebracht« werden. Und nun, ausgerechnet in den Monaten der unmittelbaren Niederlage, wo es wirklich an allem mangelte, in erster Linie an Nahrungsmitteln, waren es letztlich doch unnütze Esser, irgendwie – mag man gedacht haben. Unnütze Esser, die übrig geblieben waren. Kurzum – nach dem Krieg verhungerten in Deutschlands Verrücktenanstalten noch mal ein paar tausend Menschen. Das ging selbst den Besatzungsmächten zu weit – sie griffen ein und setzen durch, dass die davongekommenen Kranken die gleichen Essensrationen bekamen wie die davongekommenen Mörder. Ich weiß, ich weiß, ein eher unangenehmes Thema.

Von Grafeneck aus haben wir vom 13. bis 16. Oktober 2009 eine zehn Zentimeter breite und 70 Kilometer lange violette Farbspur gezogen – von Grafeneck, dem Ort, an dem mehr als 10 000 kranke und behinderte Menschen ermordet wurden, zum Ort der Täter, dem Stuttgar-

Eine 70 km lange lila Farbspur zum Ort der Täter: Von Grafeneck nach Stuttgart.

ter Innenministerium am Karlsplatz. Die Presse wurde über unsere Motive und die Hintergründe unterrichtet, über die Geschichte, über das Leid. Kein gutes Thema, sage ich mal. Wir hätten die Pressekonferenz natürlich an einem zentraleren Ort machen können, einem Ort, an dem seinerzeit mit schwäbisch-preußischer Knitzheit mitgeplant wurde – dem Rathaus. Nach einer ganzen Reihe von Telefonaten winkte man ab – die Stadt hat mit der Spur der Erinnerung »im Grunde genommen« nichts zu tun. Und einen Raum für Pressekonferenzen im Rathaus könne man nur bekommen, wenn man sozusagen in das Vorhaben eingebunden sei – wie mit dem Automobilsalon, Herr Grohmann, oder mit dem Fischmarkt. Verstehen Sie das nicht falsch, Herr Grohmann, aber da könnte ja dann jeder kommen …

Denkzettel 3

Ich hatte eben mal, immer der Älteste, die sechste und siebente Klasse gestreift, Katholische Volksschule für Jungen und Mädchen in Zwiefalten, am Fuße der Schwäbischen Alb, immerhin noch Südwürttemberg-Hohenzollern. 40 bis 45 Kinder in einer Klasse, immer zwei Jahrgänge zusammen. Lehrermangel.

Die Schule lag zwischen katholischem Pfarramt und Zwiefalter Kloster, keine Mönche mehr, gut eingebettet also, und die Klosterbrauerei gleich daneben und frische Forellen aus der Aach und das Kruzifix an der Wand und Morgengebet und Aussonderung der Entarteten: Das waren jetzt die Evangelischen, die durften nur hinter dem Zwiefalter Münster ihrem Glauben frönen, gleich neben den Verrückten. Man kannte sie, man konnte sie an einer Hand abzählen, wie die Heiden und die SPD-Wähler, und wenn man sie nicht kannte, sagte es einem der Bürgermeister oder der Herr Pfarrer.

Er war ein freundlicher Herr, der Herr Pfarrer, durchaus rüstig. Und wenn wir im Sommer in den Ferien oder nach der Schule baden gehen wollten, mussten wir sieben Kilometer nach Zwiefaltendorf radeln, da floss die Donau vorbei, was mir vollkommen unerklärlich war, erstens an diesem Ort, zweitens, wo sie herkam.

Von wegen Radeln – wer hatte schon ein Fahrrad? Das war gewissermaßen ein Luxusgut. Noch mehr Luxus hatte nur unser Nachbar, der Herr Dr. Stegmann: Er fuhr einen Opel P4. Der Eugen also, Menschen- und Tierarzt, nicht der böse Bruder aus der Irrenanstalt, der Eugen also, der neben unserem Armenhäusle mit Außenklo seine Praxis hatte (nein, nicht er, wir hatten das Außenklo). Er ist mir in bester Erinnerung.

Die Mutter: »Wenn der beschickert war, nu ja, da könnt ich Ihnen Sachen erzählen, die gehn auf keene Kuhhaut! Wissen Se was? Hin und wieder kamen welche, die wollten nur mit dem saufen! Wenn er beschickert war, also nee, wirklich, dann ging er mit seinen Patienten wie mit de Tieren um, liebevoll und nachsichtig. Der soff sich mit meinem Manne fast zu Tode, wenn ich's Ihnen sage!«

In der Schule war's mir eher schwer. Einen Flüchtling wollte niemand als Nebensitzer. Das war vielleicht ein Hin und Her, auch bei Schulwanderungen. Da wurden Dreier- oder Vierergruppen gebildet. Jede Gruppe hatte ein handtellergroßes Esbit-Kocherle. Topf drauf, Wasser aus dem Bach rein, ein bis zwei Maggiwürfel, Sauerampfer dazu, fertig. Ich blieb immer übrig. Abgesehen davon – einen Topf hätte ich von zu Hause sowieso nicht mitnehmen dürfen. Wir hatten nur einen. Ich würd ja heut auch nicht unbedingt mit dem Sohn eines Sozialdemokraten mein Süppchen kochen. Die SPD erhielt in Zwiefalten viele Jahre lang nur die Stimmen unserer Familie.

Aber der liebe Gott sieht alles, sogar in Zwiefalten. Nur in die finsteren Ecken des Klosters sah niemand. In eine dieser Ecken haben die Jungs aus meiner Klasse auch den Ulli Thiel getrieben. Immer, wenn wir den Ulli Thiel trieben, durfte ich auch mitmachen, da war ich nicht ausgesondert, nein, ich war gewissermaßen vorne dran, vielleicht schon Anstifter.

Irgendwann mal in den Sechzigerjahren rief ich, schon in Stuttgart wohnend, bei der ÖTV an, da hatte ich den Ulli in der Leitung.

»Peter Grohmann?«, fragte er. »Der aus Zwiefalten?«

Klar – ich! Also, er war mein Klassenkamerad, Flüchtling oder Heimatvertriebener oder was weiß ich, vermutlich evangelisch. Uns zwei nannten die Jungs hinter halbwegs vorgehaltener Hand »die Missgeburten«. Ich nahm's nicht unbedingt krumm, jedenfalls heulte ich nicht wie mein Bruder, der ja auch eine Missgeburt war und sich aus Verzweiflung über diese und andere Hänseleien taufen ließ – evangelisch, aus Rache. Ich denke, auch die Bezeichnung Missgeburt ist eine Form der Beachtung – du wirst jedenfalls nicht vollkommen ignoriert, geschnitten, du kannst sogar mit leichtem Mund zurückgeben: »Selber Missgeburt!«

Dabei muss man wissen, dass die Dörfler in dieser Phase der Nachkriegszeit ja überall prinzipiell wieder ein relativ gutes Verhältnis zu ihren Missgeburten hatten, ob es nun Krummgewachsene oder Kleinwüchsige oder am Kopf oder Fuß beschädigte Menschen waren. Für sie gab's, wie für meine Omi aus Sachsen in ihren jungen Jahren, immer einen warmen Platz im Stall oder Schuppen und eine Decke für die Nacht und einen Kanten Brot und sommers einen Krug Most. Ein Plätzle. Wo man drhoim war, wo mr na g'hörte, ha no! Vergelt's Gott.

Und dafür musste tüchtig geschafft werden, geschrubbt und gemistet und die Pferde gestriegelt und den Saustall gesäubert und der Hof gekehrt und das Holz gehackt und gestapelt und die Jauchegrube geleert. Wer bitte sollte das denn sonst machen?

Ja, ich höre? Der Pole, der Zwangsarbeiter? War ja abgehauen 1945, in seiner Undankbarkeit. Hatte vielleicht noch die Magd geschwängert und sitzenlassen. Der neue Pole kam erst 40 Jahre später, in den Achtziger-, Neunzigerjahren: Stallburschen, Erntehelfer, Spargelstecher. Und Pflegerinnen, die alle Maria heißen und die Scheiße wegmachen, weil wir uns zu fein dafür sind. So ist auch der Pole zu etwas nütze.

Zurück zum Freunde Ulli Thiel, der mich auf dem richtigen Fuß am Telefon erwischte. Ich konnte mich nämlich nicht an ihn erinnern.

»Na, du! Waohrschd ja ooch n ganz Schlimmer«, meinte er gutmütig.

»Hä?«

Und dann gab er gut gelaunt seine Story aus Kinder- und Jugendtagen zum Besten. Wir hätten ihn, den Ulli Thiel, öfters mal nach dem Schulunterricht abgepasst und hinters Münster getrieben, in eine stille Ecke, in die der liebe Gott nicht reinsehen konnte. Umringt hätten wir ihn, zu sechst, zu acht, die Jungs aus der Klasse, und gefordert: »Zeig's!« Mit Nachdruck. »Und wenn nicht?«, mag er lauernd gesagt haben. »Na gibt's aufs Maul!« – »Aber meine Mutter hat's verboten!« – »Sagscht ihr halt nix, du Duppeler!«

Jetzt erinnerte ich mich: Er hatte ein Glasauge, ein Kriegsschaden, und mit dem anderen sah er auch schlecht.

Das wollten wir sehen, das Glasauge. Dicht umringt, musste er es herauspulen aus der Augenhöhle. Er hielt es zunächst in der fest geschlossenen Hand, sah sich erwartungsvoll um im Kreis seines Publikums wie ein Zauberkünstler – die Spannung stieg –, um dann langsam, unendlich langsam die zur Faust geballte Hand zu öffnen: Da lag es, ein unscheinbares Ding, kirschengroß, aber eben nicht rund. Und nun genoss er seine Rolle, weil sich alle vordrängen wollten, der erste Kuss, der erste Blick, ein Schauer lief uns über den Rücken.

»Der Reihe nach«, befahl er, jetzt hatte er das Kommando, und alles gehorchte. Wir stellten uns an, und jeder durfte mal. Nur ich, ich sah unentwegt auf seine Augen: Nur faltige Haut, ein wenig nach innen gefallen, kein Loch. Das beschäftigte mich.

Als alle fertig waren mit Gucken, inszenierte und genoss er die folgende Implantation auch jetzt wieder: Sorgsam, langsam steckte er das Augenglas in die Augenhöhle. Dann öffnete sich der Kreis – er durfte gehen. Bekam ein »Und wehe!!!« hinterhergerufen.

»Nein, ich sag's niemand.« Er hatte ja eh niemanden außer seiner Mutter.

»Tja«, sagte mein Schulkamerad, »wie das Leben so läuft!« Er sei jetzt ganz blind, komplett, aber es sei gut zu arbeiten bei der ÖTV. Und er freue sich immer auf einen Schwatz mit mir.

Ich habe den Blinden aus den Augen verloren.

Denkzettel 4

»Ein Heide«, so hat mich der Lehrer der Klasse vorgestellt. Einen echten Heiden hatte noch niemand gesehen, jedenfalls nicht aus der Nähe. Ich durfte mein Lieblingslied von den Jungen Pionieren singen und die Klasse betete ein Vaterunser für mich und die Familie.

Der Vater bekam trotzdem keine Arbeit. Er griff aus Verzweiflung zu »Zwiefalter Klosterbräu«, durfte aber wenigstens nachts in den verdunkelten Garagen von »Diesch und Tress« verkotzte Autobusse putzen. Letztlich wurde also das Gebet der Klasse erhört – verdunkelt wurde nur, damit niemand den Papa arbeiten sieht, er war ja schließlich auch Heide. Mit seinem Unglauben war's nicht weit her: Er tüftelte an raffinierten Lotto-Toto-Tabellen und gab die Hoffnung nie auf: ein Himmelreich auf Erden.

In diesen Zeiten also soff man noch, was das Zeug hielt – oben rein, unten raus. Ob Gesangverein oder Kirchenchor, Lehrerschaft oder Zwiefalter Anstaltsleitung – sie waren alle geschulte Pichler vor dem Herrn. Mit so einem Suff konnte man allerhand wegspülen, die ganze Nazischeiße, das falsche Leben im frommen, die freundlichen Gemeinheiten gegen die Kranken und die Gesunden, damals wie heute. Meine Eltern wussten das alles, aber mein Vater wollte sich nicht gemein machen mit denen, die ihm nicht die Sanella aufs Schwarzbrot von gestern gönnten. Er hätte, ich weiß es, liebend gern mitgesoffen viel früher, doch er hatte seinen Stolz: Nicht mit denen. Stattdessen, um ein paar Kröten zu verdienen, putzte er die Kotze in den Autobussen auf, sobald die Ausflügler herausgetorkelt waren aus der Glitsche. Er putzte und schrubbte und dachte an bessere Zeiten, wenn er würgte. Der alte Diesch kam dann, der angesehene Omnibusunternehmer, kam, wenn alles fertig war, mit dem Handgeld für'n Erich und träufelte aus einer Sprudelflasche Benzin durch die Sitzreihen. Anders war der Gestank nicht wegzukriegen.

Auch mein Vater stank, wenn er nach solchen Ausflügen fürs Kleingeld gedemütigt und erledigt nach Hause kam: Die nagelneuen Flüchtlingswohnungen auf dem Aichbühl hatten im Klo keine Wasserspülung, in der Wohnung kein Badezimmer, keine Dusche – die Flüchtlinge kamen eh aus dem Osten, wo man, mag sich der Gemeinderat gedacht haben, im eigenen Kot lebte.

Was zu reinigen war zehn Jahre nach dem Krieg, geschah am Ausguss in der Küche – dort, wo auch Gemüse geputzt und Kartoffeln geschält wurden. Dreckschweine, obgleich aus Polen, waren wir dennoch nicht, aber die Körpervollreinigung bedurfte enormer Anstrengungen, denn sie war nur in der vom ganzen Haus genutzten Waschküche möglich. Und wenn er dann endlich heimkam, der Stinker-Erich – dafür hat er mir mal eine gescheuert, dass ich gegen die Wand flog –, dann wurden die Klamotten an die frische Luft gehängt und die Waschküche abgesperrt.

Aber einmal im Jahr kam der Vater ganz groß raus, und mit ihm die gesamte Familie! Das war bei der Zwiefalter Fasnet, da waren sogar die aus der Ostzone zugelassen. Er durfte als Büttenredner auftreten.

»Zu Hause rumsitzen wollta ja ooch nich, da wirschte doch kaputt.« Also organisierte er sich hin und wieder unbezahlte Arbeit. Er half unseren Landsleuten (das waren alle, die nicht aus Zwiefalten kamen) bei Anträgen auf »Lastenausgleich«, nach dem Flüchtlinge im gewissen Umfang für den Verlust ihrer Habe entschädigt wurden, sofern der verlorene Besitz glaubhaft gemacht werden konnte. Rausgeschmissenes Geld, ärgerten sich manche der Einheimischen, obwohl auch Fliegergeschädigte und Spätheimkehrer etwas bekamen.

Erich half auch sonst beim Schriftverkehr mit Behörden, organisierte gesellige Veranstaltungen und Vorträge im Dorf – und die »Flüchtlingsbälle« im »Hirsch« oder in der »Post«. Sie sollten fast so berühmt werden wie später die Kapelle, die er irgendwo aufgegabelt hatte: Es war der junge Schnuckenack Reinhardt mit seinen Leuten, genau betrachtet auch Flüchtlinge. Ich erinnere mich lebhaft an die DIN-A-4-Veranstaltungsplakate, die er von Hand schrieb, jedes Blatt anders und individuell koloriert, saubere Druckbuchstaben, akkurat, gestochen scharf. Wir haben die im Dorf dann an die Scheunentore geklebt oder geheftet, am örtlichen Aushang, überall da, wo auch die Hinweise auf die Maul- und Klauenseuche hingen. Am nächsten Morgen war von unseren schönen Plakaten und der Einladung zum Flüchtlingsball nichts mehr zu sehen.

Der arbeitslose Vater war dorfbekannt und hatte mitunter ganz schön geladen – wir Kinder mussten ihn dann aus der Kneipe lotsen, solange er noch halbwegs laufen konnte. Im Suff hielt er die halbe Beiz frei – aber auch das half nicht weiter. In der Not frisst der Teufel Fliegen.

»Der Erich und ich gingen zu Fuß hoch nach Gauingen oder mal nach Hayingen, um den Leuten Blindenwaren und Gummistiefel aus der Ulmer Blindenwerkstatt zu verkaufen. Irgendwas mussten wa ja verdien'. Aber eben nich im eignen Orte, nee, das hätte der Papa nie gemacht ... Manchmal ließen die Bauern die Hunde von der Leine. Ich denk da nich gerne zurück«, erzählte die Mutter.

1952 ergatterte ich einen Platz für einen einjährigen »Volksschul-Fortbildungskurs für jugendliche Ausgewiesene« in Schörzingen bei Rottweil – viel Unterricht hatte ich bis dahin nicht gehabt. Die Schule samt Schlaf- und Gemeinschaftsräumen, etwas abseits vom Dorf, war in zwei Baracken untergebracht, die die Caritas als Träger der Jungen-Schule vom Land gepachtet hatte.

Na ja, wie's der Teufel will – ich bin ein Leben lang am richtigen Ort gelandet. Sechs Jahre vorher hausten in ebendiesen Räumen politische Gefangene, Juden, Sinti, Roma, Widerstandskämpfer, Zwangsarbeiter und Kriegsgefangene. Um das Gelände elektrisch geladener Stacheldraht. Die Häftlinge mussten in den nahe gelegenen Schiefersteinbrüchen 12 bis 14 Stunden am Tag schuften.

Zwiefalten, 50er Jahre: eine ganze Familie.

Aus dem Schiefer sollte Öl gewonnen werden – letzte Tropfen für den Endkampf. Die Verfahren waren aufwendig, trotz der kostenlosen Arbeitskräfte unrentabel und vor allem unergiebig. Die Baracken gehörten zum Außenlager des KZ Natzweiler-Struthof.

Uns, den 30 bis 40 Jugendlichen der Kurse, die an diesem Ort sieben Jahre später etwas lernen sollten fürs Leben, wurde das alles verschwiegen. Aber, liebe Caritas, vielleicht habt ihr es ja alle selbst nicht gewusst, oder? Oder ihr habt sie in eure Gebete eingeschlossen, die Opfer wie die Täter. Vielleicht hatten die netten Frauen in der Caritas-Küche keinen blassen Schimmer, dass da ihre Männer als KZ-Wärter vor den Toren ihren Mann standen, Dienst ist Dienst und Schnaps ist Schnaps, und sie mussten ja einiges vertragen allesamt. Vielleicht hatte der Herr

Lehrer ja auch nichts gewusst, niemand wusste ja was, nur von Karl dem Großen und den Maiglöckchen wussten wir, weil es der Lehrer erzählte, und vom Erwachen der Natur im Frühling, vom Schauspiel der ersten Stauden wie Veilchen, Primeln, vom Leberblümchen. Vom Blaukissen hörten wir, wie sie ihre Blütenköpfchen öffnen.

Aber die Baracken waren frisch getüncht worden. Schwamm drüber.

Und zu Hause? Ein Esser weniger. Sie haben sich gefreut, als ich zurückkam. Immerhin hatte ich jetzt ein bescheidenes Zeugnis, das den Volksschulabschluss ersetzte, und damit konnte ich mich unter 50 Bewerbern für eine der sieben Schriftsetzer-Lehrstellen durchsetzen. Mein erster Endsieg.

Auf der Alb gab's nur Steine, aber keine Druckerei, und das war ja mein sehnlichster Wunsch: Handsetzer zu werden, Schriftsetzer oder Buchdrucker, nah am Wort und nah am Wasser.

»Das war ein Gesuche, bis der eine Stelle hatte! In so ner kleinen Klitsche in Pfullingen, wissense? Nich mal in die Berufsschule hat ihn der Meister gelassen, stellnse sich das mal vor! Das ist doch unerhört! Gewohnt hat er im Lehrlingsheim in Reutlingen. Da waren 80 Jungs. Der Heimleiter hat denen auch schon mal hinter die Ohren geguckt von wegen Waschen und innen Schrank reingesehen, wegen frischer Wäsche. Na, so was kennt man ja …« Ja, die Mütter.

Die drei Jahre Ausbildung habe ich im Reutlinger Lehrlingsheim der Gustav-Werner-Stiftung überlebt – die Lehre war mir wirklich eine Plage. Der Meister war ein alter Kommisskopp, der in guten Stunden seinen Russlandfeldzug noch mal machte – schön für mich, dann musste ich nicht arbeiten, konnte zuhören und den Stauner spielen. Natürlich musste ich zwischendurch vor Schreck die Hand vor den Mund halten und »furchtbar« sagen oder kluge Fragen stellen, zum Beispiel, wo denn bitte sehr die Panzerunterstützung geblieben sei und warum Guderian im Regen stehen gelassen wurde. Es waren schöne Schlachten für mich, die Schlachten der Wehrmacht.

Panzergeneral Guderian, Hitler treu ergeben, hatte 1944 gemeint: »Es gibt keine Zukunft des Reiches ohne den Nationalsozialismus.«

1950 gehörte er zur »Bruderschaft«, einer Vereinigung von Altnazis, die die Bundesrepublik Deutschland unterwandern wollten.

»Alles Verbrecher!«, zischte der Geselle dem Lehrling zu. Zwischendurch kam einer der alten Generale persönlich ins Druckereibüro (dort standen auch die drei Setzregale). Da nahm der Meister Haltung an und salutierte. Anschließend wurde der Druckauftrag für eine Broschüre oder ein Gedenkheft erörtert – das nächste SS-Treffen war bald, es hieß also Überstunden schieben.

Die Gewerkschaft hat mir da nüscht genutzt. Selbstverständlich war so gut wie jeder Schriftsetzer oder Buchdrucker Mitglied der Industriegewerkschaft Druck und Papier, das war auch die erste Frage, die mir der einzige Buchdruckergeselle beim Lorch, meiner Lehrfirma, stellte: Mitglied im Verband? Klar! Vieles, was ich lernte vom Satz und Druck und Leben, brachte er mir bei, aber vor dem ollen Militärkopp oder Überstunden konnte er mich auch nicht schützen. Um sechse war Feierabend. Aber so kurz vorher hatte der Meister gemeinerweise fast immer noch einen kleinen Auftrag für mich, Bude fegen, Holz holen, Papier sortieren. Wenn das alles erledigt war, konnte ich ab-

Alles Verbrecher:
Lehrling und Geselle, Pfullingen 1954.

hauen. Zum guten Schluss drückte er mir dann aber noch einen Stapel Briefe oder Pakete in die Hand. Die sollten noch am gleichen Abend bei der Kundschaft sein. Schon wieder gespart! Saudumm nur, dass es nur bis halber achte abends Essen gab im Lehrlingsheim. Glücklicherweise war aber nach dem Briefeaustragen meistens noch was übrig. Meine fünf Zimmergenossen im Lehrlingsheim hatten nämlich ein kleines Lägerle für Essbares zwischen der Unterwäsche. Obwohl es verboten war, Essbares in den Zimmern zu lagern, von wegen Hygiene. Verhungert bin ich nicht.

Wanderung zu Beginn
der Motorisierung.

Abends gab's im Lehrlings- und Gesellenheim häufig ein Programm – Lesungen, Aktionen, Lichtbildervorträge. Die Schriftsteller Günter Bruno Fuchs und Richard Salis (Herausgeber der Zeitschriften »Visum«, später »die alternative«, und »Das Fallbeil«) und andere Kulturschaffende kamen öfters ins Haus, HAP Grieshaber lud uns auf die Achalm ein, und gelegentlich spielten die Heimbewohner selbst Theater, das hieß Laienspiel. Was für ein schöner Ausdruck! Und ich verdiente mir meine ersten kabarettistischen Sporen.

Ach, was war ich auf meinen Monatslohn stolz, den ersten wie den letzten, was war ich stolz: 40 Mark im ersten Lehrjahr! Im Monat! Selbst verdient! Klar, kein richtiger Lohn, so was wie eine Lehrlings-Nasenwasser. Sei froh – früher hättste Lehrgeld bezahlen müssen! Die 40 Mark mussten reichen für die Straßenbahn-Fahrkarten, ne Handvoll Tabak – Schwarzer Krauser – und Taschenbücher, mal n Bier. Dazu kam von zu Hause noch, schwer genug für die, hin und wieder ein Zehn-Mark-Schein, und wenn's ganz gut ging, gab auch die Omi noch was drauf, die Anna.

Zu Hause. Da hatte es zu eigenen Büchern nie gereicht – ich war deshalb ein guter Kunde in der Katholischen Pfarrbücherei. Aber so richtig gute Bücher, die bekamen wir Kinder aus Innsbruck. Dort waren Erichs Schwester Hanne, ihr Mann Reinhold und der Neffe Wolfgang gelandet – und Anna, die Grohmann-Oma, immer noch im Schlepptau. Reinhold war Redakteur bei der sozialdemokratischen Volkszeitung, und vor allem diese Verwandtschaft ermunterte immer und immer wieder zum Schreiben und zum Lesen. B. Traven, Erich Maria

Remarque, Heinrich Heine, Bert Brecht – so etwas fand ich nicht bei den Katholischen. Brecht war eh so gut wie verboten in der deutschen Nachkriegsrepublik. Grandioser Rowohlt, der mit seiner rororo-Reihe die Bücher vom Kopf auf die Füße stellte. Und dann Heinrich Böll und Wolfgang Borchert und Ernest Hemingway und Sartre und Thomas Mann und Hermann Hesse und Erich Kästner und Kurt Tucholsky.

Was man nicht alles las in so kurzer Zeit! Und den Rest sah man sich an. Nach Paris mit dem Fahrrad, unterwegs den Albert Schweitzer getroffen im Elsass, den heimlichen Werbern für die französische Fremdenlegion entkommen, die einen besoffen machen wollten. Dann wachste auf in Afrika und bist Soldat.

Irgendwie bezahlt werden mussten aber eben auch die Heimfahrten zu den Eltern: Mit dem Autobus vom Diesch: Reutlingen-Zwiefalten und zurück. Wenn's Geld alle war, war die Strecke notfalls mit dem Fahrrad zu machen – ziemlich ungern, es war eine elende Plackerei. Ich kam ja am Sonnabend nie vor zwölfe, eins aus der Bude, und dann: Ab trimo! Unterhausen, Lichtenstein, Honau, Honauer Steige, Traifelberg

Brot für den Sozialistischen Jugendtag 1947 in Stuttgart.

schieben, Kleinengstingen schieben, Bernloch, Oberstetten, Pfronstetten Tigerfeld, Gauingen Alpen gucken, Zwiefalter Steige – und schon da. Und die ganze Schinderei mit einem alten Radel ohne Gangschaltung. Drei bis vier Stunden auf dem Sattel – mein armer Lederarsch. Aber nur, wenn man keine Panne hatte.

Wenn genügend Zeit war, konnte ich es noch per Anhalter versuchen. Viel Verkehr war da am Samstagnachmittag nicht, aber hin und wieder hielt einer an, und mit etwas Glück erwischte man sogar ein Auto, das nicht nur bis zum nächsten Dorfe fuhr. Dem Steuermann des Wagens habe ich aus Dankbarkeit meine Lebensgeschichte zu erzählen begonnen – in der stillen Hoffnung, dass er die Geschichte spannend fand und schon allein aus diesem Grunde ein Dorf weiter fuhr als geplant –, aber natürlich nur, wenn die Story noch nicht ihren Höhepunkt erreicht hatte. Den Höhepunkt also immer so weit wie möglich hinauszögern! Ich glaube, manche waren ganz froh, wenn ich ausstieg. Na ja, jedem kann man's natürlich nicht recht machen.

Zu Hause dann ein Bier und schlesischer Kartoffelsalat.

Rund anderthalb Kilo Kartoffeln, ne Handvoll Eier, zwei saure Gurken aus dem Fass im Keller, eine große Zwiebel, 400 Gramm durchwachsenen Bauchspeck, n Stickel Fleischwurst, drei Salzheringe, wenn's irgendwo gibt. Und bissel Hühnerbrühe. Salz und Pfeffer, vier Esslöffel Essig – keine Angst, es gab nur eine Sorte – und bissel Öl.

Dann natürlich die selbst gemachte Mayonnaise.

Du brauchst Eigelb, Öl, Senf, bissel Zitronensaft, Salz und Pfeffer. Die Eigelbe, Senf, Salz und Pfeffer mischen, und dann das Öl ganz, ganz langsam, fast tröppelweise, dazugeben und dann gleichzeitig und ständig mit dem Schneebesen reinhauen, bis das Handgelenk weh tut. Fertig.

»Jetzt zu die Kartoffeln«, sagte die Mutter.

Die gekochten Kartoffeln nach dem Auskühlen würfeln. Eier hart kochen, nach dem Auskühlen würfeln. Zwiebel und Salzgurken auch, Fleischwurst auch, Fisch auch, Bauchspeck auch, aber den in der Pfanne braun brutzeln.

Dann ne Tasse heißes Wasser mit bissel Brühe schäkern und abschließend alles in eine Schüssel hauen und durcheinandermantschen, aber nicht zu stark, und immer mal bissel Essig und Öl rein.

Mein lieber Herr Gesangsverein – nur weil ich so gut erzogen bin und aus purer Höflichkeit habe ich nicht die ganze Schüssel allein leergegessen. Aber wenn gegessen wurde, haben mir daheim alle mit großen Augen ängstlich zugesehen: Wechselweise erst der Blick auf meinen Teller, dann auf die schaufelnde Gabel, dann auf die Schüssel. Zum Geburtstag habe ich mir immer eine Schüssel schlesischen Kartoffelsalat ganz alleine für mich gewünscht.

Denkzettel 5

»Nu ja, wenn der die Falken nich gehabt hätt ...«

Ich war froh, dass es in Reutlingen die Sozialistische Jugend gab –
bei den Falken waren mein Vater und seine Geschwister in ihrer Ju-
gendzeit aktiv gewesen, meine Mutter war bei der Bündischen Jugend.
Die Lebensgeschichten der Großeltern und Eltern, der Onkels und
Tanten waren Geschichten von Entbehrungen und Kämpfen, jedoch
in ihren interessantesten Teilen.

In unseren Jugendgruppen spielten wir – wie die bucklige Verwandtschaft früher – Theater, machten bunte Abende mit Kabarett,
gestalteten Leseabende, hörten Vorträge, demonstrierten, wanderten,
spielten Fußball, besuchten
andere Gruppen, gingen zel-
ten und auf Wochenend-Se-
minare, tranken im Gasthof
Frohsinn eine Liesl nach der
anderen, soffen, brachten die
Mädchen nach Hause, bis zur
Haustür, nichts geht mehr,
klebten Plakate für die SPD,
sammelten Geld und sangen
voller Inbrunst und – gedan-
kenverloren – eines der Lie-

1961, vor der Energiewende:
Atome nicht für Adenauer.

der von Jens Rohwer: »Wer nur den lieben langen Tag ohne Plag, ohne
Arbeit vertändelt, wer das mag, der gehört nicht zu uns.«

Die verschiedenen Organisationen und Institutionen der Arbeiterbewegung waren immer »Einrichtungen« des Kampfes für eine andere, bessere Welt, für Freiheit und Demokratie (ohne die es auch keinen
Sozialismus geben kann, wie umgekehrt), aber auch für den Alltag, für
gegenseitige Hilfe und Solidarität. Es waren Orte der Geselligkeit und
des Lernens, die die gute bürgerliche Gesellschaft den Arbeitern vor-
enthielt wie den Achtstundentag oder das Wahlrecht.

Nach den französischen und deutschen Revolutionen hatte die Geschichte »Hoppla!« gesagt. Aber jetzt fragte man sich: Was tun? Und wo geht's, bitte sehr, zum Sozialismus? Muss man das auch selber machen? Zu Beginn des 20. Jahrhunderts wollte die Frage beantwortet werden, ob sich die »Proletarier aller Länder« tatsächlich zum Bund vereinigen würden, wie es der Text der »Internationalen« dringend empfahl, oder ob man sich nicht lieber (weiterhin) im Auftrag der jeweiligen Herren all der Länder die Köppe einschlagen sollte – nie die der Herren! Die

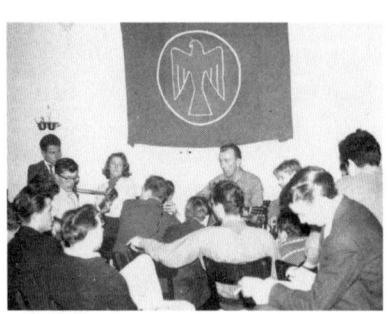

Gruppenabend im Jugendhaus Mitte

Umarmungen zum Beispiel beim Internationalen Sozialistenkongress in Stuttgart 1907 waren zwar schwesterlich-brüderlich und international, aber letztlich eine Fälschung, denn schon sieben Jahre später, 1914, hatten Nationalisten, Monarchen und Rüstungslobby den Ersten Weltkrieg vom Zaune gebrochen – und die Proletarier eilten zu den Fahnen. Nein, nicht zu den roten, sondern zu ihren nationalistischen.

Jetzt stand die Arbeiterbewegung also plötzlich ganz dumm da und sie sollte sich von ihren Dummheiten so schnell nicht erholen. Erst einmal spaltete sie sich, was immer das Beste ist, wenn man nicht mehr weiterweiß. Die sich nicht spalten wollten, wurden ausgeschlossen, die anderen traten aus Protest aus. Doch es blieben ja immer noch welche übrig. Die konnten dann entweder resignieren (wenn man sonst nichts zu tun hatte) oder eine neue Partei gründen, die dann die Chance hatte, sich wieder zu spalten. Oder sie konnte mit dem jeweiligen Klassengegner handelseinig werden. Handelseinig heißt ja auch immer: Mandate, Posten, Staatssekretäre, wenn's gut geht, Minister, Herr Noske.

Es waren schöne Zeiten, denen die Goldenen Zwanziger folgten, Zeiten, von denen uns die Altvorderen gern berichteten – jeweils aus der Sicht der Überlebenden. Denn wer nun partout nicht in den

Schützengräben für Volk und Vaterland sterben wollte und Leib und Leben über die kleineren und größeren Revolutionen rettete, wer also noch einmal davongekommen war und nachdachte, kam möglicherweise zu dem Schluss, dass da irgendwo ein Webfehler war wie bei Gerhart Hauptmanns Webern. Aber wo? In der Theorie oder in der Praxis? Darüber ließ sich am leichtesten in kleinen Gruppen nachdenken, und so spaltete sich die Arbeiterbewegung und spaltete sich und spaltete sich ...

Arbeiterbewegung, das klingt so einfach und war doch so vielschichtig. Es waren ja, bei aller Internationalität, nicht überall die gleichen Probleme zu lösen. Das agrarische Russland hatte andere Sorgen als das bereits weit entwickelte England oder Deutschland. Die Arbeiterbewegung in den USA, stark von den europäischen Einwanderern geprägt, stand vor anderen Fragen als die Arbeiterbewegung in China. Abhängig war ihre Politik von der jeweiligen Staats- und Regierungsform, von der sozialen Lage der Klassen, der Dummheit oder Intelligenz ihrer Führungsriegen, von ihrer Überzeugungskraft, von Strategie und Taktik. Heut fehlt's an allem. Die Vielschichtigkeit zeigte sich in den unterschiedlichsten politischen Strömungen und Überzeugungen, die man oft nicht unter einen Hut bringen konnte.

Karl Marx hat das alles sehr sauber und nachvollziehbar in seinen wissenschaftlichen Werken formuliert – und die Dogmatiker gehasst. Die Dogmatiker haben »den Marxismus« nie begriffen, sie haben ihn nie als wissenschaftliche Methode verstanden – die Welt analysieren und verändern –, sondern als Heilslehre. Sie mussten scheitern.

Dass das Sein das Bewusstsein bestimmt, hat natürlich nicht der olle Marx entdeckt, aber es war der erste Satz, den ich nachvollziehen konnte in der eigenen Familie, im eigenen Erfahrungsbereich. Die Grohmann-Oma erlebte ich in ihren Erzählungen als eine mutige und kämpferische Frau, ihre Tochter Gretel in Göteborg, die zweimal »reich« geheiratet hatte und zu Wohlstand gekommen war, wollte nichts mehr vom Roten Wedding wissen – dort hatte sie den alten

Schweden Gustav kennen gelernt – und erzählte lieber (natürlich en passant), dass sie mit dem schwedischen König schon öfter Tennis gespielt habe. Wer weiß, was da sonst noch war, dachte ich mir.

Neben den Jugendorganisationen der Arbeiterbewegung, vor allem der Sozialistischen Jugend, gab es damals, zur Zeit der Weimarer Republik, eine für heutige Verhältnisse große Zahl weiterer Verbände – vom Arbeiterschachverein bis zum Arbeiter-Rad-und-Kraftfahrbund »Solidarität«, von den Konsumgenossenschaften über die Freidenker und Freireligiösen bis zum Arbeitersängerbund, von Bau- und Heimstätten-Genossenschaften bis hin zu den Gewerkschaften mit ihren eigenen Häusern und Kultureinrichtungen, Banken und Versicherungen wie der »Volksfürsorge« bis hin zur Arbeiterwohlfahrt.

Das Arbeiterradio gehörte dazu, Schulen und Bildungseinrichtungen, Ferienheime für Arbeiterkinder, Buchclubs wie die Büchergilde Gutenberg, viele Spartenzeitungen, 60 Tageszeitungen, ein Dutzend Wochen-, Monats- und Halbjahreszeitungen, Verlage, Druckereien, die Rote Hilfe und das Reichsbanner Schwarz-Rot-Gold, das die Demokratie retten sollte, aber dazu konnte sich weder der Rest des liberalen Bürgertums noch die meisten der genannten Organisationen entschließen. Die übergaben 1933 ihre Kassen samt Kassenschlüssel den Nazis, gegen Quittung, versteht sich. Darüber wird man sich noch unterhalten müssen – aber der Wind wehte längst, längst, längst antisemitisch und nationalistisch wie militaristisch, das versprach einiges, Industrie, Banken und Kirchen schlugen die Trommeln des Hasses, die Arbeiterpresse war ein Furz gegenüber den rechts gestrickten Massenmedien – sie konnte allenfalls stänkern. Der braune Straßenmob fackelte auch nicht lange. Während die eine Seite noch argumentieren wollte oder vor Gericht lamentierte, schlug die andere zu. Ohne Rücksicht auf Verluste, wie man gern sagte. Sofern es vor der Machtübergabe an die Nazis überhaupt Gerichtsverfahren gab, standen die Urteile meist schon vorher fest.

Die Justiz stand stramm und rechts – und blieb so bis lange nach 1945.[2]

Das »bürgerliche« Lager trat relativ einheitlich auf – die NSDAP und Adolf Hitler versprachen ja nicht nur Arbeit und Ehre und Land im Osten und ein Ende der Verjudung (da musste selbst Theodor Heuss zugeben, dass da was dran war), sondern die Nazis waren auch außerordentlich erfolgreiche Wahlkämpfer. Die würden bald das Sagen haben, da war's dann doch nützlich, rechtzeitig auf der richtigen Seite zu stehen. Die andere Seite – das war so was wie die Linke, in all ihren Schattierungen. Also KPD und SPD und KPO und SAP[3]... – das aus guten Gründen gespaltene Lager.

Manchmal wurden Spalter, manchmal die Abgespaltenen in »die Zentrale« eingeladen. Fast jeder hatte eine Zentrale, auf die er hören musste, außer vielleicht die Anarchisten. Die hörten auf ihren Verstand. Das mit der Zentrale ist etwa so, als wenn ein Betriebsratsvorsitzender in die Bertelsmann-Stiftung eingeladen wird: Er geht aufrecht durch den Vordereingang und kommt als Wurmfortsatz hinten wieder raus.

Damals, ab den Zwanzigerjahren, entwickelte sich »Moskau« zur Zentrale der kommunistischen Bewegungen. Viele, die dorthin eingeladen wurden, um das eine oder andere wichtige Problem zu besprechen, kamen gar nicht mehr raus, und andere, die das wussten und deshalb nicht hinwollten, wurden dann abgeholt für den kurzen Prozess.

»Moskau« ist hier als Inbegriff des Stalinismus gemeint, als Inbegriff von autoritären Strukturen, Gottgläubigkeit und Massenmorden. Josef Wissarionowitsch Stalin, tatsächlich ein gläubiger Mensch, der in schweren Zeiten täglich betete, hatte mit Hilfe seiner autoritätsfixierten Cliquen Trotzki ermorden lassen und Lenin auf Eis gelegt und nahezu alles, was sich nach der Oktoberrevolution mühsam an Freiheit

---

2 Vgl. Richard Schmid, Präsident des OLG Stuttgart und Widerstandskämpfer: Letzter Unwille, ed.co, Stuttgart 1984. Die edition cordeliers wurde von Heinrich Schwing und Peter Grohmann Ende der Siebzigerjahre gegründet.
3 Sozialistische Arbeiterpartei Deutschlands (1931–1945).

Togo bleibt deutsch:
Provokation, gern geschehen.

und Gleichheit zu entwickeln begann, kaputtgetreten. Die Menschen, wir stellen es immer wieder resignierend fest, brauchen
offenbar Helden, Götzen, Götter.
An Stalin sähe man, dass das mit
dem Kommunismus oder so nie
klappen könne – und an Hitler,
frag ich, würde man dann sehen,
dass das mit der Demokratie nie
klappen kann? Man ertappt sich
und die Seinen ja immer wieder dabei, nachzurechnen und Vergleiche
zu ziehen wie ein Schulmeister aus Zwiefalten zwischen Auschwitz und
dem Gulag, zwischen dem Knast in Bautzen und dem in Guantanamo.
Ich sag mal so: Wenn wir den Krieg 1945 nicht verloren hätten, gäbe es
heute kein Israel. Wir würden mit unseren Greiftrupps durch die Welt
jagen auf der Suche nach dem letzten Juden. Und wenn wir den dann
hätten, kämen die Sinti und Roma an die Reihe, all die anderen Unter-
völker, und dann alles, was hierzulande sich durchfrisst an lebensun-
wertem Leben – die Kranken und die Krankgemachten, die Lesben
und die Schwulen, die Asozialen, die Verbrecher, die Tagdiebe …

Im Juni 1953 erlebte die noch junge DDR ihre erste große Erschütte-
rung.

Unruhe in den Betrieben, schließlich Streiks. Der Ausstand der Bauarbeiter in der Ost-Berliner Stalinallee droht zum landesweiten Arbeiteraufstand zu werden. Die Forderungen sind klar: Sie wollen einen
»besseren« Sozialismus, andere Arbeitsbedingungen, weniger Büro-
kratie, Streikrecht. Am 17. Juni sickern aus Westberlin Agents Provo-
cateurs in die Demonstrationen ein. Was man gern verschweigt in den
Erinnerungen: Sie heizen die Stimmung an, legen Brände, zerstören
Läden und Autos. Die Stimmung kippt – nun geht's für die DDR um
Kopf und Kragen. Die Russen retten das Brandenburger Tor.

Die Niederschlagung des Aufstands und die Zerstörung der (sozialdemokratischen) Arbeiterbewegung war der größte Erfolg der SED-Diktatur. Wenn nicht sogar ihr einziger.

Aber das heißt trotzdem längst noch nicht, den 17. Juni 1953, als ich in Reutlingen atemlos vor dem Radioapparat saß, nur als Konterrevolution zu sehen, als eine vom CIA und anderen reaktionären Kräften gepuschte und letztlich gescheiterte Aktion. Es war vor allem der längst fällige Arbeiteraufstand (kein Bürgertum weit und breit), die Forderung nach Streikrecht, freien Gewerkschaften. Und danach, das große Versprechen des Sozialismus nach Freiheit endlich einzulösen, die großen Versprechen der Revolution.

Fast alle Krawalle und Volksaufstände, Revolten, Straßenschlachten, Massenaktionen und Minderheitenproteste überall auf der Welt haben eine soziale und kulturelle Quelle. Wir wissen aber auch, dass es Agenten und Geheimdienste aller Seiten waren, die je nach Interessenlage und Auftraggebern gelegentlich selbst Urheber oder Auslöser so mancher Aktionen waren und sind, manchmal nur sehr bescheiden als Helfershelfer im Hinter-Untergrund. Wenn's denn in die politische Landschaft passt,

1955: Albert Schweitzer trifft die Reutlinger Falken in Günsbach.

mischen eben die Leute vom Verfassungsschutz kräftig bei der NPD mit, da kann schon mal ein Asylbewerberheim in Flammen aufgehen. Und wo's gepasst hat, bildet wahlweise die Stasi oder der westdeutsche Geheimdienst die Genossen von der Rote-Armee-Fraktion an Kanonen aus. Trau daher niemals Militanten, wenn du's nicht selber bist.

Man kann nicht mit den Rechten rechten. Aber mit den Linken. Auf unseren Fahnen steht: Freiheit. Gleichheit. Brüderlichkeit. Das steht auf den Fahnen der Rechten nicht. Da steht ausdrücklich: ADAC, freie Fahrt für freie Bürger. Daran müssen sich die jeweiligen Fahnenträger messen lassen, überall, wo in ihrem Namen gehandelt wird. Nun kann man gewiss nicht mich für alles verantwortlich machen, was da im Namen von Brüderlichkeit in Kuba passiert, und diese Frau Merkel auch nicht für das, was da im Namen von Freiheit in Guantanamo geschieht. Aber Sie und ich, wir beide wenigstens, dürfen dazu nicht schweigen. Nicht zu A wie Afghanistan und nicht zu B wie Bautzen. Wer was zu A sagt, muss auch was zu B sagen. Es gibt noch einen Unterschied zwischen denen und uns: Die können schweigen zu ihren Schweinereien. Wir müssen sprechen über unsere, koste es, was es wolle.

Die wöchentlichen Gruppenabende bei den Falken waren so was wie ne Abendschule und hatten durchaus den Anspruch auf allgemeine Bildung. Die meisten von uns waren Lehrlinge und junge Arbeiter. In der Schule hatte ich nie etwas von den Bauernkriegen und Thomas Müntzer, nix von der 48er-Revolution, vom Hecker oder der Revolution von 1918 in Württemberg gehört, nichts von der bayerischen Räterepublik, nichts aus der Geschichte der Arbeiterbewegung. Ich wusste bis dahin fast nichts über Auschwitz, nichts

Unter Kollegen: Schriftsetzer in Stuttgart. Links Akram Haidar aus Syrien, rechts Günter Hummel.

über die (deutschen) Kolonialherren und die Kolonialkriege, über die Versklavung der Schwarzen, nichts über die Fremdenlegion, über Zivilcourage, nix von Georg Elser, nix vom Widerstand gegen Hitler. Nur vom 20. Juli, wenn überhaupt.

Die KPD, obzwar verboten, kam für mein (partei-)politisches Engagement nicht in Frage. Ich fürchte, dass ich deshalb in die SPD eintrat. Ausweglos.

Nach der Lehre in Pfullingen hat mir der Meister den Laufpass gegeben. Ich packte meine Siebensachen und machte mich auf den

Weg in die erste Arbeitslosigkeit. Mein Vater hatte tatsächlich eine Anstellung gefunden und wurde Leiter eines Flüchtlingslagers in Weingarten. Jetzt trug er vornehmes Grau und ich Blau, jedenfalls bei den Ravensburger Falken. Ich arbeitete zwischendrin auf dem Bau als Monteur von Fertigplatten und bekam dann tatsächlich eine Stelle bei der Ravensburger Druckanstalt – die erste größere Buchdruckerei, die ich von innen sah. Lehrlinge gab's nicht, aber als der Jüngste durfte ich das Bier holen für die Kollegen, auch eins für mich. Später übernahm das dann ein Schriftsetzerkollege aus Syrien, der sich jeden Tag im Trog die Füße wusch, sich nach Osten wandte und betete. Nicht mal wir haben uns jeden Tag die Füße gewaschen. Mein erster Gastarbeiter. Im Betrieb waren wir das, was man später eine Solidargemeinschaft nannte. Ein Genosse der KPO an der Linotype nutzte jede Minute, um mit mir zu debattieren, und junge Kollegen, alle hervorragende Typografen, zeigten mir, was Typografie alles kann.

Denkzettel 6

1955 war es endlich so weit: Die Bundesrepublik Deutschland wurde in die NATO aufgenommen, zehn Jahre nach der Kapitulation. Na, es geht doch! Mein Vater humpelte noch arbeitslos in Zwiefalten herum, aber mich hätten sie können holen wollen zum Militär. Die alten arbeitslosen Generäle der Wehrmacht hatten zehn Jahre warten müssen, hätten wieder zu tun bekommen können jetzt, denn der eine Erzfeind saß ja immer noch an der Ostfront in den Startlöchern, und manche Rechnung war bekanntlich noch offen. Deutschland dreigeteilt? Niemals! Das war offizielle Lesart, Politik, das entsprach voll dem herrschenden Bewusstsein der meisten Menschen, von denen ein paar Millionen eben die Heimat verloren hatten und den anderen paar Millionen auf der Tasche lagen. Die rote Gefahr, das machte Angst, und der Antikommunismus machte den Rest. So mancher Aspekt war da ja nicht aus der Luft gegriffen.

Grohmanns alte Leier – und Ulrich Cassel singt Mariechen.

Die Generäle Hitlers, soweit nicht in fürstliche Pensionen geschickt, kannten noch die alten Panzerstraßen im Osten, wussten, wie man notfalls Leningrad umzingelt oder die Oder oder den Dnjepr überquert. Beim Kalten Krieg sich die Hände reiben, Rache ist Blutwurst. Zehn unbewaffnete Jahre, von 1945 bis 1955, können keinen Seemann nicht erschüttern! Zehn Jahre, da träumten nicht nur die alten Kameraden manchen alten Traum noch einmal neu, die alten Melodien lagen uns Kindern und Jugendlichen ja noch im Ohr, samt Text, und was verboten ist, das macht uns grade scharf (Wolf Biermann). Vergesst mir die Musikke nicht, mahnte Adenauer die Militärs, und schamlos übernahm die Bundeswehr Text und Melodie, und wenn das eine oder andere denn doch zu braun war, wurden in den Bundeswehr-Liederbüchern die alten SS-Gassenhauer mit neuen Texten versehen.

In einem Polenstädtchen
Denn heute gehört uns Deutschland und morgen die ganze Welt
Oh, du schöner Westerwald
Auf der Heide blüht ein kleines Blümelein
Lili Marleen

Das Blümelein waren die Mütter, die Frauen und die Mädchen, die Socken für den Winterfeldzug strickten oder in den Munitionsfabriken arbeiteten.

Das Mägdelein, das Blümelein, ist die wartende, weinende, hingebungsvolle, treue und doch umschwärmte Frau – fern, fern, dort, wo die Blumen blühn. Lieder und Klischees hielten sich, und so sang ich »meine Lili Marleen«.

Lübke baute Auschwitz
Schleyer hat's gesehn
Globke machte auch mit
und Kiesinger fands schön

Das Geld kam von der Industrie
Das Gas lieferte die Chemie
und heute gibt's Pension

Die Herrn von Grund und Boden
die Chefs an Rhein und Ruhr
die sind wieder in Moden
die zieh'n wieder die Schnur

Ob Bomben, Panzer, AKW
die Industrie macht immer mit
es lockt halt der Profit

Vor der Kaserne,
vor dem großen Tor
stand einer ziemlich lange
war selbst ein großer Tor

Ich hoffe, dass Ihr das versteht
Die Knarre hat er umgedreht
es war noch nicht zu spät

In jenen Jahren wechselte unsere Familie mehrmals die Tapeten –
dem eignen Triebe gehorchend, der Not, den deutschen Umständen.
Reisen bildet, und so wurde ich ausgebildet bei den Um- und Weg-
zügen von Breslau nach Dresden, dann wieder zurück von Dresden
nach Breslau, von Breslau nach Waltershausen, von Waltershausen
nach Tambach-Dietharz, von Tambach-Dietharz, aus der DDR, un-

serer Ostzone, nach Vechelade, von Vechelade nach Zwiefalten, von Zwiefalten nach Schörzingen, von Schörzingen nach Zwiefalten. Im 50 Kilometer entfernten Pfullingen machte ich meine Lehre und wohnte in Reutlingen. Weil ich keine Arbeit fand, kehrte ich ins Elternhaus zurück – die waren inzwischen von Zwiefalten nach Weingarten gezogen und ich fand die Stelle in Ravensburg.

Als die Druckerei Pleite machte, zog ich Ende der Fünfzigerjahre nach Stuttgart.

In der Erinnerung erst habe ich an allen Orten, in denen ich allein oder mit der elterlichen Familie und dem Bruder lebte, kurz oder lang, einen ganz besonderen Charme entdeckt, und jeder ist in seiner Weise auch in meinem Heimatbaukasten vertreten. Nach negativen Erlebnissen und Lebensphasen muss ich erst kramen, die wurden verschüttet wie seinerzeit wir in den Dresdner Bombennächten. Das schwere Erinnern, wenn's nicht gerade ein nächtlicher Überfall war durch DPs, Displaced Persons.

Wo du hinguckst, mahnen die Toten: 1. Mai 1957 in Stuttgart.

Wo war denn etwas wirklich schlecht, schlimm, katastrophal, so prägend, dass es sich festgefressen hat im Koppe? Wenn's nicht gerade das In-die-Hecke-Ziehen der Mutter durch junge sowjetische Soldaten war, die ihr anschließend den Rock geraderichteten und mir verlegen vorkamen, so, als schämten sie sich, die uns Kinder trösteten. Wenn's nicht gerade der Brandanschlag in der Kernerstraße war – später.

Wie schön, dass man fast alles und was man alles vergisst, und wie tröstlich, dass die Erinnerung daran heute, wie seltsam, kaum schmerzt. Es ist alles weit weg, und ich muss um drei Ecken denken.

Vielleicht geht uns das allen so, jenen jedenfalls, die durch den Zwang der Ereignisse die Kleider wechseln müssen und sich dann nicht mehr an die kalten Duschen vorher erinnern können. Nur die wärmenden Erinnerungen bleiben, das große Stück Torte, das uns die Polen schenkten, ein Apfel im Winter, ein dicker Kanten Brot von Sascha, dem russischen Offizier,

Unterwegs ins Zentrum: Boardmen 1957.

der uns seine Pelzmütze aufsetzte und Katzen schoss, als es nichts zu fressen gab.

Der Charme jener Orte, die ich bewohnte, entsteht möglicherweise erst mit der Nachsicht. Nach Jahren der Abwesenheit kehrt man ins Damals zurück, sucht die längst sanierten Bezugspunkte: Die alte Wohnung, die Schule, Bücher, die Wege in den Wald, die Kneipe in der Nachbarschaft, Läden, Schlittenfahrten, Mädchen, Schiefertafeln, Arbeitskollegen, Kameraden in den Jugendgruppen, die Ausgänge ins richtige Leben.

Wehrdienst – nichts im Leben kann richtiger sein, sagten die, die eben und Gott sei's gedankt den verdammten Krieg verloren hatten, das ist doch erst ein paar Tage her, und schon waren wir wieder wer. Mit der Aufnahme der Bundesrepublik Deutschland in die NATO 1955 wurden die ersten Einheiten der Bundeswehr gebildet, die allgemeine Wehrpflicht wurde 1956 eingeführt und die ersten Rekruten kamen 1957 in die Kasernen: Andernach hieß das Kaff. Wie lächerlich uns das damals vorkam.

Kapitel III

1957

✤ Rassen gibt's nicht, aber Rassismus und Rassentrennung in den USA.

✤ Ein Sputnik im Weltraum.

Rock Around The Clock: Bill Haley in Frankfurt – *mein erster Krawall*.

✤ 18 westdeutsche Wissenschaftler gegen Atomwaffen für Deutschland.

✤ Bundestagswahl: CDU überraschend über fünf Prozent, äh, über fünfzig.

✤ Polens Außenminister Adam Rapacki legt einen Plan für ein neutralisiertes, atomwaffenfreies Mitteleuropa vor – und keiner plant mit!

1958

✤ Kampf dem Atomtod – die Sechzigerjahre. Bombenjahre.

✤ Mit Heinrich Böll, Thomas Dehler, Robert Jungk, Erich Kästner, Eugen Kogon, Martin Niemöller und – ja, richtig: Erich Ollenhauer, Breslau.

1959

✤ Klassenkampf und ein Godesberger Programm der SPD.

✤ Fidel Castro, Che Guevara und ihre GenossInnen stürzen ein US-gelenktes Terrorregime.

✤ Liebe Neger: Heinrich Lübke wird Bundespräsident.

✤ *Stuttgart.*

1960

✤ Die Ostermärsche der Atomwaffengegner beginnen.

✤ Anti-Baby-Pille hier, Kennedy da.

✤ *Maschinensetzer-Ausbildung an der Linotype.*

1961

✤ Der »Sozialistische Deutsche Studentenbund« (SDS) wird aus der SPD entfernt.

✤ Patrice Lumumba, der erste Premier eines unabhängigen Kongo, wird im Auftrag der alten Kolonialmacht Belgien ermordet.

✤ *Zivi bei der Arbeiterwohlfahrt auf der Nordalb bis 1962.*

Castro, Lübke, Erhard – Demos, Schnitzel, Urlaub 1957 bis 1967

❖ *Ehe mit Herta Brandenburger, aus der 2 Kinder erwachsen werden. Hochzeit im Mai '61.*

❖ Anschließend wird die Berliner Mauer gebaut.

❖ Wir haben endlich auch einen Verantwortlichen: Adolf Eichmann.

❖ US-Invasion in der kubanischen Schweinebucht. 1:0 für Kuba.

1962

❖ Nicht nur in Stuttgart heulen die Luftschutzsirenen, zur Erinnerung.

❖ Spiegel-Affäre: Redaktion durchsucht, Augstein endlich im Knast!

1963

❖ Kennedy ist ein Berliner. Martin Luther King marschiert nach Washington.

❖ Ludwig Erhard wird Bundeskanzler und Kennedy erschossen.

❖ Die Auschwitz-Prozesse in Frankfurt beginnen.

1964

❖ Robert Havemann, Widerstandskämpfer, erhält in der DDR Berufsverbot, aber keinen Orden.

❖ *Gründung des Stuttgarter »Club Voltaire« in der Leonhardstraße 8. Sohn Einar geboren, Sohn Kolja 1967. Willkommen!*

❖ Nelson Mandela und der millionste Gastarbeiter in der BRD.

1965

❖ Napalm und Vietnamkrieg.

1966

❖ Notstand der Demokratie: Erstmals ein großes Bündnis gegen das Ermächtigungsgesetz.

❖ Die SPD ist sich nicht zu schade: Große Koalition unter Nazikanzler Kiesinger.

❖ Vom CIA gesponserter Militärputsch in Griechenland.

❖ Widerstand? Anpassung? Exil?

❖ Ena-ena-tessera! Das Stuttgarter Bürgerkomitee setzt sich für die griechische Sache ein und in China machen sie Kulturrevolution.

Denkzettel 1

Die Lehre als Schriftsetzer, ach, was hatte ich mich darauf gefreut! Wie hatten wir gekämpft, um eine Lehrstelle zu ergattern. Im Traumberuf! Aber ich hab dann gerade so, mit Ach und Krach und einer Vier, die Gesellenprüfung überstanden – ausreichend.

Frau Meisterin, lebe wohl! Ich packte meine Siebensachen in Reutlingen zusammen und suchte Arbeit. Zunächst kam ich mit stolzgeschwellter Brust in Weingarten an, da wohnten die Eltern. Den Gesellenbrief mit der Vier musste ich ja niemandem zeigen, meinte mein Vater, denn jetzt musste erst mal Arbeit gesucht werden.

Ein Skatbruder des Vaters nahm mich übergangsweise auf die Baustelle mit – Trockenbau. »Bissel was vom Bau hamwa ja alle«, tröstete mich der Herr Papa. Wir hatten zu oft die eigenen vier Wände trockenlegen müssen in Flüchtlingsunterkünften und schrägen Sozialwohnungen. Und tatsächlich – es war eine interessante, müde machende Arbeit, schwer, aber wenn man drei Jahre lang 30 Kilogramm schwere Setzkästen wuchtet, klappt das schon.

Und wie rieb ich mir die Hände, als ich eine neue Stelle in der Ravensburger Druckanstalt fand. Da begann faktisch eine zweite, eine echte Lehre, denn der alte Pfullinger Lehrmeister Hugo Lorch hatte mir fast alle Lust an der Schwarzen Kunst verhunzt. Aber eben nur fast.

Als die Ravensburger Druckerei Pleite machte, musste ich mal wieder Leine ziehen. Stuttgart? Das war irgendwie meine Traumstadt, ja, die Sehnsucht meiner Jugend. Es war eine Großstadt, wie ich sie ja noch in meinen Erinnerungen trug, Breslau, Dresden, die Ruinen drohend in den hellen Himmel, die Keller dunkel in die Hölle weisend. Straßenbahnen, Russen, Juden, Flüchtlingstrecks, großer Bahnhof immer, weggeworfene Uniformen und alles gehörte niemand, eine Zeit lang. Nirgends Aufsicht, die Kinder die Herren der Welt, war ja auch Zeit.

Die Mutter: »Ende der Fünfzigerjahre machte er nach Stuttgart.

Nu, das war ja nicht leicht für uns. Aber in Oberschwaben gab's kaum Buchdruckereien. Am liebsten wär er ja zu ner Zeitung gegangen, als Journalist. Aber so? Ohne Ausbildung ... Tumm wara ja eigentlich nich. Und wissense – Geld hatten wa ja nich, nichamal, um die Kinder uffs Gymnasium zu schicken. Nichamal fürsch Fahrgeld hätts gereicht. Nu ja, ja, nu nee, nee.«

Immerhin hatte ich inzwischen ja ein paar Gesellenjahre in Ravensburg hinter mir – und nun ging auch, mit etwas Nachstochern, der zweite Wunsch in Erfüllung – bei einer Stuttgarter Zeitung anzufangen. »Allgemeine Zeitung für Württemberg« – anno dunnemal: »Schwäbische Tagwacht«.

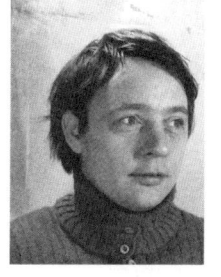

Noch harmlos.

Ich fing als Schriftsetzer an, in der Friedrichstraße 13. Die AZ war Druckerei und Tageszeitung der SPD, das württembergische SPD-Organ, eine Tageszeitung fast ohne Anzeigen, ein geschichtsträchtiger Ort aus den ersten Anfängen der württembergischen Arbeiterbewegung.

Dann schusterte ich um, zum Maschinensetzer an der Linotype. Das war deutlich besser bezahlt, und ich war ziemlich erpicht darauf, immer wieder mal was Neues zu machen. Die Kolleginnen und Kollegen in der AZ waren fast alle klassenbewusste Arbeiter, jedenfalls das, was ich mir heute darunter vorstelle.

Gerade mal zehn Jahre vorher war der Krieg zu Ende gegangen. Noch 1947 irrten Millionen Flüchtlinge durchs Land. Dem kalten Winter 1946/1947 folgte eine Dürre im Sommer 1947. Die Menschen hungerten. In der Ostzone. In der Westzone. Und drum rum.

Es kam zu großen Hungerdemonstrationen und Ausschreitungen. Und so mancher Nazi witterte wieder Morgenluft.

Die normale Arbeit, wenn man eine hatte, reichte nicht. Das Geld war knapp, der Schwarzmarkt blühte. Die Schieber von heute würden morgen die neuen Herren sein. »Wetten?«, sagte mein Vater.

Die Zeit in der Ostzone hing mir noch lange nach …

Tschia Tschia Tschia Tscho
Käse gibt's in der HO
Schlange stehn se bis nach Halle
wenn se drankomm', is der Käse alle

… oder dieser Text:

Haste nicht den Schiebermax gesehn
mit dem konnte man sich doch so gut verstehn
fünf sechs sieben Mark die Zigarett
Ist das nicht nett?

Im Westen jedenfalls lebte der frühere Nazi besser als der Nazigegner. Dass das deutsche Großkapital ein Feind der Demokratie gewesen ist, hatte man schnell vergessen oder nie gelernt. Allenfalls im Kabarett, und das wird bekanntlich nicht sonderlich ernst genommen.

Schwarzmarkt in Stuttgart, nach 1945.

Es war wie gesagt nicht so, dass ich keine Großstädte kannte – Breslau, meine Mutterstadt, war deutlich größer in der Erinnerung, auch Dresden. Aber der Stuttgarter Reiz war doch ein besonderer. Hier waren, von der Provinz aus gesehen, die Falken groß, der linke Jugendverband, hier war die Arbeiterbewegung wer, hier wurde man nicht auf der Straße angepöbelt oder verlacht wie in Zwiefalten oder im Oberland. Hier saßen die Leute, die reden und diskutieren konnten, die über einen großen Schatz an Wissen und Erfahrung verfügten, freundliche Menschen, Aufklärer, Ermunterer, es gab Fraktionen, nächtelange Debatten, spannende Auseinandersetzungen um Fragen und Probleme, die uns wichtig waren.

Ein großes Selbstbewusstsein war das, Selbstvertrauen – und das Wissen, dass es da einerseits um praktische Politik ging, um Alltag, andererseits um die Aneignung von Theorie, idealerweise durch Praxis. Es waren Lebenshelfer, Unruhestifter. »Das solltest du mal lesen, Peter!«

Es waren Leute, bei denen wir aus Reutlingen oder Weingarten oder sonst woher zu Tagungen oder Seminaren oder Schulungen kommend übernachten konnten, es waren Leute, die wirklich große Bibliotheken hatten, interessante Schallplatten mit Liedern aus der Arbeiter- und Widerstandsbewegung, internationale Folklore, Klassisches weniger. Leute, durch deren Zimmer oder Wohnungen ein Hauch von Existenzialismus wehte, es waren Menschen, die im Widerstand gegen Hitler gestanden hatten, Geflohene, Sozialisten, Juden, beides, Rückkehrer aus Prag und Havanna wie Fritz Lamm, Emigrierte wie Fritz Rück, der als junger Bursche noch die Revolution in Württemberg angeführt hatte. Rückkehrer auch aus Israel, die sich mehr versprochen hatten vom jungen Land, wie Ted (Theodor) Bergmann.

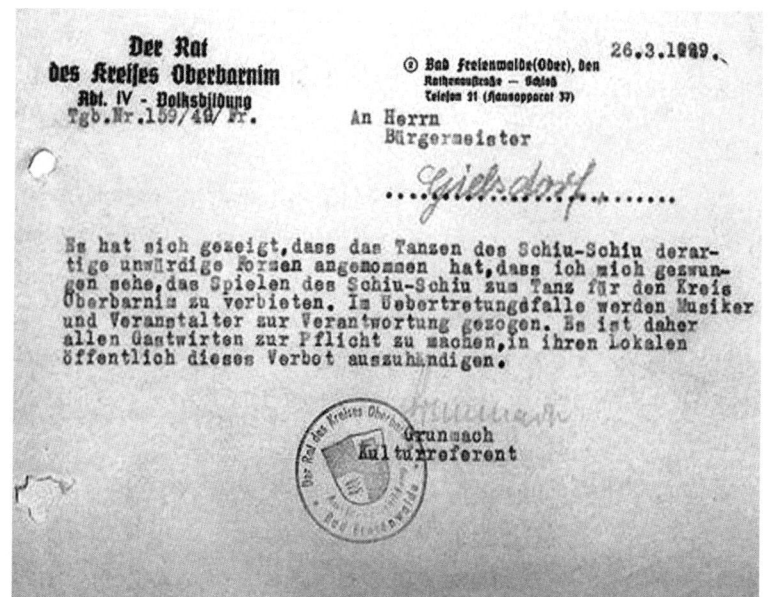

Immer waren die Wohnungen offen, immer gab's für Hungerleider wie mich was zu futtern, immer was zu hören von den Kämpfen, mehr nebenbei, en passant, Geschichte und Geschichten über große und kleine Ereignisse und Menschen, die einem Jahre später über den Weg liefen, Namen und Gesichter, die ich mit dem Gehörten verknüpfen konnte, aber auch Namen, die sich mir manchmal erst sehr spät und manchmal nie ganz erschlossen.

Mir schien, die Leute lebten Politik.

Was wir hörten von Mund zu Mund, von Ohr zu Ohr, war die Geschichte des Widerstands gegen die Nazis, es waren die Geschichten von den Irrtümern und Fehlern, Geschichten von List und Tücke, Geschichten vom Überleben im Asyl, vom verweigerten und ge-

Mit Sohn Einar
im Waldheim Sillenbuch, 1967.

währten, Geschichten von der Verfolgung der Verfolgten durch die Stalinisten, Geschichten vom Untertauchen, von Verrat, Enttäuschungen und Niederlagen.

Die sie erzählten, waren Menschen, die versucht hatten, die neue Republik zu bauen – hoffnungsfroh, resignierend, ausdauernd, zäh, weitsichtig.

Dass es auch Kurzatmige gab und nicht wenig Kurzsichtige, Scharlatane, Spione, Renegaten, Opportunisten, das wussten wir. Sie waren ja mitten unter uns. Und dass es auch in der neuen Republik Verfolgung gab und Demütigung, Ausgrenzung, Berufsverbote, Diffamierungen, hohe Pensionen für die Verfolger von gestern und nicht einmal ein Nasenwasser für die Verfolgten, häufig keine Rente – das lernten wir.

Die Stuttgarter Schule war eine gute, gründliche Schule. Man besuchte sie gern.

Denkzettel 2

Aber in welcher Zeit spielte das alles, was ich erzähle? Was waren für uns – besser: für mich – damals die Wegmarken? Was ist noch da an geschichtsträchtigen Daten, auch in der Rückschau? Möglicherweise kommt einem heute, da man auf große Wissensspeicher zugreifen kann, dies und jenes wichtiger oder unwichtiger vor, als es damals wirklich war. Auch verwischt sich, was erlebte Geschichte war und was Erzähltes, Gehörtes, Gelesenes.

»Wirklich« erinnere ich mich an den 17. Juni 1953, da war ich noch im Reutlinger Lehrlingsheim, saß atemlos am Radio. Kurz nach der Niederschlagung des Arbeiteraufstands kam einer der Protagonisten der Proteste als Mitbewohner ins Lehrlingsheim.

Augenzeuge. Zeitzeuge.

Klar sind auch die Erinnerungen an den Kampf der schwarzen Bevölkerung in den USA um Gleichberechtigung, an den Ungarnaufstand 1956, an die Aufstände und Streiks in der Volksrepublik Polen, in der CSSR. Augen- und Ohrenzeugen hatten wir in Stuttgart aus Algerien, Deserteure, Gefolterte, die hier ein Widerstandsnetz aufbauten. Wenn's stimmt.

Ich kam nach Stuttgart wie die unbefleckte Erkenntnis. Ja – schon: Ich war aktiv bei den Falken, der Sozialistischen Jugend Deutschlands, seit meinen ersten Reutlinger Tagen. Mit der Gruppe waren wir von Reutlingen aus in die Schweiz geradelt – ich sagte: geradelt! – zum Internationalen Jugendzeltlager in Arbon, das Zelt auf dem Fahrrad, allenfalls gab's mal größere Gruppenzelte, die voraustransportiert wurden. Die kleinen Mahlzeiten wurden in Selbstkochergruppen organisiert, das Mittagessen kam aus

Die ApO entsteht, April 1968.

großen Kesseln, die aufs offene Feuer gestellt wurden. Die Jugendlichen des Zeltlagers aus Westdeutschland, der Schweiz und Österreich, ein paar aus Italien und Frankreich, waren eine spannende Gesellschaft, die alles miteinander teilte, voller Rücksichtnahme auf die Schwächeren, die Besonderheiten und Befindlichkeiten der »anderen«.

In der Nachschau empfinde ich das als lebensprägend.

Natürlich, wenn man auf der Flucht war wie unsere Familie, ausgebombt, vertrieben, heimgesucht von allen Widrigkeiten, lernt man wohl das Teilen, kommt aus mit der Enge in Viehwaggons, mit Läusen in Flüchtlingslagern, mit Lebensmittelkarten, Hunger, da wird das Brot, das letzte Stück, gebrochen, es reicht eine Decke für zwei.

Flöhe
Ich hatte
schon Flöhe
und Läuse
und Ratten
und Mäuse
als Kind.
Mein Nachbar
hatte ein Pferd.
Irgendwie
lief was verkehrt.

Vielleicht empfand ich deshalb das »Gemeinschaftliche« in der Gruppe, die selbstverständliche Solidarität im Alltag, besonders stark?

Ganz abgesehen davon: Für uns Arbeiter-Jugendliche wäre ja – wie für einen großen Teil der Menschen in den Fünfzigerjahren – ein Urlaub überhaupt nicht in Frage gekommen. Das Schnitzel am Sonntag war lange Zeit das höchste der Gefühle. Wir waren ja Flüchtlinge, mit dem Rucksäckel angekommen, hatten mehrfach das angesammelte

Hab und Gut stehen und liegen lassen müssen, »zwei Töppe durften wa mitnehm, Bettzeug nich, Decken ja«.

Und dennoch erinnere ich mich nicht an die Schrecken der Flucht oder die Ängste jener Jahre, von den Bombennächten im Februar 1945 in Dresden einmal abgesehen, die verschüttet waren, aber irgendwann mal aus dem Schutt des Langzeitgedächtnisses wieder auftauchten. Wenn ich mich frage, ob es da Ereignisse gab zwischen Ankommen und Abhauen, die sich ganz besonders eingeprägt, eingebrannt haben, muss ich passen. Von heute nach rückwärts gesehen waren die Jahre des Krieges, der Fluchten, unglaublich spannend, lehrreich, interessant. Ich hab sie, als Kind, als Junge, regelrecht aufgesogen.

Schmerzen, Irritationen, dunkle Fragezeichen stellen sich allenfalls ein, wenn ich an erlebte Ausgrenzung denke, an Diffamierungen, vor allem an Benachteiligung, an Spott, gelegentliche Schläge. Aber was sind Schläge, wennsde Leute hast sterben sehn, Tote rechts, Tote links, Tote in der Mitte? Nischte. Da biste erhaben drüber.

Als ich das erste Mal einen Gruppenabend der Falken in Stuttgart besuchte – ich war nach eine paar Tagen in der Jugendherberge vorübergehend im Pestalozziheim der Arbeiterwohlfahrt in der Olgastraße untergekommen –, zog ich mein blaues Falkenhemd an, dazu das rote Halstuch, trat in den Raum der Jugendgruppe im Jugendhaus Mitte und schmetterte den Anwesenden, die ich ja kannte von vielerlei Aktivitäten, ein kräftiges »Freundschaft!« entgegen. Alles erstarrte, alles schaute mich etwas ungläubig an – und ich fragte:»Is was?« Es hätte ja mein Hosenstall offen sein können oder vielleicht hatte ich zwei verschiedene Strümpfe an oder die Unterhose guckte vor unter der kurzen Hose (was mir wirklich sehr unangenehm gewesen wäre). Nichts dergleichen war's wohl. Abgesehen davon, dass ich der Einzige mit Blauhemd und rotem Tuch war. Ich hab's bei den nächsten Besuchen der Gruppenabende dann schweren Herzens weggelassen.

Denkzettel 3

Die AZ, im historischen Gebäude Friedrichstraße 13 in Bahnhofsnähe untergebracht, gehörte zu den wenigen übrig gebliebenen Tageszeitungen der SPD in den Fünfziger- und Sechzigerjahren.

Bei einem Arbeitskollegen aus Cannstatt fand ich ein Zimmer im Dachgeschoss, immerhin mit eigenem Eingang, eigenem Klo und kleinem Waschbecken, das ich aber nicht besonders häufig benützte, bis mir mal jemand sagte, ich rieche sehr angestrengt. Es war in Steinhaldenfeld, nun war meine »Heimatgruppe« die Cannstatter, die sich wöchentlich im städtischen Anna-Haag-Jugendhaus traf. Viele Freunde kannte ich ja schon, und sie mich, und so konnte ich unbefangen Themenvorschläge für Gruppenabende oder kleine öffentliche Veranstaltungen machen, politische Wanderungen oder Stadtspiele, die soziale Spurensuche organisieren – und die nach der eigenen und der fremden Geschichte.

Wenn ich abends mit der Straßenbahn – manchmal auch zu Fuß, um unterwegs Flugblätter zu verteilen – nach Hause kam, holte ich eine Dose Ravioli unter dem Bett hervor und machte die Dose samt Inhalt auf einem kleinen Esbit-Kocher warm. Gegessen hab ich dann direkt aus der Dose. Im »Geschäft«, also auf Arbeit, kam morgens der Vesperholer. In den Firmen waren das meist bissle so was wie ein liebenswerter Duppel, Lehrlinge oder Frauen, die sich etwas Zubrot verdienten. Die gingen mit einem Zettel von Arbeitsplatz zu Arbeitsplatz und schrieben auf, was sie beim Metzger oder Bäcker für die einzelnen Leute holen sollten. Ein Stück Schwarzwurst, zwei Wecken. Ein Pärle Landjäger. Schinkenwurst. Geschnitten oder am Stück? Das wurde dann, rechtzeitig vor Beginn des Vesperns, an die Besteller ausgeteilt. Viele brachten ihr Vesper von zu Hause mit, das war preiswerter, und neben dem Bleimaterial, den Schnüren, Schiffen, Winkelhaken, Pinzette und Ahle stand da ein Töpfle Senf (für die Schwarzwurst) und hier ein Gläsle saure Gurken (für zwischenei).

Einmal im Jahr ließ der Fax (Faktor) den Dampf rein und verlangte, dass bis zum nächsten Tag alle Lebensmittel weg sein müssten, sonst werfe er »das ganze Glomp persönlich in den Kutteroimer«, in den Müll.

Vorsicht, Kollege! Bei Küppersbusch hat's »wegen so was« mal einen großen Streik gegeben. Der Meister hatte über Nacht die leeren Bierflaschen eingesammelt, die an den Maschinen standen – und dort nicht stehen durften. Pfandwert: 10 Pfennig, erzählte Willi Scherer, Betriebsrat in Gelsenkirchen. Es war der Beginn einer ganzen Serie »wilder« Streiks quer durch die Republik.

Meist einmal in der Woche, nach dem Empfang der Lohntüte, kam der Kassierer meiner Gewerkschaft an die Arbeitsplätze. Es war selbstverständlich, dass jeder in der Industriegewerkschaft Druck und Papier organisiert war und dass ein satzungsmäßiger Beitrag bezahlt wurde. Der Kollege hatte immer gute Laune, ein gemütlicher, erfahrener Kämpe, und brachte die aktuelle Gewerkschaftszeitung mit, wies einen wie mich auch mal auf diesen und jenen Artikel besonders hin, verkaufte vielleicht auch noch eine Solidaritätsmarke für 20 Pfennig, erinnerte an eine gewerkschaftliche Fortbildung. Er kannte von diesen Rundgängen jahrein, jahraus im Betrieb alle Leute, wusste um ihre Sorgen und Probleme und Stärken und Schwächen (nicht selten sah er missbilligend auf die zwei, drei leeren Bierflaschen neben einem Setzkasten!), fragte, ob man inzwischen eine Wohnung gefunden hätte, und wusste, dass der Kollege Soundso in der Buchbinderei neuen Honig aus eigener Imkerei dabeihatte.

Der Arbeitsplatz war immer auch ein Ort der weit über die Arbeit hinausgehenden Information, der Argumentation, der häufig hitzigen Diskussionen um fast alle gesellschaftlichen Fragen – Mauerbau oder Rechtsradikalismus, Wiederaufrüstung oder Samstagsarbeit. Auf dem Tapet standen alle Themen des Alltags.

Hin und wieder war der Betrieb auch Ausgangspunkt für andere abendliche Aktivitäten – etwa, um eine spezielle Kundgebung in der Nähe zu besuchen oder eine Versammlung der neuen Nazis zu stören.

Alle Zeit der Welt, wie anderer Leute Kinder, auf die wir mitunter neidisch waren, hatten wir nicht, aber oft Familie, auch Kinder, meistens eigene, jedenfalls tägliche Pflichten: Aufstehn, Frühschicht, das war die Unangenehmste, weil man den verpassten Schlaf nicht nachholen konnte, weder am Setzkasten noch an der Linotype. Da rannte ich denn, wenn die Nacht zu lang oder der Schlaf zu kurz gewesen war, durch den Morgenwind, das Hemd nicht in der Hose, ungekämmt und ungewaschen, um ja nicht wieder zu spät zu kommen. Das Kämmen dann schnell an der Stechuhr, Stempelkarte rein und dann die Setzmaschine anschalten, dann die Kollegen begrüßen, mit Handschlag, dann durchschnaufen, dann aufs Klo: kleine Morgentoilette. Und dann erst ging's los.

Der Faktor oder der Meister mit schrägem Blick, der Kollege zwinkerte, der Korrektor winkte mit den Korrekturfahnen, das hatte ich gestern gesetzt, fast fehlerfrei und in guter Zeit, trotz allem. Denn die Zeit musste halten, du musst gut sein in der Arbeit, wenn du frech werden willst, du musst zu den Verlässlichen gehören. Es war Ehrensache, gute Arbeit abzuliefern, die andere Form der Norm. Der Meister schaute auf meinen Arbeitszettel, der war jeden Tag abzugeben, sah, was anlag bei mir an Satzarbeit, und drückte mir ein neues Manuskript in die Hand. Zwei Stunden, das war die Zeitvorgabe. Der Text hüpfte, hatte wenig Pfiff, und der Redakteur hatte sich bei den Verbesserungen keinerlei Mühe gegeben. Schad drum. Manche Korrektur war überhaupt nicht lesbar: eine Sauklaue!

Am schnellsten ging es immer, wenn ich den Artikel kurz überflog und dann wusste, worauf der Autor hinauswollte. Ich konnte dann vollkommen frei vom Manuskript einen nahezu komplett neuen Text setzen. Anstandshalber übernahm ich die eine oder andere Passage, der Korrektor wusste Bescheid, aber er durfte keinesfalls meinen Handabzug mit dem Manuskript vergleichen. Auf diese Weise schaffte ich mit Leichtigkeit die Zeitvorgabe und hatte Vorderwasser, freie Zeit also, um Luft zu schnappen oder noch mal aufs Klo zu gehen: Ruheort der Arbeiterbewegung. Vielleicht mal bissel Nickern für ein Viertelstündchen oder auch eilfertig, aber doch unauffällig durch die Setzerei oder den Drucksaal laufen und hören, was anlag an Neuigkeiten, mit schrägem Blick auf mögliche Beobachter.

Denkzettel 4

Der erste Treffpunkt der Künstler nach dem Kriege war in Stuttgart das »Dimitroff«: scharfes Gulasch auf Lebensmittelmarken. Es lag in der Büchsenstraße, um die Ecke die »Büchsenschmiere«, wie sie das Polizeigefängnis nannten, etwa dort, wo im Jahr 2012 für den neuen Hospitalhof der Grundstein gelegt wurde, dort also, wo sich die Zigeuner zu melden hatten, »Zigeunerinsel« nannte man's im Volksmund, zum Abtransport zwecks Ermordung, etwa dort, wo bislang ein unauffälliges Schildle dezent an diese Morde erinnert. Vermutlich wird's das Schildle, wenn das neue Haus steht, nicht mehr geben. Könnt auch sein: größer. Sie hatten ja Zeit, das zu lernen, auch die Evangelischen.

Fritz Lamm, politischer Flüchtling in New York, 1946.

Das Gewerkschaftshaus nebenan fast, ungefähr einen Steinwurf weit – untersteh dich! In der Kneipe unten, der Kellerschenke, Anlaufstelle für alle, die auf der Walz waren, heftige Diskussionen über die alten Fehler und neue Fehler, und die Rückkehrer lasen sich die Leviten und aus ihren Erinnerungen, lauthals.

Das »Dimitroff« und sein Wandtelefon, das war nochmal eine andere Nummer! Wo gab's schon Telefon nach dem Krieg in Zeiten, wo's noch nicht mal Brot gab? Es war umlagert, dicht umlagert, direkt neben der Theke. Die Leute sagten:»Ich ruf um sechs Uhr an im ›Dimitroff‹, sei pünktlich«, und der Wirt rief über die Menge hinweg:»für Schneider!« Man musste die Zeiten, in denen man angerufen werden wollte, eintragen auf einem Blatt, dann durfte niemand anderes an den Hörer, wenn's klingelte. Auf dem Blatt stand dann etwa»Anruf für Maier, morgen wieder halb fünfe«. Dann musstest du da sein, auf die Minute, und:»Fasse dich kurz!« war selbstverständlich. Das Telefon als Luxus.

Ein Telefon war wichtig, doch da dachte wirklich niemand ernsthaft dran, an den eigenen Apparat schon gar nicht. Aber einen Schlafplatz für die Nacht brauchte der und jener, meistens Männer, zurückgekommene oder zurückgebliebene. Oben im»Dimitroff« zwölf Zimmer mit Doppelbetten, Waschbecken im Zimmer. Viele Gäste, die hier eine Wohnung oder ein Zimmer hatten, nahmen jemanden mit nach Hause, Platz auf dem Sofa, notfalls in der Badewanne, ein paar Teppiche rein, das tut's auch, und bei den Aktiven war es ein Kommen und Gehen. Anreisen, abfahren. Der alte Dimitroff mochte nicht, wenn mehr als acht Leute in zwei Betten schliefen.

In der Kneipe wurde gehandelt, Schwarzmarkt, und geschachert und gefeilscht und geplant, und Ruhe herrschte, wenn die Schachmeister am Zug waren, und laut wurde es, wenn Neue eintrafen. Das»Dimitroff« war die erste Adresse, wenn man nach Leuten aus alten Zeiten suchte, nach Zeitzeugen, nach jemandem, der bestätigen konnte, dass du von '42 bis '44 uk-gestellt warst, kein Nazi, oder wenn, dann Mitläufer, um die eigene Mutter zu schützen. So oder so kamst du dann besser nicht ins»Dimitroff«. Dort suchte man nach Genossen, Kollegen, Verfolgten, Vermissten in der Stadt, was ist aus dem geworden und was aus jenem, ist der nicht umgekommen in Dachau? Weißt du das sicher? Hast du's gesehen? Den Menschen kam ja nicht nur der Krieg dazwischen, nicht immer die Nazis, auch das Schicksal. Hinter der Theke hundert Zettel.

»Weiß jemand, wo Stefan Kleinknecht geblieben ist?«

»Stalingrad«, hatte jemand daruntergeschrieben.

Hier wurden Tipps gehandelt – eine freie Stelle bei Klett oder Cotta, auch als Botengänger bei der Gewerkschaft, Volksempfänger oder Fahrrad gesucht, Arbeit für Buchdrucker bei der Union, Silberbesteck zu verkaufen, eine Wohnung »Am Weißenhof« oder ein halbes Brot wenigstens. »Dein Bier übernehm ich.«

Susanne Leonhard erzählte uns solche Geschichten. Sie saß im »Dimitroff« und trank Zitronentee, obwohl es dort keinen Zitronentee gab. Sie hat ein Leben lang gekämpft und wär gern 90 geworden, die Kräfte reichten aber nur bis 89. Sie starb 1984 und war 1949 nach Stuttgart gekommen. Ich sag mal so: Sie war was Besseres, sie kannte Regeln, die wir nicht kannten, und das war mehr, als mit Messer und Gabel zu essen, auch wenn's kaum was zu schneiden gab. Uns kam's, wenn wir sie besuchten zu Hause, immer so vor, als könnte sie alles: Russisch und Französisch und Englisch und Deutsch, Deutsch-Deutsch und sonst noch was. Die ganze Wohnung (später in der Seestraße) war ein einziger Bücherschrank. Mathematik und Philosophie und Politik und Geschichte und Literatur. Wir hatten immer Hunger und sie hatte immer Tee. Wir ärgerten uns, weil sie alles wusste, aber das ging ja noch: Sie wusste es besser, das war unangenehm für uns Besserwisser.

Sie war freundlich und misstrauisch, ließ sich nur schwer in die Gruppenabende im Jugendhaus Cannstatt einladen, hatte einen strengen Zeitplan und genaue Vorstellungen, wie ein Aufruf gegen den Krieg formuliert sein musste, nicht husch, husch, Peter! Sie nervte über Jahre die Redaktion der Stuttgarter Zeitung, weil sie alle Fehler, die sie in den Texten des Blattes gefunden hatte – es waren viele! – rot anstrich und die Sammlung ein, zwei Mal im Monat zu Fritz Lamm brachte, mit der Maßgabe, sie der Redaktion hochzugeben. Schlimmstenfalls ging sie selber hoch, rebellierte in der Redaktion, kämpfte die Frauen in den Vorzimmern nieder, um den Chef zusammenzustauchen. Wenn niemand da war? Sie erwartete Antwort, schriftlich, sachgerecht, und wehe, es wollte sie jemand an der Nase herumführen.

Und erzählte Sachen, die wir bisher kaum gehört hatten, selten im Elternhaus, nie in der Schule, in der die alten Lehrer mit Hitlerscheitel die Schlachten von gestern schlugen – es sähe anders aus, wäre uns General Paulus nicht in den Rücken gefallen ... Abfällig äußerten sich unsere demokratischen Lehrmeister der Nation über die Österreicher, und dass der Russe zum Tier werden könne und der Franzose degeneriert sei und Amerika verjudet. »In den USA leben mehr Juden als in irgendeinem anderen Land der Welt, einschließlich Israel«, sagten sie und fügten hinzu: »Das sagt alles!« Ein Ton wie ein Hieb mit dem Gewehrkolben, ich war verwirrt: Was sollte es mir sagen? Ich zermarterte mir den Kopf. Vielleicht stimmte es ja, das wäre schlimm. Oder wäre es nicht schlimm? Leonhard, überlegte ich, ist vielleicht auch ein jüdischer Name, das würde alles sagen. Den Will Grohmann, den über zig Ecken Verwandten, von dem nie die Rede war, hatten sie ja in Dresden nach '33 verfolgt – warum denn, hä? Vielleicht floss ja auch bei uns jüdisches Blut? Ich fasste mir an die eigene Nase.

Susanne war »vor dem Faschismus« im Spartakusbund, erzählte von ihrem dauernden Kampf in der KPD – für eine linke Politik. Ein schweres Thema für uns, denn die Schlussfolgerung wäre ja gewesen, dass die KPD rechts war, ganz einfach, aber eben nicht einleuchtend, denn dann wäre ja links gar nicht links und rechts nicht rechts. Sie merkte, wie ich mir den Kopf zermarterte, verunsichert und schwer von Begriff, und drückte mir Broschüren in die Hand von August Thalheimer oder Karl Korsch, fragte bei dem nächsten Treffen, ob ich das Heft gelesen hatte. Jajaja. Sie fragte gezielt, und sie hatte ein dickes doppeltes Schulheft, in das sie eintrug, wem sie welches Buch wann gegeben hatte aus dieser großen, privaten Leihbücherei. Keine Fettflecken!

Wir hatten großen Respekt vor ihr. Wir duzten alle Welt und die Genossen Hinz und Kunz. Aber sie war Frau Dr. Leonhard, und sie holte zuweilen einen Stapel Briefe von Brecht hervor, Manuskripte von Alfred Döblin, Nichtgedrucktes der schweren Zeiten wegen. Von Brecht hatten wir wenig gelesen dazumal, nichts gehört von »Korsch und Böblin«, so warf ich ein – »Döblin heißt er, Peter, Döblin!«, insistierte sie. Peter Döblin also, auch nie gehört, aber bitte, wenn sie den kannte und für wichtig hielt, war es wohl besser, von dem auch mal was zu lesen. Sie sorgte sich mit Recht um unser Seelenheil, auch um meins, so wie um das ihres Sohnes, den sie betrauerte, weil er ideologisch längst fremdgegangen war, erst mit den Stalinisten, mit dem Ulbricht, dann mit den Antikommunisten. »Bucklige Verwandtschaft« – Wolfgang Leonhard, Die Revolution entlässt ihre Kinder[1].

Meine Fresse, was für ein Schicksal, was für ein Leben! Dabei sah diese Genossin wie eine Dame aus – was mich etwas irritierte – und letztlich doch ganz normal. Sie kannte nahezu alle führenden Persönlichkeiten und Personen aus der Arbeiterbewegung, Literaten, Künstler aus dem Berlin der Zwanzigerjahre, Schauspieler, Komponisten, Filmleute. Sie erzählte ganz nebenher davon, nannte Namen, Gruppen, Parteien, von denen wir nie etwas gehört hatten. Sie war eine Widerständlerin, der es nach dem Widerstand dreckig ging. Vorher waren ja viele auch aus Stuttgart emigriert – in die Schweiz, die Tschechoslowakei, nach Frankreich, in die Türkei oder, wie Susanne, nach Schweden. Dessen sozialdemokratische Regierung hieß die politischen Flüchtlinge willkommen. Sie bot ihren Organisationen eine Basis, griff den Politischen materiell unter die Arme und gestattete das Recht auf freie politische Betätigung – anders als fünfzehn Jahre später in der deutschen Nachkriegsrepublik, in der bis heute das Ausländergesetz gilt und wo sich Asylbewerber die Lippen zunähen oder in den Hungerstreik treten, München, Würzburg, Stuttgart …

Die Kuriere des Widerstands reisten mit falschen Bärten und Pässen oder unter anderem Namen mit einem echten Pass wie Herbert Frahm alias Willy Brandt. Manche hatten den Totenschein in der Brieftasche.

---

1 Autobiographische Erzählung, erschienen 1955.

Dann kam, erzählte Leonhard, die Einladung nach Moskau. »Unabhängig von vielerlei Differenzen, eigenen und fremden Bedenken – das musste ich annehmen, es war eine Chance, dem internationalen Widerstand gegen das nationalsozialistische Deutschland Aufwind zu geben!« Das konnte weder von Prag noch von Stockholm aus wirkungsvoll organisiert werden. Aber eben, ließen sich die letzten Zweifler überzeugen, von der UdSSR aus.

»Die Moskowiter allerdings, das war bekannt und hätte uns zu denken geben müssen, hatten doch schon Lenin kaltgestellt und waren auch sonst nicht besonders zimperlich mit ihren internationalen kommunistischen Gästen …« Wieso? Na, wenn die anderer Meinung waren, gab's ja das Standrecht. Man war schneller in Sibirien als in Stalingrad. »Ich hätte es wissen können«, meinte sie, und: »Ich habe den Leichtsinn teuer bezahlt.«

Sie kam an in Moskau mit ihrem Jungen, »der war ja erst 14 Jahre alt«, spuckte in die Hände, doch es war keine Rede vom Widerstand wie abgemacht, den sie mit anderen Flüchtlingen organisieren sollte. Es drängte sie, praktisch und politisch zu arbeiten, die Rote Hilfe neu zu organisieren, analytische Beiträge für die westeuropäischen und nordamerikanischen Zeitungen zu schreiben, um sie aufmerksam zu machen auf diese Binsenweisheit: Hitler bedeutet Krieg. Aber sie fand keinen Zugang zur Nomenklatura. Der Kontakt mit anderen Genossinnen und Genossen, um Erfahrungen auszutauschen, wurde nicht nur ihr, sondern auch allen anderen politischen Flüchtlingen schwer gemacht oder verboten: »Wir waren ›ideologisch nicht gefestigt‹ genug. Man wusste in der UdSSR sehr genau, was wir Mitte der Zwanzigerjahre in Deutschland gesagt hatten auf den Kongressen. Im Dossier des KGB befanden sich sogar Artikel von mir aus dem Jahr 1926, von denen nicht einmal ich einen Abzug hatte.«

Egal. Sie wurde halbwegs vernünftig untergebracht im KGB-Gästehaus und lebte als Sprachlehrerin in Moskau. Doch die Leonhard ließ nicht ab von ihren konterrevolutionären Auffassungen – und landete für zwölf Jahre im Arbeitslager Workuta und in Sibirien. »Ich traf in den zwölf Jahren nur zwei Leute in den Gefängnissen und Arbeitslagern, die keine Genossen waren. Keine Tagdiebe, keine Mörder, keine Gewalttäter – alles Politische.«

So etwas prägt, es prägte ja auch meine, unsere Sicht auf die UdSSR und die DDR. Susanne Leonhards Sohn Wolfgang – man hatte ihr den Jungen weggenommen – wurde in den Kaderschmieden auf die Zeit nach der Niederlage des Faschismus getrimmt. Während die Mutter noch in Sibirien über Theorie und Praxis nachdenken durfte und über den richtigen Weg in den Kommunismus, machte der Sohn Wolodja Karriere, kam als nicht mal Dreißigjähriger mit Walter Ulbricht in die sowjetisch besetzte Zone und half beim Aufbau des neuen Deutschlands. Aber immerhin rettete er der Mutter das Leben – dieser Mutter dieses Leben …

Das gelang dem Wolfgang Leonhard aber erst 1948, als er sie mit Hilfe des späteren DDR-Staatspräsidenten Wilhelm Pieck aus Sibirien nach Ostberlin holte. Ob's ein Fehler war, weiß ich nicht, aber Susanne zog es zu den undogmatischen und unabhängigen Linken in den Westen. Doch es war nichts mit Debatte über alte Fehler und neue Irrtümer. Während der Sohn mit antikommunistischem Leim die Geschichte klitterte, wurde die Mutter 1949 vom US-Geheimdienst CIC (Counter Intelligence Corps) festgenommen und bis 1950 inhaftiert. In der neuen, westdeutschen Haft versuchten die Amis, sie mit Versprechungen, Drogen und Drohungen als Agentin für die gerechte Sache der Gleichheit zu gewinnen. Man hätte ausgezeichnete Kontakte zu jüdischen Kommunisten in den USA, Geld auch, wie es denn wäre, in der Bundesrepublik eine radikale und neue kommunistische Partei aufzubauen? Es werde an nichts fehlen. Man (der US-Geheimdienst) könne ihr einen Lehrstuhl für Philosophie in der DDR anbieten, wenn sie für die Amerikaner arbeite … Sie wollte nicht.

Schau, schau!

Man hatte sie in Sibirien nicht weichkochen können, man konnte sie im freien Westen nicht weichkochen. So manche in unseren Jugendgruppen waren irritiert, auch empört – über ihre Erzählungen, ihre Sicht auf die Politik der UdSSR, ihre Schlussfolgerungen, und nicht nur hinter vorgehaltener Hand verbreiteten die Leute der später illegalen KPD die Nachricht:»Die Leonhard ist eine CIA-Agentin!« Sie war Persona non grata in gewissen Kreisen. Mit der spricht man nicht, zu der geht man nicht, die lädt man auch nicht ein.»Es war für die Partei schlimm genug, wenn ich uneingeladen zu deren öffentlichen Veranstaltungen kam«, konstatierte sie.

Susanne Leonhard saß also im»Dimitroff« und trank Zitronentee, obwohl es keinen Zitronentee gab. Eher klein und zart, diskutierte sie mit der Runde und ihrem engsten politischen Freund Fritz Lamm.»Wenn die Leonhard keinen Platz oder keinen Fünfer hatte, dann der Fritze.«

Denkzettel 5

Aus Neugier und empört über einen überzogenen Antikommunismus, vor allem in der Ära Adenauer, sind etliche von uns in den Sechziger-, Siebzigerjahren in die DDR gefahren, illegal.»Ostkontakte« waren bei Regierung und Opposition tabu und bei der SPD ein Grund zum Parteiausschluss. Der Verfassungsschutz verleitete sogar zu solchen Reisen, um die Teilnehmer anschließend auszuhorchen oder zu erpressen. Jedenfalls fanden wir den DDR-Slogan»Deutsche an einen Tisch« plausibel und setzten uns für eine Legalisierung von DDR-Kontakten, vor allem von BRD-DDR-Jugendbegegnungen, ein. Offiziell fanden die erst ab 1966 statt.

Vom 28. bis 30. Mai 1966 lud die Freie Deutsche Jugend (FDJ) nach Karl-Marx-Stadt zum Arbeiterjugendkongress ein. Den Kommunisten ging es darum, auf linke Initiativen und Gruppen im Westen Einfluss zu gewinnen und deren»Kampf« zu unterstützen – gegen Atomrüstung, Notstandsgesetze, Raketenstationierung, für die Anerkennung der DDR. FDJ und FDGB organisierten die Treffen. Weil's verboten war, hinzufahren, fuhren wir hin: Karl Chemnitz. Aber, bei anderen

Gelegenheiten, auch nach Dresden. Wir waren zu dritt, zu viert, Leute von den Falken, waren übermüdet, hatten zu viel Bier, bayrisches Bier getrunken und im Gepäck, in Hof am Bahnsteig noch eingekauft, wer weiß, wir lachten, ob es in der DDR überhaupt Bier gibt. Die Mitreisenden sahen uns giftig an. Wir waren die ganze Zeit über laut, rücksichtslos und leicht betüttelt, und ich sang aus voller Kehle:

Wir hängen Ulbricht an die Spitz' vom Dom
sonst muss er zu Fuß von Dresden nach Rom.

Und jetzt alle: Holla-di-hi-ha – holla-di-ho

Wir hatten das Lied einer Fußballmannschaft aus Niederbayern nachempfunden, die ein paar Zugabteile weiter hinten unentwegt Schnaderhüpferln sang, Gstanzln – aus größeren Zusammenhängen herausgestanzte Texte, Versle –, die man spontan und frei Schnauze weiterentwickeln konnte und die meist einen zeitgemäßen Bezug hatten, auch zu dem einen oder anderen Anwesenden und Mitsingenden. Solche Liedle hatten wir, in vielerlei Varianten, schon bei den Ravensburger Falken gesungen, wenn wir auf Fahrt gingen, auf Wanderschaft, in den Skiurlaub nach Bludenz. Die Texte waren satirisch, hin und wieder politisch, oft gegen Kirche, Pfarrer und Nonnen gerichtet und hatten in der Regel sexuelle Anspielungen. Meist waren sie freilich harmlos, ja, anspruchslos.

Bald samma im Osten, das geht jetzt ganz schnell
wemma reinfahrn, wird's dunkel,
wemma rausfahrn, wird's hell …

Die Züge wurden auf DDR-Gebiet von Angehörigen einer Passkontrolleinheit des Ministeriums für Staatssicherheit und der Transportpolizei begleitet. Notwendige Betriebshalte sicherte immer die Transportpolizei ab, indem sie den Zug so umstellte, dass kein DDR-Bürger den Zug betreten und Republikflucht begehen konnte.

In Probstzella, DDR-Grenzstation von 1949–1990, konnte man nicht aussteigen, es wurden lediglich die Lokomotiven gewechselt, wenn ich mich recht erinnere, und es wurde neues, linientreues Zugpersonal aufs Gleis gesetzt. Nach der Fahrkartenkontrolle die Pass-, Personen- und Gesichtskontrolle.

»Sie missen sisch ooch mal ummen neun Ausweis gümmern. Hier druff sehnse ja aus wien Verbrescher.«

Das Foto in meinen Personalpapieren zeigte einen abgehalfterten Zwanzigjährigen mit Kinn- und Oberlippenbart und blutunterlaufenen Augen – ein Foto aus dem Automaten im schönen Stuttgarter Hauptbahnhof, vier Fotos für vier Mark und im Abstand von 15 Sekunden geblitzt, jedes anders, wenn du wolltest und schnell genug warst.

Dann die Gepäckkontrolle.

»Gänsefleisch ihrn Goffer runderhooln?«

Zoll und Transportpolizei oder sonst wer – und oft im Gefolge ein »Politischer«, den man nicht gleich erkannte, der aber seinerseits einen guten Blick auf alle hatte, die nervös waren, weil sie den »Spiegel« oder den »Stern«, »konkret« oder »Die Zeit« dabeihatten – oder Leo Trotzki. Das alles wurde mit Vorliebe konfisziert. Wir alle waren uns sicher, dass sich die Polizei in ihren Buden über die Titten in »konkret« freute, es aber nicht zugeben durfte. Wir hatten natürlich all das im Gepäck, aber der Beamte übersah es. Geflissentlich? Wir viere blinzelten uns wissend zu und schnauften durch, während die Mannen das Abteil verließen. Warum nur kamen sie immer zu zweit, immer zu zweit, immer zu zweit?

Doch nun kam jener unscheinbare Mann aus dem Hintergrund zurück, der Zivile. Er trat mit nichtssagender Miene ins Abteil und nuschelte etwas von Nachkontrolle. Warum auch nicht. Alle hatten schon hörbar aufgeatmet und hielten jetzt die Luft an.

»Wenn Sie mir bitte folschen würden.«

»Wie bitte? Ich?«

»Nu«, und: »Sie dreie ooch. Nehmse dlei Ihr Gebäck mit.«

Wahrscheinlich wegen meiner Gesänge? Ich war der Animateur, unterwegs nach Sibirien.

Jetzt waren wir stille, ganz stille, und einer der Jungs zischte in mein Ohr, während er seinen Matchsack aus dem Gepäcknetz hievte: »Du bist doch ein unglaubliches Arschloch.« Mein Mund war trocken, die Leute im Waggon sahen uns zum Teil schadenfroh zu, während wir rauskrabbelten. In Probstzella wurde normalerweise nicht ausgestiegen. Überall an den Waggons machten die Reisenden deshalb nunmehr die Fenster runter, während wir im Gänsemarsch dem Zivilen hinterhermarschierten, schräg am Bahnhofsgebäude vorbei. Die Gepäckkontrolle war oberflächlich gewesen, klar. Doch was sollte das jetzt?

Derartige Ost-Reisen waren von westlicher Seite aus verboten, jedenfalls nicht gern gesehen. Der Hintergrund der West-Angst war die Gefahr der Ansteckung durch den Kommunismus. Wenn die wüssten! Zweitens wollten die kapitalistischen Machthaber einer mehr

Unerlaubt, aber gestattet: Schnappschuss mit Vopo.

oder weniger illegalen Kontaktaufnahme zu FDJ, SED, FDGB und anderem Pack einen Riegel vorschieben. Drittens sagten sich unsere Staatsorgane: In den Osten reist kein Mensch freiwillig. Nur Dumme oder Dienstboten würden das tun, Auftragnehmer also, Leiharbeiter des Unrechtssystems, für Geld, das weiß der Kapitalist natürlich, verrät man sogar seine eigene Mutter, von der Heimat also ganz zu schweigen.

Nun allerdings waren wir ja auf der anderen Seite. Gesetze, Vorschriften und Verordnungen, Angst und Argwohn der Bundesrepublik mussten uns einen feuchten Dreck interessieren. Aber nicht die Eigenen hatten uns ja aus dem Zug geholt, sondern die anderen, die wir besuchen wollten. Gut Freund, nicht schießen, hätten wir rufen müssen.

Wohin würden sie uns bringen? Nach Bautzen? Noch vor einer Stunde hatten wir gesungen und gespottet und den Leuten Witze erzählt:

Sitzen drei im Knast.
Fragt der eine den anderen: »*Warum sitzt du?*«
»*Ich bin auf Arbeit immer fünf Minuten zu früh gekommen.*
Da hamse mir wegen Spionage verknackt.«
Der Zweite: »*Ich bin auf Arbeit immer fünf Minuten zu spät gekommen. Da hamse mir wegen Sabotage verknackt.*«
Der Letzte: »*Ich bin auf Arbeit immer pünktlich gekommen,*
da sindse davon ausgegangen, dass ich ne Westuhr hab.«

Uns würde das Lachen schon noch vergehen! In Stuttgart hatten wir – quasi aus Sicherheitsgründen – niemandem das Ziel verraten, ich hatte selbst intern die Omi Glimbzsch in Zittau vorgeschoben oder den guten Onkel Walter in Unterwellenborn, den Bruder meines Vaters, kein Mensch würde uns also je vermissen, wenn wir jetzt verschwanden. Der gute Menne Maier hatte mich nicht nur einmal gewarnt: »Wenn du solche Kontakte aufnimmst, gibst du ihnen das Mittel der Erpressung in die Hand!«

Scheiße. Scheiße. Scheiße!

Wir wurden in eine Baracke der Transportpolizei geführt, es roch nach Osten und gar nicht gut und mir wurde abermals schlecht. Ich muss sehr blass ausgesehen haben und würgte. Ein Diensthabender, der streng in einer Ecke stand, die Hände hinter dem Rücken verschränkt und Dienstmütze auf, sah mich kritisch an.

Die Dienstmütze. Die Dienstmütze sagt ja: Wir sind im Dienst. Das galt und gilt damals wie heute und auch hierzulande, und allemal, wo ja die Polizei dein Freund und Helfer ist, beim Rauchen etwa und bei Privatangelegenheiten, aber auch beim Autofahren. Das Polizeiauto ist der Dienst. Doch sobald Fahrer oder Beifahrer aussteigen, setzen sie das Mützle auf, sonst gilt es nicht. Jetzt ist sie der Dienst. Wenn die Polizei beispielsweise beim Bäcker Waible in der Heusteigstraße vorfährt, muss (außer zu Zeiten der RAF) niemand Angst haben, er könnte jetzt mitgenommen werden – wenn der Polizist sein Mützle in der Hand hält. Hat er es aber auf, ist Vorsicht geboten! Man könnte sich dann noch unauffällig verdünnisieren, bevor der Mann den Laden betritt, sollte aber daran denken, dass immer ein Beamter im Wagen vor dem Haus sitzen bleiben muss, damit das Auto nicht gestohlen wird.

Hier in der DDR sah die Realität allerdings aus. Der Unrechtsstaat würde jeden Augenblick sein wahres Gesicht zeigen, das war uns klar. Unser Polizist in Probstzella hatte seine Dienstmütze auf und seinen Dienstblick an. Vor dem Haus bellte die Meute offenbar scharf gemachter Schäferhunde, die an der Staatsgrenze

Festwagen zum 1.Mai: 210 % Exportsteigerung bei Schlafdecken. Werden sie uns einholen?

ihre Pflicht erfüllten wie jedermann hier. Ein »Leine los« und jenes »Hasso, fass!«, das heute an den Außengrenzen der Europäischen Union gerufen wird, dort, wo der NATO-Stacheldraht die aus der Heimat Geflohenen nicht aufgehalten hat, würde den Hunden genügen.

Probstzella also, jener unglückliche Morgen, der mich verschlafen und bekleckert mit leichtem Nieselregen empfing: Republikflüchtling Grohmann ins Netz gegangen. Die Lage war eindeutig – denn wer, wie ich, abgehauen war aus der DDR, illegal, musste vorsichtig sein, wenn er die Zone besuchte.

Der Transportbewacher mit der Dienstmütze sah mich bleich werden und würgen und befahl mir mit einem scharfen »Moment, Moment!« das Innehalten. Dann verließ er den Raum durch die Hintertür und kam fast augenblicklich mit einer dreckigen Waschschüssel zurück. Sie hatte einen schwarzen Rand. Er reichte mir die Schüssel genauso, wie man Fähnchen, Urkunden oder Pokale überreicht, wie ein Gastgeschenk.

In Anwesenheit aller, auch der »jungen Genossen«, erbrach ich mich, was noch viel zu freundlich klingt. In Wahrheit kotzte ich wie ein Reiher. Der Polizist hielt Abstand, sah jedoch interessiert zu. Dann nahm er mir, als ich fertig war, wortlos die Schüssel aus den Händen – Weißwurst war auch dabei – und brachte sie nach draußen. Wir waren allein im Raum, sahen uns an und um, nirgends Kameras oder Mikrofone wie heutzutage überall im Westen. Wir trauten uns dennoch nicht, auch nur einen Mucks zu machen. Der Polizist kam nach kurzer Pause zurück – mit der gleichen, diesmal sauberen Emaille-Schüssel, einem Becher und einer Rolle Klopapier. Er zeigte auf meine Jacke, ohne etwas zu sagen. Ich war so aufgeregt, dass ich nicht wusste, was er wollte. Er riss ein paar Blätter ab und putzte mir dann eigenhändig, selbstermächtigt und kopfschüttelnd den verkotzten Kragen. Dann reichte er mir den Blechbecher mit Wasser.

»Zum Ausspieln«, und zeigte auf seinen Mund.

Der Blechbecher war aus Aluminium und schmeckte so, wie es Hans Fallada in seinem Roman »Wer einmal aus dem Blechnapf frisst« beschrieben hatte: flau. Er roch nach Gefängnis, wer weiß, wer schon daraus getrunken hatte. Ich ekelte mich, gurgelte und spuckte.

Exakt im Augenblick des Ausspuckens trat aus der anderen Tür jener Zivilist wieder in den Neonraum, der uns ohne viel Federlesens aus dem Interzonenzug geholt hatte. Er ließ die Tür auf, es zog, wir hörten den Zug, unseren Zug, abfahren auf der anderen Seite der Baracke. Der Zivilist verstand wohl nicht recht, was vorgegangen war, wie auch, als ich dem Grenzer den giftigen Becher reichte. Er sah den offenbar Untergebenen mit leichtem Kopfschütteln und vollkommen verständnislos an und machte dann eine knappe Handbewegung, genau so eine, wie sie mein Vater immer machte, vornehm, distanziert, der Situation angemessen, eine Handbewegung, mit der vier junge Genossen aus'm Westen in einem gottverlassenen Knast der DDR verschwinden würden, ohne Zeugen.

Wir schnappten unsere Siebensachen, wortlos, ich nickte meinem kommunistischen Helfershelfer ein letztes Mal dankbar zu und hätte ihm gern die »konkret« dagelassen mit diesem Aufsehen erregenden Artikel über neue Sexpraktiken der westdeutschen Jugend, aber für derlei Annäherungsversuche war es gewiss zu spät, viel zu spät.

Vor der Baracke standen zwei Wolga GAZ M-21 mit abgeblendeten Lichtern und laufenden Motoren. Vorn saßen die Fahrer, sie blieben sitzen, aber hinter dem Auto tauchten nun zwei weitere Zivile auf. Unser Ziviler bedeutete uns mit einem Handzeichen, stehen zu bleiben und ging auf die beiden zu, außer Hörweite. Er unterhielt sich ein, zwei Minuten mit den Zivilen und sah ab und an aufpassend in unsere Richtung. Wir sahen gespannt zu – es ging ja um unser Schicksal, wir hatten bisher nicht gesprochen, kein einziges Wort, nicht gefragt, hatten ja auch noch keinerlei Gelegenheit gehabt, unsere Fragen oder Aussagen abzusprechen. Ganz schön naiv also, und so was wollte Revolution machen!

Das Dreiergespräch war beendet, unser Mann verabschiedete sich mit einem angedeuteten Kopfnicken und die beiden Zivilen nahmen einen letzten Zug aus dem kleinen »Muck«, der kurzen DDR-Zigarette, die man mit vier, fünf Zügen allemachte, schnippten sie dann mit den Fingern gekonnt in die Büsche und kamen fast freudestrahlend auf uns zu.

»Willkommen in der DDR. Das is der Genosse Schittenbach von der Bezirksleitung der FDJ in Dresden, und mein Name ist Günter Böhmler, ebenda. Nu, und nu freun mr uns, dass ihr da seid. Wir hoffen, ihr hattet eene gude Reise.«

Die beiden Genossen sahen uns erwartungsvoll an, wir nickten und staunten und konnten diese Wende gar nicht fassen und stellten uns der Reihe nach vor.

»Peter Grohmann, von der Sozialistischen Jugend ›Die Falken‹. Aber ich handle im eigenen Auftrag, nur meinem Gewissen verpflichtet.«

Böhmler sah mich ernst an. »Wir kennen die Repressionen in der BRD«, um dann anzuschließen: »Und? Schon gegessen?«

Mir war sofort nicht mehr schlecht. Ich wusste ja, auch was den Körper anging: Das Sein bestimmt das Bewusstsein! Alles würde gut werden. Sie wollten uns die lange Zugfahrt nach Dresden nicht zumuten, im Auto könnten wir uns ja schon mal übers kommende Wochenende unterhalten, über das, was auf uns zukam, was wir auf dem Herzen hatten und sie.

»Aber zwei Wagen«, sagte ich, »das wär doch nich nötig gewesen!« In der Tat hätten wir im großen Wolga auch zu fünft oder sechst fahren können, aber erst später begriff ich: Es waren zwei Autos notwendig. Die Dresdner Jungs wollten gern vorab unsere Meinungen erkunden, Widersprüchliches heraushören, wissen, was wir politisch auf der Pfanne hatten, Absichten abtasten.

Sie gaben ihren Fahrern, die ausgestiegen waren, nicht vorgestellt wurden, aber Abstand hielten, durch Handzeichen und Kopfnicken Bescheid, und wir sechse gingen die paar Schritte zum HO-Restaurant.

Erich nickt mir freundlich zu: Karl-Marx-Stadt.

Die Fahrer folgten uns und hielten weiterhin Abstand.

»Acht Leute«, sagte Böhmler zum Empfangschef, aber der schüttelte arrogant den Kopf und wackelte mit dem Zeigefinger.

»Nichts mehr zu machen«, meinte er. Einige Gäste saßen beim Essen und sahen mehr oder weniger interessiert auf.

Böhmler hielt dem Kollegen (schwarze Fliege, weißes Hemd) einen Ausweis oder eine Verdienstmedaille hin, und der volkseigene Empfänger sackte förmlich in sich zusammen. Er zischte nun seinerseits ein paar Kommandos zu den Kellnern, wartete kurz und dann wurden wir zu einem größeren, etwas abseits stehenden Tisch geleitet. Ein herbeigeeilter Oberkellner (schwarze Fliege, weißes Hemd) verscheuchte die Fliegen und wedelte Staub auf. Es war wie beim Wettbewerb um die freundlichste HO-Gaststätte.

»Kaffee?«, fragte mich Böhmler.

Ich konterte: »Bohnenkaffee etwa?«

Er klopfte sich lachend auf die Schenkel, es war offenbar ein guter Witz, der Bohnenkaffee kam im »Gännschen« und war lauwarm und ich legte einen nach, als der Zucker gereicht wurde: »Sogar Zucker gibt's in der DDR?«

Das ist mir heute noch peinlich, aber es ist wahr, und immerhin gab es nach dem Kaffee noch Würstchen mit Kartoffelsalat und die erste richtige Kontroverse.

»Warum sitzen denn die Fahrer für sich?«

»Die sitzen gerne für sich, die fühln sich wohler unter sich«, meinte Schittenbach.

Nein nein nein nein, das ging mir, das ging uns gegen den Strich, so was kann man nicht machen. Herr und Knecht, eh! Ich stand auf und ging zum Tisch der Fahrer des Volkes, der außer Hörweite stand, wegen des Abstands.

»Kommse doch rüber zu uns«, ermunterte ich die Chauffeure, aber sie wollten nicht, sie zierten sich, es sei ihnen schon recht so.

»Nein nein nein nein«, sagte ich, »wissen Sie«, sagte ich, »wir kommen zwar aus dem Westen, wo es Klassenunterschiede gibt, wo der Chauffeur vom Flick mit einer Glasscheibe vom Obersten getrennt ist, schussicher«, sagte ich, und einer der Chauffeure meinte mit einem gewissen Stolz, »das hamma ooch, schussicher«. Ich nervte so lange, bis die beiden schließlich seufzend und etwas unbeholfen aufstanden. Irgendwie war den beiden Kollegen irgendwas unangenehm, als sie mir vom Katzentisch zum Königstisch folgten. Sie sahen Böhmler unschlüssig und unsicher an, der hatte wohl meine Einladung mit einer dicken Stirnfalte verfolgt, aber nun nickte er den beiden Fahrern ganz jovial zu, und die zupften ihre Krawatten zurecht. Wir hatten keine mit, und hätten auch nicht im Traum dran gedacht, welche zu tragen. Krawatten waren verpönt.

Nach dem Imbiss fuhren wir im Wolga nach Dresden, getrennt. Ich nickerte bald weg, mir ging die Fragerei auf den Keks, und der Böhm-

Dresden, Prager Straße, Sechzigerjahre.

ler war wohl etwas beleidigt. Tagsüber händelten und bändelten wir mit den Kommunisten an und bereiteten den Besuch einer Stuttgarter Gruppe in Dresden vor. So etwas hieß immer Delegation. Ein grober Rahmen, über was wir sprechen wollten auf dem Treffen, die Themen genauer, die Teilnehmer. Die hinzukommenden Genossen um Böhmler nervten, weil sie jedes kleinste Detail absprechen wollten wie einen Staatsvertrag und wir schließlich zu allem Ja und Amen sagten, wohl wissend, dass wir erstens nicht handlungsbefugt waren und zweitens für keinen und niemanden aus Stuttgart die Hand ins Feuer gelegt hätten.

Sie hatten ja keine Ahnung, auf was für Chaoten sie sich da eingelassen hatten.

Am Abend ging's ins Große Haus des Staatstheaters für Oper, Ballett, Schauspiel und Staatskapelle. Allerdings wurden uns, als wir unsere eher schäbigen Mäntel abgaben, an der Garderobe vier Krawatten aufgenötigt, wir lehnten dankend ab, aber es war schnell klar: In diesem System trug man einen Binder. Wir banden also rasch einen doppelten Windsorknoten ums karierte Hemd, das hatten wir im Tanzkurs gelernt. Schittenbach und Böhmler verzogen schmerzhaft ihr Gesicht, als sie unsere Hemden sahen. Sie waren im guten Zwirn erschienen, frisch rasiert und mit Nylonhemden aus dem Westen, bügelfrei – es waren solche, die den Achselschweiß lange hielten und bei denen Kragen und Manschetten mit der Zeit gelb wurden.

Diese Nylons und Jeans waren quer durchs Volk im Osten sehr beliebt und heiß begehrt, freilich im »Konsum« nicht um alles in der Welt zu haben. Das Geschäft mit Hemd und Hose, mit Nescafé und Underberg machten zunächst die »Intershops« – Läden vor allem an den großen Autobahn-Tankstellen und Rasthäusern, in feineren Hotels, später auch zurückhaltend eingebettet in die neu erbauten Einkaufszentren der ganz großen Städte. Im Intershop konnte – quasi zollfrei – nur der Ausländer einkaufen, zu denen ja der Westdeutsche gehörte, und nur mit Devisen bezahlen, spottbillig. Bei allem Hass auf die DDR – hier kauften sogar die Antikommunisten. Später entstanden »Delikat«- und »Exquisit«-Läden. Da gab's Westqualität, und was der Käufer nicht wusste: Vieles wurde in Wahrheit in der DDR hergestellt, etwa die »guten Westzigaretten«, ansonsten eher für den Export bestimmt.

Sie wollten nur unser Bestes, unsere »Gutsten«. Am Abend im Großen Haus, da merkte man auf, sie wussten alle, dass wer kam, der war wer, wenn man sich dorthin setzte, wo wir uns hinzusetzen hatten. Ich fühlte mich wichtig, es war mein zehnter Theaterbesuch im Leben überhaupt, meine Theater waren woanders. Es gab sogar eine Pause, in der man Bier trinken konnte, auch zweie, das hatte ich bei meinen neun vorherigen Besuchen der Hochkultur noch nie gesehen. Also doch irgendwie eine sozialistische Errungenschaft. Wie unwissend ich doch war!

In der Pause gab es aber nicht nur das Bier – es wurde darüber hinaus ganz wichtig für alle: Unsere Begleiter waren sehr aufgeregt, denn es war ausgemacht (nicht mit uns), dass man die Westgäste dem Oberbürgermeister Herbert Gute (SED) vorstellen würde, eine ganz besondere Ehre. Er schüttelte uns die vier Hände, sah unsere karierten Hemden mit den Leihkrawatten und meinte anerkennend: »Das siedemol guuhd auhs, so was hamma jez no nich gehabt.« Dann meinte der OB, er würde gern mal Stuttgart und Arnulf Klett besuchen. OB Gute war der Nachfolger des legendären Dresdner Oberbürgermeisters Walter Weidauer, unter dessen Leitung das zertrümmerte Dresden nach 1946 mit dem Wiederaufbau begann und an den wir heute noch alle gern denken.

Weidauer hatte allerdings, woran wir nicht gern denken, seinen Vorgänger Gustav Leißner[2] aus dem Amte gekippt, wie mir mein Vater später erzählte. Mein Vater erzählte mir öfters Sachen, die nicht so richtig in mein Weltbild passten. Wenn ich zu Hause war und voller Begeisterung von politischen Erfahrungen berichtete, hatte er immer was zu meckern.

Nachtrag: Beim Verfassungsschutz liegen zwei Fotos von mir, von denen ich weiß. Das eine zeigt mich, pennend, aber deutlich: Der Grohmann, mit den drei »jungen Genossen aus Westdeutschland« im Interzonenzug. Das andere zeigt eine nicht genau erkennbare Gruppe von vier Personen mit Gepäck, die mit etwas Abstand einem Mann ohne Gepäck zum Bahnhofsgebäude folgen, im Gänsemarsch. Der Bahnhofsname »Probstzella« ist deutlich zu erkennen. Nur eine Person dreht sich um, offenbar in Richtung des Fotografen, nachdem überall die Zugfenster heruntergelassen wurden. Es sieht fast so aus, als wolle diese Person zurückwinken, ein Abschiedsgruß, ein letztes Lebewohl vielleicht. Man könnte auch meinen, wenn man genauer ins Gesicht schaut, der junge Mann wolle sich irgendeinen Beifall abholen, verdient, unverdient, wer kann das heute schon sagen. Einer wie ich.

Das Ministerium für Staatssicherheit rückte insbesondere in den Fünfzigerjahren durch Menschenraub in mehreren hundert Fällen ins Bewusstsein der Öffentlichkeit. Opfer waren DDR-Flüchtlinge, unbequeme SED-Mitglieder, Überläufer aus dem Militär und dem Dienst selbst, Journalisten und westliche Agenten. Für die Letzteren war es ein Berufsrisiko. Ins Visier der Ost-Ermittler kamen alle, die was zu bieten hatten oder die den Angeboten der Stasi nicht widerstehen konnten. Am spektakulärsten war die Bespitzelung des Kanzleramts durch den Spion Günter Guillaume. Als alles rauskam, musste Willy Brandt zurücktreten. Das war 1974.

---

2   Gustav Leißner war mit Emil Grohmann in den Zwanzigerjahren SPD-Stadtrat in Breslau und Anwalt bis 1933. 1944 KZ Sachsenhausen, nach 1945 Dresdner Oberbürgermeister, 1948 aus politischen Gründen durch Walter Weidauer ersetzt.

1378 Kilometer zog sich die Grenze, von der ich spreche und die längst nicht abgebaut ist, quer durch Deutschland. Bis zur Wiedervereinigung trennte sie unsinnigerweise die Bundesrepublik von der Deutschen Demokratischen Republik (DDR).

Die Herstellung der deutschen Einheit haben die Menschen in der DDR durchgesetzt, AnStifter letztlich, Menschen voll Zorn und Hoffnungen auf ein anderes, neues Deutschland, neugierig auf den dritten Weg zwischen Kapitalismus und Sozialismus. Die Bürger und ihre Bürgerbewegungen hatten die alten Strukturen und Apparate satt. Möglich war das alles, weil niemand zu den Waffen griff, vor allem aber, weil sich die DDR selbst abschaffte. Die Hoffnungen der Menschen haben sich nur zum Teil erfüllt, die Enttäuschung im Osten geht quer durch alle Schichten, die verloren haben. Die verloren haben, sind viele. Ihr Zorn ist wieder da.

Denkzettel 6

Wehrdienst – nichts im Leben kann richtiger sein, sagten die, die eben und Gott sei's gedankt den verdammten Krieg verloren hatten, das ist doch erst ein paar Tage her – und schon sind wir wieder wer. Aber wer? Wo ist denn dieses andere Deutschland? Die DDR ist es ja nicht, denn in diesem Deutschland regnet es, auch wenn man sich alle Mühe mit der Sonne gibt.

Immer wieder mache ich mich auf die Suche nach Vorbildern, nach dem wahrnehmbaren anderen Leben. Die Dichterinnen, die Schriftsteller, ach ja. Aber sie waren für mich niemand aus der Nähe, zum Anfassen, zum Fragen nach dem Weg. Sie hatten sich in den Buchseiten versteckt und machten es sich leicht mit ihrem Wissen, ihren Ratschlägen. Aber wer beantwortet unsere Fragen?

Für die nach dem Faschismus geborene Generation gab es ja nur wenige Vorbilder, die, auf welchen Wegen auch immer, die »Galgenzeit« (Rose Ausländer) überlebt hatten.

Fritz Lamm war sicherlich einer der wenigen, die uns Jungen etwas zu sagen und zu überliefern hatten. Er war zum Anfassen gemacht, Jude, Linkssozialist, politischer Flüchtling, er kannte die Wege ins Exil und zurück und wieder … und wieder … und wieder …

Man kann diesen wenigen wie Fritz Lamm nur dankbar sein, dass sie uns Jüngere ganz, ganz früh, im politischen Morgengrauen, im Aufwachen, mit ihren Erfahrungen und Lektionen vor den Irrwegen des Stalinismus und später dann ganz besonders der Gewaltstrategie der RAF bewahrt haben. Ob Fritz Lamm und die Freunde und Genossinnen seiner Generation ein lang anhaltendes Echo in der deutschen Gesellschaft hatten? Kaum. Doch für uns Einzelne war es wichtig, solchen Menschen von nebenan Fragen stellen zu können, die die meisten nicht verstanden hätten. Fritz Lamm lehrte uns die Weltneugierde und sorgte dafür, dass die humane Parteilichkeit nicht verloren ging. Er war – wie soll ich's sagen? – einer, der das »andere Deutschland« immer und immer wieder in Erinnerung rief, als Teil der neuen Welt.

Aber die NATO? Nach der Aufnahme der Bundesrepublik Deutschland in das Militärbündnis mit »Ostwärts-Absichten« wurden die ersten Einheiten der Bundeswehr gebildet. Die allgemeine Wehrpflicht wurde 1956 eingeführt, die ersten Rekruten kamen 1957 in die Kasernen: Andernach hieß das Kaff. Wie lächerlich mir das damals vorkam!

1960 wurden 250 000 junge Männer einberufen, in den späteren Jahren dann jeweils 150 000 bis 200 000. Wir verachteten die Soldaten, weil sie nicht wie wir den Kriegsdienst verweigert hatten. In dieser Zeit traute sich keiner, in Uniform heim zu Mutti zu fahren oder in der Freizeit durch die Stadt zu spazieren. Wehrpflichtig waren generell alle Männer vom 18. bis zum 45. Lebensjahr.

Ich!

Zuerst dauerte der Grundwehrdienst 12 Monate, nach dem Bau der Berliner Mauer waren es dann 18 Monate. Die Verweigerung des Wehrdienstes war für uns junge Sozialisten Ehrensache, und ich war mal so richtig stolz auf mich, zu den ersten Kriegsdienstverweigerern überhaupt zu gehören. Ich!

Am 1. April 1961 begann mein ziviler Ersatzdienst. Ein umständliches Wort und ein noch umständliche-res Verfahren. Nach der degradierenden Musterung – Militärs brauchen überall gesunde Jungs, die sie in den Tod schicken – bekommt man den Wehrpass. Aber erst musst du dich natür-

Ostermarsch 1963 von Ulm nach Stuttgart — zivil und gehorsam durch die Pampe, wie's der Polizei gefällt.

lich nackig ausziehen, wirst vom Kopf bis zum Schwanz begutachtet, je nachdem, wie knackig dein Hintern ist, dauert's auch bissel länger und dann blitzt es auch mal in den Augen der Altherren wohlgefällig. Soll ich schon wieder stolz sein?

Damals war die Zahl der Kriegsdienstverweigerer klein, doch der Spott für die Feiglinge umso größer, was sich erst änderte, als man unsereins etwa als billige Arbeitskräfte zum Hinternputzen in den Kliniken entdeckte.

Erster Schritt: Schriftlicher, begründeter Antrag auf Anerkennung als Kriegsdienstverweigerer. Das war eine halbe Doktorarbeit, aber ich machte eine ganze draus – 40 Seiten, um die Prüfungskommission zu ärgern. Allerdings galt es höllisch aufzupassen, denn politische Gründe galten nicht als Gewissensgründe. Seit wann hat denn Politik etwas mit Gewissen zu tun? Das Politische also führte fast automatisch zur Ablehnung. Dann hieß es – wie bei mir – entweder Einspruch einlegen oder zum Bund. Bei der Bundeswehr machte man sich dann einen besonderen Spaß daraus, die Abgelehnten zu piesacken. Spießrutenlaufen. 1999 immerhin verweigerten fast 140 000 Wehrpflichtige. Ich schieße ein Salut aus meinem Friedenskanon.

Denkzettel 7

Den Zivildienst absolvierte ich als Gärtners Gehilfe auf der Nordalb, in der Jugenderholungsstätte der Arbeiterwohlfahrt, nahe Geislingen. Tomaten ausgeizen und Geranien gießen, die Gewächshäuser abdecken, ins Heu fahren und die alte Wasserleitung reparieren. Auch Kühe trösten, hin und wieder.

Vorher aber musste ich »klären«, wie meine Omi Glimbzsch aus Zittau gern sagte. Zum Klären muss Zeit sein, eine Nacht, ein Tag, wenigstens, wusste sie. Im Jiddischen steht das Klären vor allem fürs Nachdenken, fürs Sinnieren, erzählte uns Fritz Lamm, Jude und Antizionist. Abwägen – und zwar so lange, bis man sich einer Sache sicher ist.

Nun bin ich ja eher einer, in der Eigenbetrachtung, fürs Husch, Husch; aber das kommt auch daher, weil andere so lange klären, so lange, bis die Katze auf dem Baum ist, »bis der Markt verloffen isch«. Herrgottsneiaberau, man muss doch eingreifen, agieren, vorwärts, Genossen! Manches muss man eben spontan entscheiden, vieles allein, aus dem Gefühl, aus dem Bauch heraus, Lernen durch Tun. Es muss gemacht sein, nicht nur gedacht.

Die Braut getraut –
1961 mit Herta in Weingarten.

Bei der Klärung, was denn nun aus meinem Zimmer würde im Stuttgarter Steinhaldenfeld und wie denn das mit der Miete sei, riet mir mein Versicherungsmakler Eugen Eberle, doch zu heiraten – wenn ich es denn so oder so vorhätte. Herta Brandenburger war noch nicht ganz 18 Jahre alt, aber einverstanden. Doch es gab Schwierigkeiten! Erstens hatte meine Freundin zwei unverheiratete ältere Schwestern, die standen vorn auf der Warteliste ihrer Eltern – aber ich liebte nun eben mal die eine. Zweitens, bis 1975 waren Jugendliche erst ab 21 Jahren volljährig, mündig, komplett geschäftsfähig.

Hertas vielköpfige Familie kam aus der Dobrudscha, aus der Nähe von Constanza. Die deutschen Familien dort hatten in den Dörfern häufig in eigenen Vierteln gelebt und sich in ihrem Umfeld nur durch feste Regeln behaupten können. Die Töchter mussten also streng behütet werden. Und ich musste erst mal beweisen, dass ich ihre Jüngste verdient hatte – und ernähren konnte. Aus Bessarabien, aus der Dobrudscha, hatte der Führer die Seinen heim ins Reich gerufen. Es kam ihnen freilich die Niederlage dazwischen, die später allesamt dem Führer in die Schuhe schoben. Die in den neuen Gauen vorgesehenen großen Höfe (im Sudetenland, in Böhmen und Mähren und Polen) fielen zurück an den Feind, und für die rumänisch-deutschstämmigen West-Siedler gab's kein Zurück – und kein Vorwärts zu neuen Äckern.

Als ich nach Stuttgart kam, war es selbstverständlich, sich beim Verband (also der Gewerkschaft), bei der Partei (der SPD) und vor allem bei der Jugendorganisation zu melden: Genossen, Kolleginnen, hier bin ich! Frisch und munter, jung und kräftig und zu allen Schandtaten bereit. Ich kam mir damals vor wie die Zimmerleute, die quer durchs Land laufen, die Handwerksgesellen, die wir in unseren Liedern besungen hatten, unterwegs durch die Welt. Sie klopften an, sie legten ihre Papiere vor, und wenn es keine Arbeit gab, gab es doch Unterkunft und ein Vesper und ein Wegegeld und einen Stempel ins Buch.

Jugendgruppen der Falken gab es zu jener Zeit in allen größeren Stadtteilen, und ihre politische Ausrichtung – außer dass man als allgemeinen Bezugspunkt die SPD akzeptierte – war recht unterschiedlich. Parlamentarische Alternativen gab es ja eh nicht. Manche der Gruppenleiter und Helfer hatten noch das Ende des Großdeutschen Reiches in der Hitlerjugend erlebt, das Ende der Träume, das böse Erwachen. Später, viel später erzählten sie dann, wie verunsichert sie waren vom Ende der Fahnenstange, auf der man einst so hoch hinauswollte, und wie auch eine persönliche »Weltperspektive« zusammengebrochen war.

»Meine« Gruppe der Sozialistischen Jugend traf sich wenigstens einmal wöchentlich im Cannstatter Anna-Haag-Haus. Es war eines der vielen modernen städtischen Jugendhäuser, auf die Stuttgart nun wirklich stolz sein konnte, ein erfreuliches Geschenk aus der Zeit der amerikanischen Besatzung. (Aber die sind ja heute, 2013, immer noch hier, mit dem EUCOM, und planen von dort aus ihre Weltkriege). Die Falken hatten – je nach Alter – verschiedene Gruppen. Der wöchentliche Gruppenabend begann meist um 19.30 Uhr – vorher konnte man als junge Arbeiterin, als Angestellter kaum da sein – und endete etwa um 22 Uhr. Anschließend ging man ein, zwei Bierchen trinken, zu spät durfte es eh nicht werden, wir brachten ja noch die Mädchen nach Haus und hatten so oder so noch einen guten Fußweg vor uns. Wenn man die Mädchen zu spät nach Hause brachte oder vor der Haustür noch zu lange herumtändelte, konnte schon mal das Licht angehen im Flur – erste Warnung der Eltern. Bei Wiederholungen wäre auch ein Gruppenabend-Verbot möglich gewesen – das durfte niemand riskieren, fummeln hin, fummeln her.

Natürlich wussten die Eltern meistens, mit wem die Söhne oder Töchter unterwegs waren. Es gab ja am Wochenende Tanzveranstaltungen oder Bunte Abende, Schulungen, Ausflüge, Radtouren, Wanderungen, Zeltlager – für all das war die Erlaubnis, wenigstens die stille Duldung durch die Eltern notwendig. Mitunter musste da manche Gruppenleiterin, mancher Gruppenleiter bei den Eltern gut Wetter machen; denn nicht alle kamen ja aus der traditionellen Arbeiterbewegung, in der politische Bildung, Freizeitgestaltung und das »Wirtschaften« in engen Zusammenhängen standen und in der all jene Aktivitäten von den Eltern nicht nur geduldet, sondern auch ganz selbstverständlich unterstützt wurden. Vieles von der Infrastruktur der progressiven Arbeiterbewegung hatten die Nazis zerstört, die Zusammenhänge waren zerrissen worden auch durch den Krieg und die Spaltung des Landes, und nicht zuletzt wurden 1933 zuerst die Anarchisten, dann die sozialistische Arbeiterbewegung, die Gewerkschaften – und 100 000 ihrer Funktionäre und Mandateure in Schutzhaft und ins KZ gesteckt. Das ist so, als würde dir das Rückgrat entfernt. Es war für die Nazis und ihre Geldgeber, also Hintermänner, eine der wichtigsten Voraussetzungen für die Festigung der Naziherrschaft und für die Verfolgung der Opposition, die Ermordung von Juden, Sinti, Roma, Polen, Homosexuellen ...

Allerdings war die Arbeiterbewegung in den Jahren vor 1933 ja nicht nur gespalten und politisch irritiert – ihre Führungsriegen rieten der Basis, nach der Machtübernahme Ruhe und Vernunft walten zu lassen, den Nazis die Kassen ordentlich zu übergeben – natürlich gegen Quittung, was sie gern machten, sie waren ja ordentliche Leute. Die Führungsetagen von Gewerkschaften und SPD vor allem warnten vor voreiligen Schritten und gaben mehr oder weniger direkt auch jene preis, die den Widerstand von unten proklamierten.

Die Brandenburgers also, die Familie meiner Freundin, die kannten mich. Bei den Falken ging man, ob damals in Ravensburg oder später in Stuttgart, in den Elternhäusern oft aus und ein, manchmal wegen der Mädchen, öfters wegen des Abendessens.

Wir Jungs hatten immer Hunger. Die eine oder andere Familie hatte sogar einen Plattenspieler oder einen Fernsehapparat, und wir trafen auf aufgeschlossene Erwachsene, die im Berufsleben standen und Bescheid wussten, wo es langgehen konnte im Arbeitsleben, und das war das richtige Leben. Ein anderes gab es nicht, und so waren diese Elternhäuser häufig auch die Häuser der zweiten Eltern.

Hertas Familie lebte auf dem Hallschlag, im Milieu. Da war man noch einmal in anderer Hinsicht zu Hause. Sie war mit ihrer Schulfreundin Ruth schon länger bei den Cannstatter Falken als ich – denn ich kam ja geradewegs aus der Provinz.

Irgendwann war allen klar, dass sich da eine feste Freundschaft angebahnt hatte, der würde wohl über kurz oder lang auch eine Verlobung folgen können ... – und der dann, wenn alles gut ging, die Ehe. Das war kein Automatismus, aber für mich irgendwie folgerichtig.

Jugendliche aus der Oberschule, dem Gymnasium, waren in unseren Jugendgruppen die Ausnahme. Die sahen alle so anders aus und trugen eine Brille oder Zahnspangen und wussten saugut Bescheid über alles, aber eben über das Eine gar nichts. Das Eine war die Ko-edukation, die gemeinsame Erziehung von Jungen und Mädchen. In den Zeltlagern war es selbstverständlich, dass man in einem großen Zelt schlief, alle zusammen, kreuz und quer, und die Eltern vor allem der Mädchen konnten sich darauf verlassen, dass da nichts passierte. Leider.

In den Jugendhäusern Stuttgarts gab es verschieden große Gruppenräume und feste Tage, an denen man sich dort zuverlässig traf. Meistens waren es damals Mitglieder von Jugendverbänden, etwa der Naturfreundejugend, Pfadfinder, der Schreberjugend, der Falken. Es gab fast überall auch Werk- und Hobbyräume in den Häusern und meist einen Saal für Veranstaltungen, Filme, Jazz, Tanz, für Tagungen.

Mein Berater Eugen Eberle also hatte zur Heirat geraten. Wenn schon, denn schon! Ich musste beim Gottlieb, dem Vater von Herta, um ihre Hand anhalten. Man setzte mich ins Wohnzimmer, der freundliche

Mit Eugen Eberle in Niedlichs Buchhandlung.

und nachdenkliche Vater mir gegenüber. Alle anderen hatten sich verzogen und warteten gespannt auf die Entscheidung, dachte ich.

Es war nicht unbehaglich, ich fühlte mich auch nicht unsicher, sondern eher wie auf einer Mission: Ich hatte eine Frau zu erobern und die Ehre der Falken hochzuhalten und zu beweisen, dass ich in der Lage war, für den Unterhalt zu sorgen. Das Gespräch lief bedächtig, die Anreden blieben neutral, also kein vertrautes »Du«, das musste geschickt umgangen werden. Ich musste über mein Elternhaus erzählen, was denn der Vater machte, wo wer wohnte, über die Mutter, den Bruder, die Fluchten. Da fand sich manche Gemeinsamkeit, und Gottlieb Brandenburger gab halt zu bedenken, dass zwar die Friedel, die älteste Schwester, und die Brüder Hans und Helmut schon verheiratet seien, die älteren Schwestern Hilde und Marta aber eben noch nicht, so wenig wie die beiden ebenfalls älteren Brüder Rudi und Erwin. Mindestens die Hilde, meinte der Vater, müsse gefragt werden, ob sie der jüngeren Schwester, der Jüngsten der Familie, den Vortritt lasse. – Sie ließ.

Ich zog frohgemut und politisch wie persönlich hoch motiviert in den Ersatzdienst auf die Nordalb. Wir heirateten auf die Schnelle knapp fünf Wochen später, am 12. Mai 1961 in Bad Cannstatt. Die Braut im schlichten Kostüm, das hatte ich mir gewünscht, und ich im grauen statt schwarzen Anzug. Nur Standesamt, nicht kirchlich, das war meine Bedingung. Es war eine Hürde, die Familie schluckte, und ich griff nach der Braut.

Die Heirat war insofern auch nicht schlecht für uns, weil alles andere Kuppelei gewesen wäre. Ich erhielt als Überbrückungshilfe die Miete meiner Mini-Wohnung in Stuttgart-Münster bezahlt und meine Frau bekam jeden Monat 300 Mark Unterhalt. Am Ende waren wir für damalige Verhältnisse fast reich.

Es fragte die westdeutsche Journalistin Annamarie Doherr auf einer Pressekonferenz am 15. Juni 1961 den Genossen und Vorsitzenden des Zentralkomitees der SED, Walter Ernst Paul Ulbricht:
Ich möchte eine Zusatzfrage stellen. Doherr, Frankfurter Rundschau. Herr Vorsitzender, bedeutet die Bildung einer freien Stadt Ihrer Meinung nach, dass die Staatsgrenze am Brandenburger Tor errichtet wird? Und sind Sie entschlossen, dieser Tatsache mit allen Konsequenzen Rechnung zu tragen?

Antwort des Genossen »Hase, ich weiß von nix«:
Ich verstehe Ihre Frage so, dass es Menschen in Westdeutschland gibt, die wünschen, dass wir die Bauarbeiter der Hauptstadt der DDR mobilisieren, um eine Mauer aufzurichten, ja? Ääh, mir ist nicht bekannt,

dass solche Absicht besteht, da sich die Bauarbeiter in der Hauptstadt
hauptsächlich mit Wohnungsbau beschäftigen und ihre Arbeitskraft
voll eingesetzt wird. Niemand hat die Absicht, eine Mauer zu errichten!

Ja, das waren halt Zeiten im Mai '61!

Denkzettel 8

Der Zivildienst war eine außerordentlich politische Angelegenheit.
In die Jugenderholungsstätte auf der Nordalb kamen übers Jahr etliche hundert Kinder, betreut und betüttelt von einem halben Dutzend
Sozialarbeiterinnen, dazu Schreibkräfte, eine Krankenschwester, die
Heimleitung, Küchenpersonal, der Gärtner, dessen Untertan ich war,
und seine Frau. Außerdem gab es etwas Landwirtschaft, eine Schule
für Hauswirtschaft, in der 15 bis 20 Mädchen das lernten, was ihre
Mütter und Großmütter schon gelernt hatten: Kochen, Waschen, Bü-
geln, Flicken.

Mit Klaus Zacher, wie ich »Zivi«, teilte ich Ansichten und ein
15 Quadratmeter großes Zimmer. Auch Klaus hatte aus der Not eine
Tugend gemacht und geheiratet – etwa alle zwei Monate besuchten uns
unsere Frauen, um das Schlimmste zu verhindern, und ungefähr alle
14 Tage fuhren wir nach Stuttgart. Nach Feierabend organisierten wir
beide für die Beschäftigten und alle, die Lust hatten, Leseabende, stellten seltene Schallplatten und Themen zur Diskussion, agierten und
agitierten.

Damals war eben die DFU gegründet worden, die »Deutsche Frie-
densunion«: Einerseits, um nach dem KPD-Verbot eine Opposition
für die Parlamente zu installieren, andererseits, um die friedenspoliti-
schen, linken und nach einem neutralen Gesamtdeutschland streben-
den Menschen zusammenzuführen.

Es war Wahlkampfzeit, und wir nutzten unsere Möglichkeiten, in
den Dörfern rings um die Nordalb Diskussionen mit Kandidaten der

DFU zu organisieren. Das Thema »Atomtod« beherrschte die politische Debatte. Die SPD hatte mit dem »Godesberger Programm« eben einen Rechtsschwenk gemacht und sich als Volkspartei präsentiert, die keinem und niemandem ein Wässerchen trüben wollte.

An den Wochenenden, zu Hause also, waren wir mit unseren Frauen unterwegs – bei Aktionen wie dem Ostermarsch oder mit den Falken. In diesen Jahren formierten sich die Vorläufer der außerparlamentarischen Opposition.

Als der Zivildienst zu Ende war, konnten wir ein positives Resümee ziehen. Wir hatten mit bescheidenen Mitteln doch für allerlei Wirbel gesorgt: Die Presse hatte uns mehrfach besucht, und wo die nicht kam, schrieb ich Artikel, auch das Fernsehen war da, wir hatten in knapper Zeit Spuren gelegt.

Wieder zu Hause war dann alles ganz, ganz anders. Meine Frau arbeitete im öffentlichen Dienst, da musste jede Reise, ob nach Jugoslawien, Polen, in die CSSR oder in die DDR »nach oben« gemeldet und abgesegnet werden. Der Verfassungsschutz hatte die linken Organisationen mit Spitzeln und Provokateuren durchsetzt, was auch den Aktivitäten der verbotenen KPD und ihrer »Tarnorganisationen« galt. Er war in alle Verbände und Initiativen eingesickert. Die Spitzel wurden hin und wieder von uns »enttarnt« – oder sie traten als Zeugen in Verbotsprozessen auf und mussten dann ihr wahres Gesicht zeigen.

Zu Hause wurde gespart. Die Bedürfnisse waren bescheiden, obwohl ich aus Gründen des Designs sehr auf Möbel des Möbelhauses »Behr« stand – teuer! Rasierapparat, Plattenspieler und Heizlüfter mussten von »Braun« sein. Das meiste Geld verbrauchten wir, wenn politische Gespräche oder Sitzungen in unserer Wohnung stattfanden – dann war ein Kasten Bier schnell leer, und Tee auszuschenken wäre mir denn doch zu peinlich gewesen, hätte aber eher zur Finanzlage gepasst. Mit der Wohnungseinrichtung hatten wir Geduld – warum nicht einstweilen leere Weinkisten als Regale und Tischlerböcke mit einer Tischplatte? Abgesehen davon – unsere Orientierung ging schon in Richtung einer gut eingerichteten, modernen und hellen Wohnung:

String-Regale, Teakholz, Behr-Möbel, strenge Form. Das musste sich übers Besteck und Geschirr fortsetzen und klappte vor allem aus Kostengründen nur unter Mühen.

Über Fritz Lamm, Klaus Beer, Inge Aicher-Scholl, Elisabeth und Fritz Hartnagel kannten wir auch Otl Aicher. Er war einer der prägenden Gestalter jener Jahre, ein linker Katholik und ein Mentor der Ulmer Volkshochschule. Er hatte für die Ostermärsche der Atomwaffengegner und den Ulmer Auftakt bunte, lebensfrohe Plakate entworfen und die Ulmer Hochschule für Gestaltung gegründet. Als Schriftsetzer war ich auch Typograph: Mir lag die Schlichtheit und Strenge der Formen am Herzen, noch dazu, wenn sie von solchen Lehrern kam.

Von der Christophstraße im Herzen Stuttgarts zogen wir nach Fellbach, in den frühen Sechzigern eine richtige Wohnung mit Badewanne und einem R4 vorm Haus, von dort später in die Kernerstraße. Besuch gab's immer, in allen Wohnungen, und der war für Herta nicht selten eine Zumutung, wie ich ja auch. Ein Alltag, der derart vom Politischen bestimmt wird, mit dem man sich ganz bewusst, innerlich

Straßenaktion in der Königstraße 1963:
Geh' doch nach drüben!

wie äußerlich, abgrenzt vom Rest der Gesellschaft, hat schon auch manches schwer Erträgliche, manche Rücksichtslosigkeit an sich.

Die Tage waren angefüllt mit Arbeit, zunächst im Beruf als Schriftsetzer – und da war's ja nicht nur der Beruf selbst, das Tagwerk, die Norm, die Leistung, die gebracht werden musste. Da war ja doch auch noch die gewerkschaftliche und politische Arbeit mit den Kolleginnen und Kollegen, mit den Lehrlingen, Setzern, Druckern. Und nach Feierabend dann Debatten und die Arbeiter-Abendschule, Gruppenabende, Sitzungen, all das außerparlamentarische Engagement, das bis heute meinen Alltag prägt und vielfach Zumutung geblieben ist.

Wir waren viel unterwegs, und wo immer es ging, waren unsere beiden Jungs Einar und Kolja dabei: Bei Aktionen draußen vor der Tür sowieso, anfangs im Kinderwagen, dann an der Hand oder auf den Schultern. Zeltlager? Tagung? Ich hatte wenig Skrupel, einen oder beide mitzunehmen, aber mir schwant, dass ich sie wohl der Einfachheit halber Herta überließ.

Denkzettel 9

Da Frankreich nach dem Zweiten Weltkrieg die Unabhängigkeit Algeriens weiter ablehnte, unter anderem wegen der starken französischen Minderheit von 800 000 Siedlern (Colons) bei acht Millionen Einwohnern, begann die algerische Befreiungsfront (FLN) 1954 den bewaffneten Kampf. Der Konflikt weitete sich aus, und Frankreich entwickelte in der Folge eine durch ihre Rücksichtslosigkeit berüchtigte Strategie zur Bekämpfung der Aufständischen. Der Krieg um die Unabhängigkeit 1954 bis 1962 wurde hauptsächlich zwischen dem französischen Militär und der algerischen Unabhängigkeitsbewegung FLN geführt und war einer der grausamsten Unabhängigkeitskriege – mit viel Folter – von der sozialistischen Regierung in Frankreich unter Ministerpräsident Guy Mollet ausdrücklich gutgeheißen.

1961 hatten beim Referendum 78 Prozent der Bevölkerung in Frankreich für einen Rückzug aus Algerien gestimmt. Nun kam es zu verstärkten Terrorakten der französischen Siedler und ihrer Geheimorganisation OAS. Im Oktober 1961 initiierte die FLN eine friedliche Protestkundgebung in Paris, an der etwa 30 000 Algerier teilnahmen. Die Polizei löste die Demonstration gewaltsam auf, indem sie in die Menge schoss. Sie nahm etwa 14 000 Algerier fest und brachte sie in Sportstadien und andere improvisierte Haftträume. Danach töteten Polizei und Militär bei Krawallen bis zu 200 Menschen, deren Leichen teilweise in die Seine geworfen wurden. 1962 erkannte Charles de Gaulle das Recht Algeriens auf Selbstbestimmung an (nach Wikipedia).

Man wusste in der Bundesrepublik und vor allem in Stuttgart genau, was da los war. Viele Genossen – etwa Otto Höft – hatten die Resistance und zur französischen und algerischen Linken gute Kontakte. Es lag daher nahe, die FLN und die algerischen Flüchtlinge aus Frankreich, die oft Illegale waren, zu unterstützen. Wir nahmen sie auf, besorgten den Deserteuren Arbeit, Wohnung, Ausweise, sammelten Geld. Einzelne von uns wie Kurt Henker gingen als Sanitäter auf Seiten der FLN nach Algerien.

Die Mutter: »Beim Peter zu Hause warn auch meistens Leute. Ich hab immer gesagt, wer bezahlt denn das alles? Das geht doch ins Geld! Da war dann schnelle male ne Kiste Bier weg. Und bekocht hat er auch immer all. So gutt vadient ham die doch ooch nich, vastehnse?«

Denkzettel 10

Ach, Peter Chotjewitz. Wir kannten uns doch so lange! 1968 oder 1969, also vor mehr als 40 Jahren, da schleppte dich der Manfred Esser an, in den »Club Voltaire« in der Leonhardstraße 8, im Herzen des Leonhardviertels, da, wo die roten Laternen strahlen.

Der Club Voltaire war bei seiner Gründung 1964 nach dem Frankfurter und dem Berliner Club einer der ersten in Deutschland. Er war Teil eines antiautoritären, republikanischen Aufbruchs noch vor den großen Jugend- und Studentenprotesten und wurde zum Treffpunkt für junge Arbeiter und Angestellte, auch Schüler und Studenten, ein Diskussionsforum junger Leute für Gespräche über Politik, Kunst, Film, Literatur und Wissenschaft. Zum Kreis der Gründer gehören Helga und Heinz Schmalenberger, Fritz Lamm, Willi Hoss, Manfred Hackh, Jürgen Holtfreter, Jack Beck, Margot Wilhelmy, Katja Tenholt, Klaus Croissant, Wolfgang Kiwus, Ulrich Cassel, Manfred Esser und

viele weitere Köpfe der undogmatischen Linken – und natürlich ich.
Max Bense, der Ordinarius für Philosophie und Wissenschaftstheo-
rie an der Technischen Hochschule
Stuttgart, hielt gar feierlich die offizielle Eröffnungsrede.

Selbst organisiert, selbst finan-
ziert, immer bissel am Rande des
Abgrunds, ein Hauch von Illegalität.
Kontroverse Debatten, Neue Musik,
Jazz mit Dauner & Co, Franz Josef
Degenhardt war da, Hanns-Dieter
Hüsch und Reinhard Mey auch,
Hannes Wader und Walter Moß-
mann. Aufklärung und Agitation –
das war unser Programm, mit zahl-
reichen Lesungen, Ausstellungen,

Promi-Mannschaften für den Club Voltaire.
Am Ball Wolfgang Neuss.

Debatten. Wie schön der Bazon Brock rezitierten konnte: Texte von
Hegel, im Kopfstand. Heidi Foerster präsentierte ihre Aquarelle in der
»Galerie im Club Voltaire«. In der politischen Praxis war man angst-
frei, naiv und sorglos, vor allem aber experimentierfreudig.

Vieles hatten wir selbst gezimmert in der Leonhardstraße 8, gehäm-
mert und gesichelt und nur die schwereren Aufgaben des Umbaus dem
Proletariat direkt überlassen. Also uns. Sonst war ja niemand da. Wir
kamen überwiegend von den Falken, dem sozialistischen Jugendverband, aus den linken Zirkeln der SPD, von den Naturfreunden, aus
der Gewerkschaftsbewegung, Freidenker und Freigeister, mancher
aus der illegalen KPD, Willi Hoss etwa. Natürlich waren alle 1964, im
Gründungsjahr des politisch-literarischen Clubs, längst vorher politisch tätig in der Stadt, mit dem Ohr an der Zeit, mit der Hand am
Arm, Produzenten, Werktätige, die sich nach einem langen Arbeitstag
aufmachten, um die Welt zu verändern in den knappen Feierabend-
stunden, und die auf die Studenten, die Intellektuellen warteten. Lange
vergeblich.

*Kinderladenkinder
Kinderladen Neckartor.*

Im selben Jahr 1964 wurde unser erster Sohn Einar geboren, 1967, rechtzeitig vor den großen Revolten in der Welt, der zweite Sohn Kolja. In den Club Voltaire habe ich auch mal meine Mutter mitgenommen: »Mitgeschleppt hat er mich, und den Einar auch, der war eben mal zwei, drei Jahre alt. Das Kind hätt sich ja n Tod holen könn' in der verrauchten Bude. Da haste ja kaum die Hand vor die Augen gesehen. Der Fischer war ja auch dort, wissense das? Wie – welcher Fischer? Na, der spätre Außenminister. Der Dicke ..., den müssense doch noch kennen ... Nee? Egal. Der hat den ja nie leiden könn'.«

Der offene Club war längst eine etablierte Sache, aber Intellektuelle waren eher Exoten oder Schauspieler. Solche wie Peter Chotjewitz waren die Ausnahme, die standen uns nahe und bei. Das machte sein Beruf, Anstreicher, Maler, und erst dann auf dem Weg in diese anderen Leben, die den meisten von uns interessant, aber fremd waren.

Der Jürgen Holtfreter und die Helga Schmalenberger dabei, die Leonhard dabei und der Hoss und der Lamm, der Jack Beck, der Ernst Knepper, Kurt Blank, Zwiebel, Peter Rauscher, und wer noch? – saßen im Club. Und dachten nach, ob man denn nicht einen politischen Arbeitskreis gründen sollte, in Fortsetzung der Versuche, für die undogmatischen Linken Strukturen zu schaffen, wenigstens einen Treffpunkt, und da sollte nicht geraucht werden, mahnte Susanne und drückte ihre zehnte Gauloise aus. Wir überlegten, ob es denn wirklich so klug wäre, einen waschechten und verbotenen Kommunisten einzuladen zur Diskussion, mehr um die Herrschenden zu ärgern, aber auch als Protest gegen die Kommunistenverfolgungen, auch wenn wir die Sorte nicht unbedingt mochten. Wir wollten herausfinden, wie viel man sich erlauben konnte, ob es möglich wäre, eine Art neutrales Terrain zu schaffen, auf dem man selbstständig agieren und provozieren konnte – also dem Verbotenen, das ja immer seinen Reiz hat, auf den Zahn zu fühlen, vielleicht gar, um öffentlich zu überprüfen, was sie denn – und wir auch – gelernt hatten.

In diesen Zeiten, als junge Facharbeiter, war uns das geregelte Einkommen nicht so wichtig wie das Du. Das Duzen war vorherrschend. Das Sie drückt meist Respekt aus, schafft Distanz. Das Du gilt dem eigenen Kreis, den Kolleginnen und Kollegen neben dir, und man musste nicht erst Bruderschaft trinken.

In diesen Zeiten, Mitte der Sechzigerjahre, in den Gründerzeiten für die neue Republik, hoben wir mit Manfred Esser und Wolfgang Kiwus gemeinsam die Faust und das Glas:»Rot Front!«, und ich fügte, etwas lauter, hinzu:»Rot's Fröntle!«, oder, wenn Helmut Mader dabei war:»Grüß Gott!«So, wie niemand genau wissen konnte, wo nun genau der liebe Gott weilte, den ich hinterlistig grüßte, so konnte auch niemand genau wissen, wo die Linien der Roten Front verliefen – und ob es sie überhaupt noch gab. Die Rote Front bröckelte. Aber niemand wusste genau, wer die Rote Front bröckelte, nicht nur damals.

Ach, Chotjewitz, toter Mann. Lobenswert, mich in deinen Memoiren zu verewigen. Doch ich war kein Lohnsetzer, wobei man auch da noch den Begriff klären müsste, sondern ich hatte mich nach dem Zivildienst mit einer klitzekleinen Buchdruckerei in Stuttgart-Wangen quasi selbstständig gemacht, mit der ich mich ums Existenzminimum mogelte. Im Mogeln bin ich nicht schlecht.

Ich war der Pächter dieses kleinen Ladens – und der Verpächter war Franz Czainer: ein Unikum aus Pforzheim mit knitzem Lächeln, Schweizerdegen, Buchdrucker und Schriftsetzer in einem, der im Wangener Arbeitermilieu und im»Ochsen«zu Hause war und abwechselnd die eigene Druckerei oder den Setzkasten oder die Kneipe nicht mehr fand. Er hatte in einer Garage im Hinterhof des Gasthauses»Zum Löwen«, mitten im Ort, diese Buchdruckerei eingerichtet, illegal und zimmergroß. Ich war sein Ersatzmann, geringe Pacht, und übernahm den gesamten Kundenstamm. Zu dem gehörten die Schreibwarenhandlung

Glemser und die Weinhandlung Scholl und die Tankstelle an der Ecke und gelegentlich »Kodak«.

Die Druckerei bestand aus einer riesengroßen Papierschneidemaschine, die den halben Raum ausfüllte, ein ökologisches Monster mit Schwungrad, das keinen Strom brauchte, einem Setzregal mit vielleicht zwanzig abgenudelten und unterschiedlichen Schriften – verfischte Kästen, wenig Material und einen Heidelberger Tiegel. Nach Feierabend setzte und druckte ich dort meinen eigenen und den Kram fremder Leute. Wenn es viel Text war, brachte ich die Manuskripte in die Maschinensetzerei Rost. Ansonsten druckte ich Ende der Fünfziger- bis in die frühen Siebzigerjahre hinein gewissenlos nahezu alles, was verlangt wurde an Todesanzeigen und gefälschten Weinetiketten, Geburtsanzeigen, Rechnungen, Flugblättern. Ich druckte die Monatsprogramme des Club Voltaire und das Naturfreundeprogramm und harmlose Pamphlete der illegalen KPD, in denen die Anerkennung der DDR gefordert wurde. Gelegentlich kam eine theoretische Schrift dazu, zu meiner großen Freude, fast ein halbes Buch schon, mühsam in der Herstellung. Manchmal, zur noch größeren Freude, Grafiken von Klaus Basset, Lyrik-Postkarten von Helmut Mader, Film-Untertitel für Wolfgang Kiwus, Pamphlete der Voltaire-Presse mit Texten von Manfred Esser und Helmut Mader, die ich typografisch gestaltete.

Am rentabelsten waren die Todesanzeigen. Die Leute wussten in der Trauer oft nicht, was sie wie formulieren sollten, es stirbt ja nicht täglich einer aus der Familie, und ich stand hilfreich an der Seite der Trauernden, wenn's um den letzten Schliff oder gar eine literarische Variante ging. Bei der Abrechnung brauchte es nie eine Rechnung, die wäre ja eh beim Leichenschmaus verloren gegangen, man konnte aufrunden und musste nicht kleinlich sein, schließlich bezahlten ja die Erben.

Wenn ich wenig Geld hatte, hoffte ich inständig, dass es diese oder nächste Woche zwei, drei Tote geben würde, also was zu setzen und also was für zu Hause, für die gefräßigen Kinder und für die Miete.

Denkzettel 11

Der Club Voltaire wurde später, in den Jahren danach, auch zur An-laufstelle für amerikanische Soldaten, die nicht nach Vietnam wollten. Das mit den US-Deserteuren war ein heißes Ding. Es war zunächst mal ne Selbstverständlichkeit, dass man die Amis agitierte. Aber ers-tens konnte einen ja die deutsche Polizei hopsnehmen und dann war da ja noch die US-Militärpolizei ... Die hätten nicht lange gefackelt.

Zuerst wurden die Amis angesprochen, meistens in der Altstadt. Ob sie Zigaretten hätten oder ob sie was besorgen könnten aus dem Ami-Shop am Burgholzhof. Dann hat man sie mitgenommen in den Club Voltaire. Es gab ja Mitte der Sechzigerjahre eine große Kampagne der Regierung, dass man US-Soldaten doch bitte auch mal zu sich nach Hause einladen sollte, zu Weihnachten und so, aus Dankbarkeit und Christenpflicht, und sie mitnehmen sollte in die deutschen Vereine. Der Club Voltaire war ja ein deutscher Verein. Da wurde mit unseren Befreiern viel über den Vietnamkrieg geredet. Eins gab das andere und beim einen oder anderen Soldaten war's ein Treffer.

Erst wenn wir ganz sicher waren, dass die Soldaten gegen den Krieg waren, dass sie einen Ausweg suchten, zeigten wir ihnen – aus Dank-barkeit und Christenpflicht – das Schlupfloch: Du sollst nicht töten. Wir verabredeten uns an wechselnden Orten, im großen Wartesaal im Hauptbahnhof, am Schlachthof oder frühmorgens beim Großmarkt.

Vorbildlich in Berlin und nah am Wasser gebaut: alle erschießen.

Einer ging Punkt vier Uhr zur Pforte, sondierte und fragte dann, ob wir reindurften, um Blumen zu kaufen. Durften wir nicht. Wir waren ja keine Händler. Der zweite Mann wartete im Auto. Spätestens zehn Minuten nach vier Uhr musste unser Fahrgast ans Autofenster klopfen und fragen:»Pick up?« Dann war alles okay, Tür auf, einsteigen, ab. Ich bin zweimal gefahren. Mehr sollte man nicht. Es waren oft Schwarze, sie saßen hinten und manchmal hatten sie auch noch ihre Uniform an. Wir besorgten dann schnell noch was zum Überziehen. Mit dem Auto ging's dann die 150 Kilometer nach Kehl. Wir schauten zu, dass wir mit den Pendlern aus Deutschland über die Rheinbrücke kamen. Die wurden praktisch nie kontrolliert und immer durchgewunken um diese Zeit.

In Straßburg gab's ne bestimmte Kirche und eine verabredete Zeit. Einer stieg aus, guckte, ob die Luft rein war, und klopfte dann zweimal an der Seitentür beim Messmer. Abwarten durfte man nicht groß, der Ami stieg aus, jetzt musste die Tür offen sein. Wir hatten sofort zu verschwinden – rein ins Auto, ab. Im Rückspiegel sahen wir dann: Der Ami war weg. Schwein gehabt. Um Zehne warn wir wieder am Arbeitsplatz.

Manchmal denke ich
Und manchmal
lass ich es bleiben

Da können sich viele,
die dies heute lesen
eine Scheibe abschneiden

Kapitel IV

1967

❧ Demonstrationen am 2. Juni gegen den Staatsbesuch des Mohammad Reza Pahlavi und seiner Mitläuferin Farah Diba – Lieblinge der Deutschen!

❧ Benno Ohnesorg wird erschossen.

❧ *Am 27. Mai wird unser Sohn Kolja geboren.*

1968

❧ Erst das Attentat auf Rudi Dutschke, dann aber: Hopp, hopp, hopp, Bildzeitung stopp!

❧ Ermordung Martin Luther Kings in den USA.

❧ Frankreich und der Pariser Mai: Studenten und Arbeiter protestieren gemeinsam.

❧ Warte nicht auf bessre Zeiten – Utopien, Hoffnungen und Revolte: In Westdeutschland Riesen-Demos gegen die riesigen Notstandsgeset-ze, in der Tschechoslowakei wird Alexander Dubcek zum Symbol des Prager Frühlings. Schmilzt das Eis der harten Winter?

❧ Am 21. August marschieren Truppen des Warschauer Paktes in Prag ein und beenden die Tagträume.

1969

❧ Gustav Heinemann wird Bürger-präsident.

❧ So genannte »wilde«, spontane Streiks in Hunderten von Betrieben, ohne dass jemand gefragt wurde.

❧ Bei den Bundestagswahlen Gewinne der SPD.

❧ Willy Brandt. Ein Emigrant wird Kanzler.

❧ Beim Woodstock-Festival lieben sich eine Million Menschen alle auf einmal.

❧ Im »Sozialistischen Büro« sammeln sich ausgeschlossene Sozialdemokra-ten, Gewerkschaftslinke, Leute vom Ostermarsch, der Notstandskampag-ne und der Studentenbewegung. Das »Sozialistische Zentrum« war der Stuttgarter Vorläufer.

Ho-Ho-Ho-Tschi-Minh:
Seid realistisch, verlangt
das Unmögliche!
1967 bis 1977

1970
- Unter dem Pflaster liegt der Strand: Frauenpower. Abtreibungskampagne.
- Brandt trifft noch schnell Honecker in Erfurt.
- Moskauer Vertrag mit deutsch-sowjetischem Gewaltverzicht.
- Deutsch-polnischer Vertrag. Breslau vermutlich endgültig verloren.
- Der Kandidat der Linken, Salvador Allende, wird chilenischer Präsident.

1971
- Dafür gibt's einen rechten Militärputsch in der Türkei.

1972
- Die beiden deutschen Staaten schließen einen Grundlagenvertrag.
- Der »Club of Rome« droht vergeblich mit den Grenzen des Wachstums.
- Überall im Lande entstehen Bürgerinitiativen; auch bei Daimler-Benz.
- Bei den Betriebsratswahlen treten die Arbeiter Willi Hoss, Hermann Mühleisen und Mario d'Andrea mit eigener Liste an und erhalten 28 Prozent der Stimmen.

1973
- Die USA stürzen den demokratisch gewählten Präsidenten Chiles.

1974
- In Portugal stürzen Soldaten und Bauern die Diktatur: Grândola, Vila Morena!
- Willy Brandt tritt zurück: Günter Guillaume – der Spion für die DDR. Schmidt wird Kanzler und Deutschland-West Weltmeister.

1975
- Die RAF ist jetzt ganz verrückt geworden: Anschläge.

1976
- Aufstand in Soweto in Südafrika. Giftgaskatastrophe in Seveso (Italien). Dabei werden große Mengen hochgiftigen Dioxins freigesetzt. Ausbürgerung von Wolf Biermann aus der DDR nach einem Konzert in Köln.

Denkzettel 1

Vor dem Blick 50 Jahre zurück zunächst einer auf heute, vielleicht zu diesem jungen Ding da, Laura Dekker, umsegelt als 13-Jährige die Welt unter Riesenanteilnahme, aber kein Mensch nimmt Notiz davon, dass ich mit dem Fahrrad in Paris war, mit 14, kurz nachdem die Wehrmacht das Land verlassen hatte. Laura Dekker ist nun ein gemachter Mann – kein Wunder, deutscher Vater!

Solche Nachrichten verdrängen das Politische auf die Seite »Vermischtes«, man hat's nicht besser verdient. Mein Heimatblatt, relativ seriös, widmet eine halbe Seite einem Herrn Kusmagk, König im Dschungelcamp des Fernsehens, und mein Heimatsender beklagt die Massen-Touristen, die auf den Klippen der Insel Giglio auf den Untergang der »Costa Concordia«[1] lauern – gemeinsam mit meinem Heimatsender.

In Übersee ist es auch nicht viel besser. Der Muslimbruder Newt Gingrich schlägt in South Carolina Mitt Romney[2], republikanischer Mormone. Gingrich gilt den Medien als »Vollblutpolitiker« – nicht auszudenken, wenn er ein Halbblut wäre! Beide Männer wollen den schwarzen Kommunisten Barack Obama aus dem Amt jagen, nur weil der endlich Lebensmittelkarten für Leute ausgeben will, die weder was zu beißen noch was zu wählen haben. Und beide wollen keinen Sozialismus wie bei uns. Wobei die Wahlen in den USA allein durch die Höhe der Werbeetats entschieden werden, erzählen die Beobachter vor vorgehaltener Hand. Aber wir dürfen nicht meckern, auch unsere Volksabstimmungen werden ja von den Budgets gewonnen, kluge und originelle Sprüche (Fortschritt oder Untergang?) sind da ebenso die Ausnahme wie populäre Führungspersönlichkeiten. Mich nimmt ja niemand.

---

1 Das Kreuzfahrtschiff »Costa Concordia« kollidierte 2012 vor der Insel Giglio, es starben vermutlich 32 Menschen.
2 Newt Gingrich fordert für alle Menschen die Erlaubnis, Waffen zu tragen. Mitt Romney, Geschäftsmann, sein Kontrahent, ist auch Republikaner.

Was das alles mit Volksdemokratie zu tun hat? Ich sage nur: Ägypten! Die ersten freien Wahlen seit den Pharaonen und der Wiedervereinigung mit dem Westen – und was passiert? Muslimbrüder! Selbst die Schwestern wählten die Brüder. Die Welt ist empört, nicht nur über das Wahlergebnis (70 Prozent für die Islamischten!), sondern auch über das Attest der internationalen Wahlbeobachter. Die konnten keine nennenswerten Manipulationen feststellen. Schade. Wir wären sonst vielleicht einmarschiert.

Demokratie hat eben auch Nachteile, siehe Wulff oder Dschungelcamp, Gysi oder Medienvielfalt. Alles unter Beobachtung

Rudi Dutschke und Gaston Salvatore im Demokratischen Sektor.

seit Schily, auch die Links-Fraktionen. Zugegeben: »Alles« ist vielleicht übertrieben. Die Aufklärung der rechtsradikalen Mordserie braucht noch Zeit.

Erst 2012 wurden alte Fotos entdeckt – in Sachen Benno Ohnesorg, Student und 1967 von dem Polizisten Kalle Kurras beim Demonstrieren aus nächster Nähe erschossen. Die Polizei (ver-)deckte die Tat von Kurras und half bei ihrer Verschleierung. Gott sei Dank kommt aber immer alles raus, spätestens nach 45 Jahren. Und wer hier rummeckert, spielt nur den Muslimbrüdern in die Hände!

Die Linke war ja damals, in den Sechzigerjahren, herzlich isoliert. Die Konflikte in der SPD hatten nach dem Kurswechsel (Große Koalition) zugenommen, die Unruhe, die Opposition trugen hauptsächlich die sattsam bekannten Intellektuellen, junge Arbeiterinnen und Angestellte. An den Schulen und Unis war's bisher ruhig. – Und nun das!

Ein massenhafter Protest und scharfe Kritik am Terrorregime des Schahs – fundiert, begründet, scharf in der Analyse und getragen vor allem von der studentischen Jugend. Wir hatten das Gefühl: Jetzt geht's los!

Der Berliner Oberkommissar Karl-Heinz Kurras schießt dem Studenten Benno Ohnesorg aus nächster Nähe in den Kopf. Dann prügeln noch Polizisten auf ihn ein. Ein herbeieilender Arzt darf nicht helfen, und erst 20 Minuten nach dem Schuss kommt ein Krankenwagen. Obwohl das nächste Krankenhaus nicht weit entfernt ist, wird der Schwerverletzte – oder ist er schon tot? – fast eine Stunde lang durch Berlin gekarrt, auf dem Totenschein muss ein Assistenzarzt auf Druck des Chefarztes die falsche Todeszeit und die falsche Todesursache eintragen. Die Ärzte sollten die wahre Todesursache verschleiern – und der Todesschütze war schützenswert. Das zeigt, wie dick, wie hassgeschwängert besonders die Berliner Luft in dieser Zeit war.

Ein Kreuz mit den Studenten: Berliner Protestanten

Die Nachricht vom Tod elektrisierte uns alle, das ganze Land. (Benno Ohnesorg war 1967 nicht der erste Tote, doch die erschossenen Kommunisten der Fünfzigerjahre waren so wenig Thema der außerirdischen Opposition wie die in Krankheit dahinsiechenden 100 000 Zwangsarbeiter und Arbeitssklaven, denen Westdeutschland einen gehörigen Teil seines Wirtschaftswunders verdankte.) Sofort und überall und spontan versammelten sich Menschen aus der »Opposition«.

Der Dokumentarfilm »Polizeistaatsbesuch« von Roman Brodmann (SDR) dokumentiert treffend die bundesrepublikanische Gesellschaft am Vorabend von '68: Spießbürger, die sich auf den Besuch der Majestäten vorbereiten – und auch diese verkrustete Gesellschaft der Spießer und alten Nazis hatte man im Blick. »Ein Film, wie er heute undenkbar wäre«, schreibt die Süddeutsche Zeitung.

Wie alles anfing? Der Blick zurück.

Abartig liebten die Deutschen diesen verkommenen Märchenkönig. Na ja, viele hatten ja immer schon ein Faible für Verbrecher. Selbst der »Spiegel« höhnte über Bahman Nirumand[3], auch wenn sich Augstein später dafür entschuldigte. Abartig war auch die Liebe der Killer des Schahs für moderne europäische Haushaltsgeräte – für Küchenmaschinen mit scharfen Messern, für Brotschneidemaschinen, aber auch für Quirls und leistungsstarke »Zauberstäbe« aus der Gastronomie, mit denen sie ihre Opfer zu Tode quälten.

Das war dann doch zu viel! Meine Mutter empörte sich:»Dass der Schah so schlimm sein sollte, konnt man ja gar nicht glauben! Vor allem das mit den Küchenmaschinen – alles Markenware! So was macht man doch nicht.«

Der demokratische Premierminister Mohammad Mossadegh verstaatlichte die Ölindustrie seines Landes und wurde deshalb durch einen von den USA und Großbritannien gelenkten Umsturz, die Operation Ajax, im August 1953 gestürzt – es begann die Zeit der Folterer. Mit Hilfe des Westens wurde alles niedergeknüppelt und totgemacht, was sich wehrte. Im Ausland Studierende protestierten, organisierten Unterstützung für die Opposition im Lande. Wenn sie ihre Heimat besuchten, wurden sie meistens erwischt – vor allem der englische Geheimdienst hatte dem Schah-Regime entsprechende Tipps gegeben. Letztlich konnten selbst die Amis den Schah gegen die stärker werdende Opposition nicht länger halten. Also sorgten sie dafür, das Ajatollah Ruhollah Chomeini aus dem Pariser Exil in den Iran zurückkam – mit den Mullahs gegen die Befreiungsbewegungen.

Wie alles weiterging? Der Blick nach vorn.

Der Schah war nun wirklich etwas zu schlimm. Der freie Westen war, was die Unterstützung mörderischer Diktaturen oder Terroristen anging, nie kleinlich. Franco in Spanien, Salazar in Portugal, Idi Amin

---

3   Bahman Nirumand: iranisch-deutscher Publizist und Autor.

in Afrika, der fromme Katholik Rafael Leónidas Trujillo Molina in der Dominikanischen Republik, Bin Laden in Afghanistan, Generalissimus Tschiang Kai-shek auf Formosa, Stroessner in Paraguay, Banda in Malawi, Park Chung-hee in Südkorea, Marcos auf den Philippinen, Musharraf in Pakistan, die Militärjunta in der Türkei, Stylianos Pattakos in Griechenland, Saddam Hussein im Irak, Mubarak, Ian Smith in Rhodesien,»Papa Doc« Duvalier in Haiti, Videla in Argentinien, Pinochet in Chile, Hassan II. in Marokko, an die 1 000 Scheichs und Könige – bei fast jedem Putsch, jedem politischen Mord, der Verfolgung von Opposition und jeder anderen Schweinerei waren die Westmächte dabei. Sie sind es heute noch – denn es geht nicht um Demokratie und Menschenrechte, sondern um Bodenschätze, um Öl, Uran, um Militärstützpunkte. Muss da nicht jeder als Bündnispartner willkommen sein? Also nun hörnse mal!

Die Große Koalition brachte bereits viele auf – und auf die Straße, und noch mehr, als jetzt der Student Benno Ohnesorg erschossen wurde. Damit war auch die Zeit der traditionellen Arbeiter(jugend-)bewegung irgendwie passé. In jenen Jahren suchten wir als Jugendliche und Oppositionelle immer noch nach einem sozialistischen Modell. Notfalls hätte es auch sozialdemokratisch sein können. Schweden – na, ja. Jugoslawien – da schon eher: Mit den Arbeiterräten dort war man auf Du und Du, wir bauten in Internationalen Brigaden an der Straße des Friedens und brachten Schnitzwerk aus Zadar mit nach Hause.

Dann vielleicht Israel? Theorie und Praxis der Kibbuzim überzeugten schon eher, und »jeder nach seinen Fähigkeiten, jeder nach seinen Bedürfnissen« hatte eine funktionierende Logik. Die Israelis waren deutschfeindlich, was uns sehr entgegenkam: Wir litten ja auch unter Filbinger und Kiesinger und Globke und Gehlen und der kaltschnäuzigen »Wiedergutmachung« für fünf Millionen ermordeter Juden. Die Deutsche Bank und ihr Manager Hermann Josef Abs, Krupp und Daimler – das waren für uns die übrig gebliebenen Stellvertreter des Führers, die in der neuen Republik die Restauration förderten.

Denkzettel 2

Am 17. November 1967 machten wir uns – Manfred Esser, Wolfgang Kiwus, Jürgen Holtfreter, zusammen mit weiteren Genossen vom Club Voltaire – auf den Weg ins Neckarstadion, wo ein Spiel des VfB Stuttgart gegen Borussia Dortmund ausgetragen wurde. Die Gruppe hatte zwei etwa fünf Meter lange Transparente mit der Aufschrift: »Der VfB grüßt den tapferen Vietcong« und »Borussia Dortmund grüßt die Kumpel in Hanoi« im Handgepäck und sich Stehplätze ganz oben gekauft. Um nichts auf die Mütze zu kriegen von den Fans, reichten wir an die Umstehenden zuerst mal unsere Bier- und Schnapspullen weiter – es war

arschkalt. Dann entrollten wir bedächtig erst den Gruß nach Hanoi – noch merkte keiner, was das zu bedeuten hatte, denn »Ha noi« heißt bei uns auch so viel wie »Ach nee« oder »Ha, so ebbes!«.

Neckarstadion 1967: Borussia Dortmund
grüßt die Kumpel in Hanoi –
der VfB grüßt den tapferen Vietcong.

Das zweite Transparent war schon eindeutiger – aber dass ausgerechnet der VfB Stuttgart den tapferen Vietcong grüßen sollte, nahm uns niemand ab.

Die Polizei tauchte auf, doch da hatten wir längst die pralle Aufmerksamkeit des Stadions. Sogar die Spieler ließen den Ball ins Aus rollen. Die Transparente wurden beschlagnahmt. Sie lagern vermutlich noch heute bei der Stuttgarter Polizei, die übrigens bis 1973 noch kommunale Polizei war und nicht einmal unsere Personalien aufnahm. Der Medienerfolg der Aktion war überwältigend – über alle Sportseiten und im Fernsehen wurden unsere Botschaften bundesweit transportiert, wenn auch mit vorwurfsvollen Tönen: »Jetzt tragen sie die Politik sogar in den Sport.«

Denkzettel 3

Sie, die Lesenden, Hörenden, Sehenden, dürfen sich nicht ganz und gar auf uns Alte verlassen – wir sind zu vergesslich. Und zu versöhnlich obendrein.

Ach, diese Vergesslichkeit! So manche der jüngeren Zeitgenossen klagen über die 68er, die Alt-68er, und können die Dimension der radikalen und weltweiten Veränderungen jenes Jahrzehnts kaum erfassen. Vielleicht, weil die Handlungsspielräume heute so begrenzt erscheinen, vielleicht, weil man nicht weiß, wie vorhandene Kraft und Phantasie einzusetzen wären, vielleicht, weil es an Utopien mangelt?

Da waren in den frühen Sechzigern neben der Anti-Baby-Pille, dem Contergan-Skandal, dem Bau der Berliner Mauer, der Ermordung John F. Kennedys, der Großen Koalition, Kiesinger und Lübke ja auch noch die Beatles, die Rolling Stones, Fluxus und der Minirock. Dann die APO, Napalm in Vietnam, die Kulturrevolution in China, der Prager Frühling, die Hippies, Woodstock, Easy Rider und die Mondlandung. Weiter ging's mit Kriegsdienstverweigerung und Ostermarsch, Teakholz und Lambretta.

Meine Fresse, was denn noch alles? Noch mehr, noch viel mehr, in den nächsten zehn Jahren passierte Gewaltiges und erst im Rückblick merk ich, warum ich so wenig Zeit hatte.

Handabzug aus der Buchdruckerei Grohmann.

1968 wurde Martin Luther King ermordet und ein Attentat auf Rudi Dutschke verübt. Es fanden die erfreulichen gewaltfreien Angriffe auf die Springerpresse statt, der Pariser Mai, schließlich tatsächlich Massenproteste gegen die Notstandsgesetze – und dann der Prager Frühling – ein viel zu später Abschied der alten Kader, der Stalinisten. Als im August Truppen des Warschauer Pakts in der »CheSSR« (so unser Slogan und selbstgefertigte Buttons, in Anspielung auf Che Guevara) einmarschierten, verflogen manche Illusionen über die Reformfähigkeit des so genannten Sozialismus – und alte Bündnisse zerbrachen.

Allenthalten brach auch auseinander, was nicht zusammengehörte, was die Machthabenden weltumspannend zusammengekittet hatten. Die gesellschaftlichen Widersprüche wurden schärfer. Gefragt und gedacht, nachgedacht, wurde öffentlich, und das forderte Konsequenzen von allen, die mitdachten.

Auch wir selbst, die in jenen Jahren studierten (ich nicht), lebten, arbeiteten, aktiv waren, fragen uns heute, im Jahr 2013, was wir da so alles möglich gemacht haben.

Liebgewordenes geht über Bord, Lebensentwürfe werden verändert. Die Universitäten scheinen sich zu erheben, Protest und Widerstand springt von den Hauptstädten in die Provinz.

Das Alte stirbt, aber das Neue entsteht noch nicht. Aber es schimmert auf, dieses Neue, fasst Fuß auch landeinwärts. Aber wie erklärt sich das?

Die Veränderungen waren überfällig.

Da war die versäumte, verschleppte und immer wieder verhinderte Bildungsreform, ein stupider Antikommunismus, die Restauration des Kapitalismus, die vielfache Durchsetzung der Justiz, der Regierungsapparate mit ehemaligen Nazis. Aber auch in vielen anderen gesellschaftlichen Bereichen waren die alten Kameraden untergekrochen, in Parteien, Verlagshäusern, Institutionen, Parteien, Gewerkschaften. Und was heißt das, untergekrochen? Je nach Lage heizten sie ja die Stimmung an. Es waren Haltungen - oder Ausfälle, wie etwa der des CSU-Bundestagsabgeordneten Franz Xaver Unertl, der 1968 in der Berliner Morgenpost Rudi Dutschke eine »ungewaschene, verlauste und verdreckte Kreatur« nannte. Hier zeigten sich die Folgen des schon lange andauernden Kalten Krieges. Deshalb war ja auch der Slogan »Unter den Talaren der Muff von 1000 Jahren!« ein Treffer gegen die Herrschaft der Autoritäten.

Aber »die Fraun mussten immer noch auf die Knirpse uffpassen«, ärgerte sich meine Mutter.

Da war die Weigerung der Elterngeneration, sich mit der eigenen Vergangenheit auseinanderzusetzen. Der Blick auf Verbrechen und Versagen wurde nicht zugelassen, stattdessen deckte man Massenmörder, forderte, dass Leute wie Dutschke an die Wand gestellt werden sollten, standrechtlich erschießen, das Pack, das linke. Ab nach Sibirien! Ausrotten, die Ratten! Hippies und Gammler, wo du hinguckst. Die Mutter: »Aber so läuft man doch nicht rum, oder? Ich frag ihn noch, sagemal, sag ich, du rauchst doch nicht etwa auch? Da hat er mir n Joint gedreht.« Versuchen kann man's ja.

Viele Politiker schürten diesen Hass. Ausländerfeindlichkeit und Antisemitismus waren uns ja auch nie fremd. Spießertum und Doppelmoral lasteten auf dem Land wie eine Seuche. Lebten wir bis dahin nicht irgendwie in Zeiten der Vergeblichkeit? Wir wollten die versteinerten Verhältnisse zum Tanzen bringen, und nun tanzten sie plötzlich wie von selbst.

Auch die verschlafenen Jahre wurden weggewischt. Das war leicht, denn draußen, in der Gesellschaft, war der Bär, im Lande der Teufel los. Und der Langhans.

Die APO, die außerparlamentarische Opposition, war da, was Neues, das niemand so richtig einschätzen konnte. Die Macht hatte plötzlich eine Gegenmacht.

In jenen Jahren gründeten sich zahlreiche bunte, alternative und grüne Listen, vor allem bei Kommunalwahlen. Überall waren Clubs entstanden, die Manufaktur in Schorndorf, der Club Alpha in Schwäbisch Hall, allerorten gab es, selten ohne Kampf, selbstverwaltete Jugendzentren, freie Kinos und Theatergruppen, so den Theaterhof Prießenthal, politisches Kabarett wie die Stuttgarter Orgler (mit Helmut Bader, Ulrich Cassel und mir), alternative Betriebe, Druckereien, kleine Verlage, Zeitschriften, Zeitungen, Flugblätter, Plakate und »plakat« – eine neue Infrastruktur der progressiven Intelligenz.

Auf der anderen Seite agierte der Verfassungsschutz. Er schlich sich in Telefonleitungen, staatliche Spitzel animierten linke Radikale zu Gewalttaten.

Aber es gab auch das: Leute vom Ausländeramt warnen Betroffene vor einer Razzia.

Eine neue Radikalität veränderte den Alltag.

Denkzettel 4

Was nun den Onno angeht, der gehört auch dazu, und so einen Namen vergisst man sein Leben lang nicht! Ich hab da nur allerbeste Erinnerungen, denn Aufbruch war stets, Resignation wenig:»Seid realistisch! Verlangt das Unmögliche!«, war unser Slogan. Als Praktiker, Facharbeiter, Gewerkschaftslinke und ewige Oppositionelle waren wir realistisch, denn wir wussten ja schon lange – aber das bleibt jetzt unter uns! –, dass das Unmögliche noch bissel dauern würde und die Sache mit der Revolution und dem Sozialismus, dem echten, noch länger.

Vielleicht war man auch gar nicht so arg traurig, weil man wusste: Das mit dem Sozialismus erleben wir jedenfalls nicht mehr. Wir hatten es uns ja immerhin mehr oder weniger gut eingerichtet in der kapitalistischen Gesellschaft. Das, was uns da als Modell oder Beispiel gezeigt wurde, die DDR, die UdSSR oder China oder Albanien, hatte wenig Attraktivität. Anders in Jugoslawien: Dort schmeckten die Cevapcici besser, die Partisanen dort waren freundliche Polizisten und die Campingplätze sauberer. Anders als in der Lausitz. Und jetzt bringen Sie mir bitte schnell noch ein Viertel vom Roten aus dem Larzac.

1969 bildeten sich das Sozialistische Büro (SB), eine eher antiautoritäre Initiative kritischer Arbeiter, engagierter Lehrer, Sozialarbeiter, Kulturschaffender und radikaler Studenten. Wir waren eine ganz gelungene Alternative zum linken Dogmatismus,»… zur Phantasiearmut der verspießerten DKP, zum Kasernenhofsozialismus der stalinistischen Mini-Parteien, zum zahnloser werdenden Reformismus der

SPD«, wie der »Spiegel« schrieb. Es waren oft »Einzelkämpfer«, Individualisten, Leute aus der zerfallenen alten Linken, der Ostermarsch- und Antinotstandsbewegung.

In Stuttgart gab's da längst ein übers Lokale hinausreichendes Netz, das Sozialistische Zentrum (SZ) um Fritz Lamm, Onno Poppinga, Willi Hoss und Sibylle Lewitscharoff, Rosi Brüggemann und Fritz Mielert, Uta Probst, Elke und Ernst Zorer, Suso Lederle, Wiebke Wähling, Burger Lichtenstein, Udo Rabsch, die Sackstetters, Heidi und Uli Zuper, René Talbot und Ulf Baumgärtner, Ulrich Cassel, Renate und Hemme Volk und Heidemarie Rohweder und Mascha Riepl, Theresa Stark, Adalbert Hepp, die Rütters, Stefan Tümpel und hundert andere. Und ich, mal wieder, hielt gemeinsam mit Uta und Dieter Bitterli die ersten Fäden des Aufbaus jenseits der Parteien zusammen. Was für tolle Jahre – aber die Menschen in Bewegung ließen sich nicht festbinden in Stuttgart – Uta ging zum WDR nach Köln, ihr Mann Dieter ans Züricher Theater, Onno Poppinga nach Kassel und einige warten tatsächlich schon im Himmel auf mich …

»Linke« Arbeitszusammenhänge – überfraktionelle – gab es schon lange, nicht nur in Stuttgart, auch wenn hier ein besonders offenes Klima herrschte. Fürs Gemeinsame boten sich auch bestehende Strukturen an – Naturfreunde und Freidenker, Gewerkschaften oder Club Voltaire, aus früheren Jahren auch kommunalpolitische Wahl-

Eugen Eberle, Onno Poppinga, Willi Hoss im SZ.

Alles auf Rot:
Blockade in der Königsstraße.
Katja Tenholt, Wolfgang Kiwus.

gemeinschaften (auch mit der Absicht, das KPD-Verbot zu umschiffen). Es gab die durchaus beachtete Gesamtdeutsche Volkspartei (Gustav Heinemann, Erhard Eppler) in den Fünfzigerjahren, dann die eher mit Ostsponsoring am Leben erhaltenen Gruppen mit Parteicharakter, schließlich 1968 die Demokratische Linke. Sie war der erste größere Versuch, über die eigenen Kremltürme hinauszublicken. Mit alle diesen Akteuren und Initiativen kam ich auf die eine oder andere Weise über die Jahre wieder und wieder in Berührung.

Eines Tages also tauchte eine »Delegation« bei uns zu Hause auf – vorne dran der Onno, der Metaller Hoss, der Fritz Lamm. Sie fragten, ob ich nicht meinen wirklich gut bezahlten Job in einem Verlag aufgeben wolle, samt Betriebsratsmandat, denn die neue Linke brauche einen Mann für alles, der nun nicht nur feierabends und am Wochenende (wie die anderen), sondern ganztags »für die gute Sache« schaffen solle. Ich war geehrt, geschmeichelt, erfreut – aber was würde meine Frau sagen? Herta hatte ja nicht nur zwei Kinder mit mir, sondern auch so manche Erfahrung aus langen Jahren, in denen der Verdienst hinten und vorne kaum reichte.

»Ich hab immer gesagt: Junge, sei bloß vorsichtig!«, sprach meine Mutter. »Aber der hat ja nicht

Anders denken:
Rolf Schwendter im Club Voltaire.

gefolgt. Überall musste er mit rumrühren … Dabei hat er doch so'n schönen Posten gehabt beim Sparkassenverlag – aber nee – er hat alles hingehaun und ist Sekretär geworden vom Sozialistischen Zentrum. Sekretär … na, ich weiß ooch nich … Und das glooben Se doch selbst nich, dass die den anständig bezahlt haben!«

161

Aber ich wollt ja »nich horchen« und zimmerte am neuen Leben. Die antiautoritären Bewegungen fielen nach und nach auseinander und waren rasch ohne Illusionen. Viele der schnellen intellektuellen Eingreif-Truppen, die nach ein paar wilden Streiks schon das Wetterleuchten der Revolution auf der Rückseite der Berliner Mauer gesehen hatten, hämmerten und sichelten an Parteiprogrammen und waren fortan linke Zeugen Jehovas. Selbst Freund Rudi Dutschke – lest mal seine Tagebücher – war manchmal weitab von Gut und Böse und ver-

Plakatgruppe ...
und wir sind Schneider

schätzte sich gehörig bei seinen Einschätzungen zur konkreten politischen Situation in der Westrepublik.

Ein anderer Teil der APO setzte auf die Reformfähigkeit der SPD: Verwandlung durch Annäherung – eine Strategie, mit der man Jahrzehnte später mit der Bundeswehr am Kap Horn und in Kundus landete.

Mensch, da gab's doch aber noch die wahre und neue Partei der Arbeiterklasse, die DKP, Fluchtpunkt für manche, die weder mit den studentischen Aufbauorganisationen noch den frisch gebügelten Sozialdemokraten etwas anzufangen wussten. Es gelang der Partei, einen Teil der Protestanten ein- und aufzufangen. Wie wurden die gestriegelt und gebügelt und auf Linie getrimmt – aus war's mit den antiautoritären Träumen, und was real existierte ostwärts, war nicht eben das Gelbe vom Ei.

SZ und SB waren alles andere als der Phönix aus der Asche. Aber wir kamen aus einer anderen Praxis, hatten ein anderes Politikverständnis. Es fehlte ein offenes Kommunikationsforum, ein Ort, an dem Handeln diskutiert werden konnte. Es brauchte eine andere Konzeption, jenseits traditioneller Formen oder blinder Spontaneität.

Ein wichtiger Kern des SZ waren Leute aus den Betrieben, Gewerkschafter, etwa IG Druck und Papier, Chemie, Metall – wir waren uns (meist) sympathisch.

Der Club Voltaire war zehn Jahre lang ein aufsässiges Sammelbecken und Experimentierfeld überwiegend weltoffener Linker und radikaler Liberaler – hier trafen sich, anders als anderswo, Lehrlinge und junge Arbeiter und Angestellte mit studentischer Jugend, revolutionäre Schüler wie unser Mao-Tse-Tung-Freund Joschka Fischer, Schauspielerinnen und Buchhändler, Filmemacher, Journalistinnen, Ärzte, Schriftsteller. Der Club mit seiner lockeren Struktur hielt die Forderungen nach Verbindlichkeit so wenig aus wie die Aktionen von Oberspontis à la Fischer. Hasch-Konsumenten, amerikanische Deserteure und Aufbauwillige – jeder zog an einem anderen Strang, bis letztlich dann auch die Riege der Verantwortlichen aufgeben und den Club seinem eigenen Schicksal überlassen musste.

Aber das, was dort gewachsen war, war nicht von schlechten Eltern, auch wenn die ihr Kind im Regen stehen ließen. Gewissermaßen erntete das Sozialistische Zentrum also auch diese Früchte.

Es gab im SZ eine Gesundheitsgruppe, Ärzte, die gern vor oder hinter der Front in Vietnam gekämpft hätten, aufmüpfige Krankenschwestern, Angestellte. Es gab eine Mediengruppe, locker und vorsichtig, mit festen Ankern in Funk und Fernsehen, bei Nachrichtenredaktionen und den Zeitungen, in Staatstheatern, politischen Clubs und Jugendzentren auf dem Land.

Natürlich gab's eine Frauengruppe, kommunalpolitische Arbeitskreise, die im Parteifreien Bündnis mitwirkten – und viele der Aktiven tauchten irgendwann auch

Sauber bleiben für eine starke Gewerkschaft

als Bündnis-Kandidaten auf der Liste des populären und ehemaligen Bosch-Betriebsratsvorsitzenden Eugen Eberle auf. Es gab eine Gruppe »Betrieb und Gewerkschaft« mit alten Kontakten zum »express«, der (Offenbacher) Zeitung für Betriebs- und Gewerkschaftsarbeit.

163

An der Universität Stuttgart gab es noch vor der APO Kontakte und gemeinsame Projekte aus antimilitaristischen Zeiten, aus den Bewegungen wie »Kampf dem Atomtod« oder dem Ostermarsch. Es gab ein Arbeitsfeld Kirche, dessen Protagonisten wichtig waren bei der Basisorientierung der (evangelischen wie katholischen) Kirchentage. Es gab eine Sozialarbeitergruppe und linke Lehrer und ein Dutzend übergreifende Initiativen, wenn's konkret wurde. Und wir arbeiteten mit den politischen Emigranten aus aller Herren Länder zusammen.

In Stuttgart-Hohenheim gründete sich eine SZ-Hochschulgruppe, im SZ ein Arbeitsfeld Landwirtschaft/Agrarpolitik. Onno Poppinga war der zuverlässige Motor der Gruppe. Eine der ersten kritischen Publikationen war »Zur Sache«, eine Zeitung für Landjugendliche und Studenten. Der Wunsch nach Information aus diesem Bereich war groß – es entstand der Plakat-Bauernverlag, der neue Furchen zog und Ideen sammelte: Bauer, was nun? Monsanto, die Agrarsyndikate und Monopolisten hatten die Hohenheimer seinerzeit schärfer im Blick als heute.

Onno Poppinga hatte mich damals auf Chemie in Lebensmitteln hingewiesen und behauptet, dass das Gelbe im Ei durch entsprechende Zutaten in den Futtermitteln mehr oder weniger gelb sein könne – es war meine erste große Enttäuschung über den Bauernstand. Poppinga behauptete auch, es gäbe auf den ganz großen Hühnerfarmen richtige Mistschleudermaschinen, die in der Lage seien, Strohreste oder Hühnerkacke in feinster Dosierung auf die Eier zu bringen – und solcherart gepflegte Eier würden fünf Mal so oft gekauft wie ein stubenreines, blassgelbes und sauberes Hühnerei. Wer's glaubt!

Politische Arbeit hatte für mich immer ganz praktische Seiten, sonst war was faul an der Theorie.

Ein Beispiel: Auf dem Stuttgarter Killesberg organisierten wir mit dem »Kulturkomitee für ausländische Arbeitnehmer« das erste große Festival in der Republik: »Zu Gast bei Gastarbeitern«. Mit dem Festival wollten wir Brücken bauen zwischen und unter den Gastarbeitern, den

Arbeitsemigranten – und der deutschen Bevölkerung. Reden, Tanzen, Essen und Trinken – das ist Kultur. Unsere Initiativen waren von dem Gedanken getragen, dass man die da nicht in ihren isolierten Baracken oder Vierteln sitzen lassen durfte. Die da: Das waren oft Verfolgte, politische Flüchtlinge, Menschen, die ums tägliche Brot kämpfen mussten. Wir kannten die algerischen Flüchtlinge, die spanischen Kollegen, die wie wir das Franco-Regime hassten, Leute aus Portugal, griechische, türkische, jugoslawische Kolleginnen und Kollegen.

Die meisten Kontakte entstanden in den Betrieben, seltener in den Gewerkschaften, über Hausaufgabenhilfen wie den Spiel- und Lernclub oder das Infostüble in Cannstatt für die Kinder der Emigranten. Wir waren mit die Ersten mit internationalen Festen und Begegnungen und fünfsprachigen Einladungen und Fugblättern.

Die Hohenheimer Studierenden, wie die der Stuttgarter Uni auch, waren willkommene, engagierte und zu-

Zu Gast bei Gastarbeitern auf dem Killesberg. Mitte: Nina Hoss, Willi Hoss, Heidemarie Rohweder

verlässige Helfer – ob nun in selbst gebastelten Deutschkursen oder als Dolmetscher, als Wissenschaftler mit besonderen Kenntnissen, als Leute mit speziellen Zugängen zu speziellen Quellen, die uns verschlossen blieben.

Umgekehrt gab es an den Hochschulen und Universitäten selbst ja auch Stipendiaten, Assistenten, Studierende, Doktoranden, manchmal sogar Profs aus vieler Herren Länder – Afrikaner und Vietnamesen, Einzelgänger von den Kapverden, politische Flüchtlinge aus Lateinamerika – eine ideale Gemengelage für Diskussion, Solidarität, gegenseitige Informationen und Aufklärung. Wer glaubt schon Bertelsmann?

Dieses Sich-aufeinander-Beziehen, dieses Gewebe zwischen afrikanischer Küche, Büchertausch, Zimmersuche, Exotik, fremder Kultur, Sprachkurs, Liebe und politischem Engagement wurde (und wird) viel zu gering geschätzt – deshalb vor allem, weil es als solider Nährboden der Veränderung nicht erkannt wurde. Erst durch die Beziehungen von Mensch zu Mensch entsteht Vertrauen. Und erst so konnte in der Welt der Spitzel Verfolgten Schutz gewährt werden, konnten öffentlich für die Zweit- und Drittplatzierten im Lande Grundrechte eingefordert werden.

Vielleicht idealisiere ich ja zu sehr – aber der Arzt aus der Gesundheitsgruppe war da, konnte Unangemeldeten und Nicht-Versicherten Medikamente besorgen. Die ÖTV-Kollegin vom Wohnungsamt hatte ihr Ohr an der Not, die Genossen und Kollegen der Mediengruppe konnten Wissen, Nachrichten jenseits ihrer sonstigen Wege direkt an der Quelle zapfen und vermarkten – skandalisieren, die Öffentlichkeit mitunter alarmieren. Der türkische Bauer, der Gedichte schrieb, sang zur Saz und Elfriede servierte dazu schwäbische Maultaschen. Die Kinder von Mario, Vertrauensmann und Kandidat der Plakat-Gruppe, die aus der IG Metall ausgeschlossen wurde, lernten Deutsch wie ihre Mutter und hörten dem Türken zu und er war ihnen so unangenehm wie uns, der fremde Klang, aber das durfte man nicht sagen. Die Hohenheimer konnten mit den Kollegen aus den portugiesischen Dürregebieten über den richtigen Pflug und die richtige Furche fachsimpeln, und wie man das mit der Bewässerung hin- und den Diktator Salazar wegkriegt.

Dass der Willi Hoss, SZ-Urgestein und Daimler-Betriebsrat, für die Grünen im Bundestag und ausgetreten wegen Bomben auf Belgrad, Jahrzehnte später für die und mit den Indigenen in Amazonien solargetriebene Wasserpumpen aufbaut und Techno-Wissen aus dem Betrieb in den Urwald dirigiert, dass er vermitteln kann, wie Wasser gefiltert wird, dass die Frauen die alten Früchte wiederentdecken und um die Sauereien von Monsanto wissen – ja, dass die Umwelt bei uns und Amazonien zusammengehören, das kommt nicht von ungefähr, sondern von damals.

Nicht wenige der Kollegen beim Daimler waren ja Arbeiterbauern, und der Onno fand im Willi und der Willi im Onno und wir in beiden Gesprächspartner und gegenseitige Anreger. Die Hohenheimer wollten ja, wir wussten's, Bauern von morgen sein, Studierte auf unbelasteten Böden. Das Genossenschaften lag der alten wie der neuen Arbeiterbewegung nicht fern, hatte seinen Sinn auch fürs Landvolk lange schon.

Traugott Kappler, der Landwarenhändler aus Herrenberg, christlich engagiert und seit einiger Zeit beim lieben Gott in Pflege, den schleppte der Poppinga an – oder der Kappler den Poppinga – wer weiß das schon. Der Kappler bewies der Öffentlichkeit, dass man den Ausländern Wohnungen zum halben Preis vermieten und trotzdem verdienen konnte. Der Kappler wusste auch, wie beschissen es den portugiesischen Bauern ging und dass die keinen Pflug hatten und vielleicht Frau und Kinder als Ochsen, was weiß ich! Sie beschafften den Genossen der neuen Genossenschaften ausrangierte Pflüge und Eggen und Motorsägen (nicht von Stihl) und brachten all das über die Pyrenäen. So geht's.

Damals fanden wir auch heraus, wie schön es war, in der Normandie Urlaub zu machen. Das halbe SZ fuhr hin zu den aufsässigen Bauern – Lambert hieß der doch, richtig? Der hatte vorher in Hohenheim diskutiert, eingeladen von der Hochschulgruppe, zwar französisch, aber wenn einer so richtig auf Französisch loslegt, musst du nicht unbedingt auf die Übersetzung warten, um begeistert aufzuspringen – na ja, und dann eben mal hinzufahren und zu schauen: Bauerntheater in Frankreich, Straßenblockaden, Leute, die mit der Mistgabel in der Hand Wache standen. Das Pflaster voller Losungen und Polizisten, die sich verkrochen oder solidarisiert hatten. Es war fast so schön wie eine LPG.

Abgesehen von den aktuellen Lehren des Mai und wie und wer die Bewegungen verraten und verkauft hatte, es gab ja auch Besançon, die besetzte Uhrenfabrik, die weiter Uhren produzierte: Lip Lip Hurra! Legal? Illegal? Scheißegal. Wir verscheuerten die Uhren kofferraumweise in Stuttgart – sie trugen diese vergessene, lachende Sonne und die Aufschrift »Atomkraft? Nein danke!« Wir holten die Fabrikbesetzer zu Vorträgen, weil: Nur Solidarität und Uhrenkaufen war zu wenig. Nach zwei Monaten war's aus. Der Schretzmeier Werner vom Theaterhaus Stuttgart trägt heute noch seine Lip-Uhr – auch ein Genosse, obwohl er mal ne Weile in der SPD war.

Seinerzeit war er Redakteur beim SWR-Fernsehen, hatte SZ-Nähe und -Wärme wie Gudrun, seine Frau. Da lag's doch nahe, bei der Nähe, den Mann, der seine Redaktionsstube und seinen Sendeplatz zum Schrecken der Intendanz den Ideen der Jugendzentren geöffnet hatte, der neuen Jugendbewegung auch auf dem Land zur Verfügung zu stellen. Klar kam da eine Sendung zustande, frech und fesch und spritzig, ein ganz ungewöhnliches Thema – und eine hervorragende Sendezeit brachte hohe Einschaltquoten.

Die Medien nutzen, das kleine Netz ohne doppelten Boden zum Netzwerk spannen, verknüpfen, verkuppeln, verkoppeln, verbinden – der Onno war durch seine Herkunft (ein ostfriesischer Bauernsohn!), seine Überzeugungskunst und seine Dogmenferne der ideale Bote für eine neue Sache.

Hier Kulturschaffende, Filmemacher, Verlage, Fotografen, Journalisten, Autorinnen, Theaterleute, freie Gruppen – und da die Themen: Höfesterben, Bauernlegen, Widerstand auf dem Land in der NS-Zeit, Chemie in Lebensmitteln, oppositionelle Landjugend, Infrastruktur, Bauernsolidarität, Arbeiterbauern, Ausbeutung und Selbstausbeutung: Kabarett auf dem Land, Fernsehdokumentationen, Hörspiele, Features, ein Fotobuch über aussterbende Berufe. Es ging ums Politische, ums Vernetzen, Verbinden, Zuhören, um schwarz gebrannten Obstler, Sauenhaltung – und dass wir beim nächsten Schlachtfest auf den Hof kommen.

Bei unserer Arbeit mit Eugen Eberle und im SZ fiel uns vor allem das Fehlende in der Kommune auf – die Allmende, und dass das, was allen gehört, weniger wird: Demokratie und Kindergartenplätze, Nahverkehr und Kultur, Sozialleistungen und Gerechtigkeit. Auch fehlte es allenthalben an Kritik und Selbstkritik (und manches galt ja auch für uns), es fehlten Forschungen zur eigenen Geschichte zwischen 1933 bis 1945. Wer war wo im Widerstand und warum – und warum die anderen nicht? Warum überhaupt standen die anderen auf der anderen Seite? Wir suchten nach unseren kleinen Helden des Widerstands, die großen würden schon nicht vergessen werden. Onno Poppinga wusste als angehender Wissenschaftler, wie man an wen die richtigen Fragen stellt, so, dass man auch Antworten bekommt und keine faulen Ausreden. Da waren z. B. die »Männer von Brettheim«, einem hohenlohischen Dorf, die kurz vor Kriegsende hingerichtet worden waren und an die zu erinnern den Brettheimern schwerfiel. Einige Leute aus dem Dorf, darunter Bauer Hanselmann, hatten im April 1945 vier Hitlerjungen entwaffnet. Durch die Entwaffnung wollten sie verhindern, dass Brettheim noch im sinnlosen Kampf durch die Amerikaner zerstört würde. Hanselmann wurde zum Tode verurteilt. Wegen ihrer Weigerung, dieses Urteil zu unterschreiben, wurden auch Bürgermeister Gackstatter und Hauptlehrer Wolfmeyer wegen Wehrkraftzersetzung verurteilt und schließlich alle drei an den Friedhofslinden aufgehängt. Der erste (Fernseh-)Film dazu entstand im Netzwerk der Stuttgarter Linken in den frühen Siebzigerjahren.

1000 Kisten Äpfel vom Erzeuger direkt an den Verbraucher: Apfelaktion des SZ.

In diese Zeit fiel auch die Apfelaktion: Die Bauern der Umgebung bekamen für die 20-Kilo-Kiste Äpfel lächerliche vier Deutsche Mark – das billigste Angebot für Verbraucher lag bei 20 Mark pro Kiste. Den Hohenheimern war die Problematik bekannt – und die Organisationsmöglichkeiten plus Kreativität des Sozialistischen Zentrums mit seinen eigenen Räumlichkeiten.

Wir vereinbarten, den Bauern zehn Mark pro Kiste plus eine Mark Pfand zu zahlen, und warben im eigenen Kreis und der Nachbarschaft mit kleinen Handzetteln für die kistenweise Abnahme. Als der erste Bauer mit seinem PKW-Anhänger und großer Skepsis in die Neckarstraße 178 kam, wurde das Auto förmlich gestürmt. Die Ladung war in kurzer Zeit verkauft, wir brauchten einen zweiten, dritten und vierten Termin. Von da an kamen die Äpfel in LKW-Ladungen, und alle Bauern, die irgendwie mit der bäuerlichen Opposition zu tun hatten, lieferten bis in den Winter hinein.

Nicht nur das: Wir verteilten bei Daimler in Untertürkheim und Sindelfingen zusammen mit der oppositionellen »plakat«-Zeitung Flugblätter mit der Ankündigung, dass die Kollegen nach Feierabend Äpfel kaufen könnten – auch hier ein Ruck-Zuck-Abverkauf. Ob im gleichen oder im Folgejahr – ich weiß es nicht mehr –, hingen an unserem Apfelnetz mehr als ein Dutzend Verteilerstellen.

Der Gipfel der Aktion war, dass zwei Güterwaggons (!) nach Göttingen gingen. Im Göttinger Jungen Theater saß nämlich ein alter Freund aus Stuttgart, der über die Presse von den Äpfeln Wind bekommen hatte. Er war begeistert: »2000 Kisten, Peter!« Verkauft wurde ab Güterwaggon.

Das ganze Büro, ja, das Haus, die Straße duftete nach Äpfeln! Wir waren nun außerdem, was uns bisher nicht so ganz gelungen war, beliebte Nachbarn in der Neckarstraße 178. Und heute, 30, 40 Jahre später, gibt's dort Kaviar. Russen haben in der alten linken Bude einen Laden aufgemacht. Wer sagt's denn? Es geht voran! Geschichte wird gemacht!

Unsere Landwirte und Apfellieferanten erzählten von ihrem Alltag: Probleme mit der Interessenvertretung. Zu viel Arbeit, zu wenig Lohn. Preisverfall. Knechtschaft. Kaum Urlaub. Der Mann schafft im Winter beim Daimler, weil das Geld nicht langt.

Wie's denn nun mit dem politischen Engagement sei zu Hause? »Ja, also«, sagte uns ein Bauer, »wir mischen uns ein im Dorf!« (Jubel auf unserer Seite.)

»Wir lassen uns nichts gefallen!« (Begeisterung bei uns).

»Wir fordern ein Dorfgemeinschaftshaus mit Kindergarten.« (Wir schauten uns triumphierend um: Hatten wir's nicht geahnt?) Ein letzte, fast lauernde Frage wollten wir von unseren Besuchern noch beantwortet haben. Die Landwirte hatten ihre Mützen und Hüte aufbehalten, auf den Tischen gab's keine Ablagemöglichkeit, weil wir allerlei (leicht verständliche) Literatur für unsere Gäste ausgelegt hatten. Ob sie auch Gremienarbeit machten? Eine gewisse Verständnislosigkeit.

»Zum Beispiel Gemeinderat«, warf ich ein.

»Ha, logisch – aber mir send noch in der Opposition!« (Wie wir! Wir sahen uns glücklich an.)

»Aber nemme lang!« (Nicht mehr lange – wie wir!)

»Bei de nägschte Wahle knallt's!« (Wie bei uns!)

»Na hent mir die Mehrheit!« (Naja, nicht gerade wie bei uns, aber die Richtung stimmte.)

Ein wunderbarer Abend, fast eine Freundschaft Stadt – Land. Gegen 23 Uhr verließen sie uns – sie mussten ja früh raus. Eine allerletzte Frage – der Motor lief schon, wir hatten ans Autofenster geklopft. Wie denn ihre Opposition, ihre Wählervereinigung heiße?

»CDU.«

2013. Demnächst kommt wieder »der Bauer aus Unterregenbach« - gut Freund. Er verkauft vor allem Fleisch vom eigenen Hof an fünf bis zehn Stellen in Stuttgart, direkt aus dem Kühlwagen. Die Städter sind eingeladen zum Hofbesuch und zum Hoffest. In Brettheim haben inzwischen die Schulen einen Film gemacht über die Männer von Brettheim. Die Jugendzentren gibt's immer noch. Und das Wort Milchboykott Jahre später oder morgen verstehen jetzt alle.

Den Wein, den wir seinerzeit aus Okzitanien holten und in der Stadt verkauften zur Unterstützung der Leute dort, den gibt's auch noch. Wir wissen halbwegs Bescheid über Chemie in Lebensmitteln, wir werden hellhörig, wenn wir »Monsanto« hören.

Bei den großen Aktionen der Bauern in Stuttgart letzthin gegen Gentechnik waren wir dabei. Wir haben die grüne Kiste abonniert, wir wissen, warum die Bienen der Imker verrecken und in Indien die Bauern sich tausendstückweise aufhängen.

Gerd Rathgeb, früher Daimler-Betriebsrat, ist seit Jahren und heute mit einem großen Freundeskreis für Amazonien unterwegs: »Poema«, ein Projekt, da uns in die Verantwortung nimmt, für Urwald und Umwelt, Armut und die Leidenden. Poema erhielt hat 2008 den Stuttgarter Friedenspreis der AnStifter.

Inzwischen machen wir Urlaub auf dem Bauernhof, freuen uns, wenn irgendwo bei McDonalds etwas anbrennt, gehen auf die Festivals »Rock for Nature« auf der großen Wiese bei Schwäbisch Hall. Einer von den Unseren hat's mitorganisiert.

Onno ist schuld. Na gut, nicht alleine.

Denkzettel 5

Als Schriftsetzer, Drucker und Plakatkleber kann ich auf eine langjährige Erfahrung mit der Justiz zurückblicken, wie erfreulich! 1964 druckte ich im Auftrag von Franz Böckelmann, Günter Maschke und Dieter Kunzelmann für die aus der Gruppe SPUR hervorgegangene »Subversive Aktion« das Plakat »Botschaft an die Lämmer des Herrn«. In Berlin saß Rudi Dutschke im Herausgeberkreis. Es war eine sehr anspruchsvolle Botschaft, die ich kaum verstand. Und sicher haben sie auch die wenigsten Katholiken verstanden.

Die »Botschaft« wird 1964 in Stuttgart zum 80. Deutschen Katholikentag an Türen, Fenster und Säulen etlicher Kirchen geklebt, zudem werden Flugblätter mit dem Titel »Grußbotschaft« unter dem Namen »Laienbrüderschaft Licht in der Welt« verteilt. Kritisiert werden unter anderem Ware und Konsum als die tatsächlichen Götter der Gesellschaft: »Die neue Menschlichkeit, die neue Hoffnung und die neue Erlösung des Menschen«, so die Botschaft, »liegen im Kampf gegen die Herrschaft der zum Selbstzweck gewordenen Produktion, die die fundamentalen Beziehungen des Menschen zur Welt und zu seinem Nächsten verstümmelt und ausbeutet.«[4] Viere werden erwischt und wegen des »Verdachts der Gotteslästerung« in Untersuchungshaft genommen. Dann folgt ein Verfahren wegen »Geheimbündelei«. Die Höhe des Schadens? Die Justiz schätzt: zwischen 16 000 und 20 000 D-Mark. Wir gründen die »Republikanische Verlagsgesellschaft«, wollen Druck machen, Geld verdienen, um den Gotteslästerern beizustehen. Die erste Veröffentlichung von Aufsätzen Bernd Rabehls, Rolf Schwendters, Franz Böckelmanns, Manfred Essers und Albrecht Goeschels erscheint: »Thesen zum Selbstverständnis der antiautoritären Opposition«.

Die »Sozialistische Zeitschrift für Kunst und Gesellschaft« war das zweite Produkt in meinem »Republikanischen Verlag« (1. Jahrgang 1970) und sollte sechsmal im Jahr erscheinen, zum Redaktionskreis gehörten Andreas Bodenhöfer, Wolfgang Hamm, Stefan Paul und Dieter Albrecht (später: albrecht/D). Nach acht Heften war's aus – und mein Kässle leer.

Im Oktober 1968 erschien die erste Ausgabe von »plakat«, ein jeweils einzelner DIN-A-2-Druck: Vorn eine plakative Grafik, hinten Texte. Herausgeben wurde »plakat« von einem offenen Kollektiv, das sich »Projektgruppe Presse und Information in der Stuttgarter APO« nannte. Der knapp 40-köpfigen Gruppe gehörten Studenten, Lehrlinge, Arbeiter und Angestellte an, die sich in der Sozialistischen und der Naturfreundejugend, im Club Voltaire, in der Republikanischen Rechtshilfe, dem SDS, in den Kampagnen gegen die Notstandsgesetze oder bei den Ostermärschen engagieren, und ich, der Mann mit Familie, Postadresse und presserechtlicher Verantwortung.

Den Grund für den Zusammenschluss lieferte der Tod von Benno Ohnesorg 1967 und die Oster-Krawalle 1968 nach dem Attentat auf

---

4   Fritz Lamm: Christus als Standuhr. Ausgewählte religions- & gesellschaftskritische Texte, 1998. Hrsg. von Marvin Chlada (www.chlada.de).

Rudi Dutschke. Agitation und Information – Gegenöffentlichkeit war das Gebot der Stunde.

Freilich wurden von uns nicht nur zweiseitig bedruckte Plakate vertrieben – auch klassische, einseitig bedruckte Poster waren darunter.

Frühe Bahnkritik von Jürgen Holtfreter und Ulrich Bernhardt.

Das berühmteste unter diesen Postern und Plakaten stellte ohne Zweifel die von Ulrich Bernhardt und Jürgen Holtfreter für den SDS entworfene Fotomontage »Alle reden vom Wetter – wir nicht« dar, die den Werbeslogan der Deutschen Bahn mit den Köpfen von Marx, Engels und Lenin verband. Jürgen Holtfreter stand lange Zeit im Club Voltaire an der Theke und war unser Spiritus Rector. Hunderte von Fotocollagen, oft im Stil von John Heartfield oder Klaus Staeck, entstanden damals, Buchumschläge für Johannes Agnoli, Rudi Dutschke, Gebrauchsgrafik, Plakate. Ein Verlust, als er nach Berlin ging – aber er war unser Kontaktmann zu Rudi und Gretchen Dutschke, zur Freien Universität, der neuen Linken und den Künstlern der eingekesselten Hauptstadt.

Auch gegen die »Projektgruppe Presse und Information« werden Ermittlungsverfahren eingeleitet. So z. B. im Falle des Plakats »Ein Mann hat seine festen Freunde«, auf dem Bundeskanzler Kiesinger zwischen Hitler und Franco zu sehen ist, oder im Falle des Plakats »Deutsche Bank«, das den Kopf des Vorstandssprechers der Deutschen Bank AG, Hermann Josef Abs, über einer Parkbank zeigt, auf der die Nazis das Schild »Nur für Arier« angebracht hatten. Die Bekanntschaft mit dem Staatsanwalt zeigte ja immer wieder einen Treffer an und versetzte uns alle in eine diebische Freude. Was würde passieren?

Naja, im Falle der Hitler-Franco-Kiesinger-Collage klingelte es Sturm zu Hause. Wir wohnten damals in Fellbach, die halbe Verwandtschaft war auf Besuch da. Wer war's? Die Polizei, ausgerechnet!

Und mit ordentlichem Durchsuchungsbefehl – denn ich war auch hier der presserechtlich Verantwortliche. Ich war ein Leben lang der presserechtlich Verantwortliche, ich werd's auch über den Tod hinaus sein! Die Verwandtschaft war etwas konsterniert. Meine Frau bot Kaffee an, während ich die Herren in Uniform vom Wohnzimmer in die Küche und von da ins Kinderzimmer führte. Dort zeigte ich aufs Babybettchen: »Da sind sie!« Der Scherz gefiel ihnen, sie lachten übers ganze Gesicht. Im Schlafzimmer lupften sie die Matratzen, öffneten die Schränke und hinterließen alles viel ordentlicher als vorher, als sie sich unverrichteter Dinge verabschiedeten. Die 500 Plakate unter der Matratze im Kinderbettchen ließen sie da.

Im Falle der Deutschen Bank verging mir allerdings das Lachen. Eine der ganz großen Frankfurter Anwaltskanzleien hatte die Vernichtung der gedruckten Plakate und der Druckstöcke sowie meine persönliche Erklärung verlangt, nie mehr im Leben etwas Schlechtes über die Deutsche Bank zu verbreiten. Ich habe mich daran gehalten und von da an, wo immer es möglich war, nur Tatsachen verkündet. Ach, übrigens: So ganz wohl war mir bei solchen Sachen nicht. Immerhin wurde nämlich widrigenfalls eine Art Vertragsstrafe fällig. 50 000 Mark. Aber wohl deutlich weniger, als die Deutsche Bank für die Nazis ausgegeben hatte.

»plakat« erschien meist monatlich und wurde – je nach Thema – von verschiedenen Leuten redaktionell betreut. Ich publizierte Plakate zum Paragraphen 218, zur Kriegsdienstverweigerung, für die Kinderladenbewegung oder zum Putsch in Griechenland und der Türkei, die

Multikulti, links und lustig: Plakatgruppe mit offenem Visier.

auch im Abo bezogen oder in linken Buchläden gekauft werden konnten. Wenn die Motive scharf genug waren, war unser »plakat« ideal als Wandzeitung geeignet. Ich war gern mit dem Kleistertopf unterwegs. Der stand im Kofferraum meines R4, und bei jeder guten Gelegenheit rechts ran, Heckklappe auf, Pinsel in den Leimtopp, und ratzfatz hing mein Plakat. Nach nicht einmal zwei Minuten saß ich wieder am Steuer. Bei allen halbwegs interessanten öffentlichen Veranstaltungen, von großen Festivals bis zur Frankfurter Buchmesse, bei Demonstrationen, Kongressen und Kundgebungen boten wir »plakat« im Straßenverkauf an. Für 50 Pfennig das Stück. Am besten liefen immer die verbotenen Plakate.

Später entstand »plakat« für die Beschäftigten bei Daimler-Benz, nach einer Idee von Willi Hoss, Hermann Mühleisen und Mario d'Andrea. Die erste Nummer war heiß – sie zeigte eine barbusige, ja vollbusige Blondine. Wir waren uns sicher, das Motiv würde ab sofort in jedem Spind hängen, samt der dicken Bildunterschrift:»Wir werden beschissen – sie ist ehrlicher.«

Aus Angst vor Repressionen oder Kündigungen verteilten wir das Machwerk – die wahren Hintermänner blieben selbstverständlich im Dunkeln, wie es sich gehört. Klar, alle wussten, im Betrieb und drumherum, dass hinter der ganzen Sache »der Hoss und seine kommunistische Volkstanzgruppe« standen, wie ein Betriebsrat der IG Metall etwas hämisch bemerkte. Die Informationen, die Hinweise auf Missstände am Arbeitsplatz, auf verletzte Rechte waren zu punktgenau – sie konnten nur von Insidern und aus dem Betrieb selbst kommen, und die kannte man ja. Fürs Verteilen mussten wir früh raus, weil wir – zuverlässig! – zwischen halb fünf und fünf morgens, noch vor Schichtbeginn, vor den Toren sein sollten. In unseren besten Zeiten organisierten wir die Verteilung vor allen Toren der Daimler-Betriebe in Cannstatt, Untertürkheim, Obertürkheim, Hedelfingen und Mettingen und brachten drei- bis fünftausend mehrsprachige Zeitungen unter die Leute.

Geklappt hat das mit der Pünktlichkeit nicht immer – aber all die Jahre ging das Ding weg wie warme Semmeln. Wir zwinkerten uns zu, wenn die S-Bahn wieder ein paar hundert Kollegen ausspuckte, die dann zielgerichtet auf uns zuströmten – und unsere Konkurrenten von den Studentenparteien links liegen ließen.

Um sieben waren wir fertig. Wer auf Arbeit musste, hastete davon – die anderen freuten sich aufs gemeinsame Bett, frische Brezeln oder einen fetten Leberkäswecken. Spätestens am Abend kam dann auch das Echo aus dem Betrieb:»Gut gemacht, danke!«, oder auch:»Am Mettinger Tor stand aber um sechse garantiert noch niemand! Das ist doch Mist, Leute!«

Das Daimler-»plakat« war ein gelungener Versuch, die von den etablierten Betriebsräten proklamierte»Sozialpartnerschaft« zu stören, mehr betriebliche Öffentlichkeit herzustellen und demokratische Strukturen in Betrieb und Gewerkschaft zu fördern.

Für die erste Nummer mit der blonden Mieze gab's einige Kritik, aber als Sinnbild für Freiheit und Demokratie ist ein entblößter Busen in der Geschichte linker Ikonographie (etwa in der Französischen Revolution oder der Pariser Kommune) keineswegs neu, sondern stellt weit mehr eine traditionelle»Waffe der Kritik« dar, wenn es darum geht,»nackte Wahrheit«, die immer auch erotische und utopische Qualitäten besitzt, unters Volk zu bringen[5]. So symbolisiert die nackte Brust z. B. das Aufbegehren der»wilden« Natur gegen ihre Domestizierung durch die kapitalistische»Zivilisation«[6].

Wir versuchten die Eroberung der Macht später noch mit einem»plakat« für die Uni, einem

Vorbild für ca. 30 VolksBlätter bundesweit.

»VolksBlatt«, das wir den Kölner Freunden Jochen und Martin Stankowski und Ivo Rohde aus dem DruckBetrieb nachempfunden hatten

---

5   Gegenwärtig ist dieses Zeichen des Protestes durch Femen-Aktivistinnen wieder in aller Munde.

6   Vgl. Marvin Chlada: Dialektik des Dekolletés. Zur kritischen Theorie der Oberweite, Aschaffenburg 2006, S. 86–94.

und das das Parteifreie Bündnis unterstützte. Raubdrucke, Broschüren zu aktuellen Themen, Plakate, Thesenhefte – alles, was das lockere linke Herz so begehrte, was ernsthaft genug war, publizierte ich. Entweder druckte ich selbst oder Ulf Baumgärtner stand an einer ollen Offsetnudel oder wir ließen drucken und vertrauten darauf, wie heute auch, dass es letztlich immer wieder genügend Menschen gibt, die unsere Arbeit finanziell unterstützen. Geschichten um dieses Kollektiv hat Manfred Esser schließlich in seinen legendären Ostend-Roman einfließen lassen, der 1978 im Frankfurter März-Verlag erschienen ist. »plakat« war eine gute Schule. Als es die Zeitung längst nicht mehr gab, warnte ich 1985: »Die Chinesen kommen!« Das Stuttgarter Theaterhaus war da, ich konnte wieder plakatieren: Kleistereimer, Kofferraum. »Die Chinesen kommen!« warb für die Auftritte von Handpuppenspielern aus dem Roten China, die neben dem »Ersten Wangener Hypotheken- und Wechselball« das Programm des Theaterhauses eröffneten. Das Plakat war knallgelb, mehr als chinesengelb, und die »Drohung« klar und unmissverständlich. Das Plakat klebte etwa 2000 Mal im ganzen Stadtgebiet. Illegal. Schwarz. Wild. Erfolg versprechend.

Denkzettel 6

Und privat? Das Private wurde unübersehbar und nicht nur gefühlt politisch!

Aus der Kinderladenbewegung heraus wurde im Herbst 1967 in Stuttgart die erste Eltern-Kind-Gruppe gegründet. Bis Anfang der Siebzigerjahre wuchs deren Zahl schnell auf zehn an. Fehlende Kinderbetreuungsplätze und die Motivation, bei der Entwicklung von pädagogischen Konzepten und organisatorischen Rahmenbedingungen mitwirken zu können, führten bis heute zu vielen weiteren Neugründungen der so genannten Kinderläden. Die Eltern schlossen sich in gemeinnützigen Vereinen zusammen. Alle Arbeiten wie kochen, putzen, einkaufen, renovieren und Verwaltungsarbeiten etc. liegen in ihrer Verantwortung.

Zur Entstehungsgeschichte des »Kinderladens Eierstraße e.v.« ein Interview, das Kinder von damals mit Eltern von damals führten, 40 Jahre später:

Was hat Sie im Jahr 1970 bewogen, zusammen mit anderen Eltern den Kinderladen Eierstraße zu gründen? Wollten Sie etwas verkaufen und, wenn ja, was und zu welchem Preis?

Ragnhild: Verkaufen wollten wir im Kinderladen nichts, wenn schon solche Kategorien benutzt werden sollen, dann haben wir im Kinderladen eher etwas einge-kauft: Eine faire, nicht autoritä-re Erziehung in der Gruppe für unsere Kinder. Dafür waren wir bereit, einen hohen »Preis« zu bezahlen: Wöchentliche Eltern-abende mit endlosen Diskus-sionen und schlafreduzierten Nächten, wöchentlicher Eltern-dienst, weite Anfahrtswege, hö-here Kosten als im »normalen« Kindergarten, Putzdienst, Geld-beschaffung, Hausbesetzung,

Inzwischen größer:
Unsere Söhne Kolja (oben) und Einar.

Verhandlungen mit Stadt und Land etc. Der Gründungskinderladen befand sich übrigens tatsächlich in einem ehemaligen Frisörladen am Neckartor, dort, wo heute das ADAC-Gebäude steht.

Peter: In den Räumen am Neckartor war es eng und muffig, und wir sind ins Eiernest gezogen. Unsere Motive waren sicherlich unterschied-lich. Zunächst waren Kindergartenplätze knapp, manchmal überhaupt nicht verfügbar. Also Selbsthilfe! Zweitens wollten wir mit- und selbst bestimmen, wie und von wem unsere Kinder »erzogen« und betreut werden. Einen großen Teil der Kosten mussten wir selbst aufbringen. Es gab anfangs keine Unterstützung durch die Stadt.

Haben sich Ihre Wünsche und Erwartungen, die für Sie mit Ihrer Kinderladen-Zeit verbunden waren, erfüllt?

179

Ragnhild: Ja – eigentlich möchte ich das so stehen lassen, denn es ging uns ja um die aktuelle Praxis mit den Kindern. Wir hatten, glaube ich, nicht die Erwartung, dass unsere Kinder durch den Kinderladen besonders toll werden oder so. Die aktuelle Praxis haben wir selbst mitbestimmt über die Elternabende und den Elterndienst, und die war gut.

Peter: Na ja – es hat sich ja, bei allen Differenzen und Meinungsunterschieden, eine tolle Gemeinschaft gebildet unter den Eltern: Anzupacken, zu diskutieren, neu zu lernen, Erfahrungen auszutauschen, sich einzumischen in die Gesellschaft.

Gab es in diesem Zusammenhang Ereignisse, die einen wesentlichen Einfluss auf ihr heutiges Leben genommen haben?

Peter: Es war eine spannende Zeit voller Aufbrüche und Umbrüche, voller Konflikte im Lande und zu Hause. Eine Zeitlang war z. B. ein Sohn von Gretchen und Rudi Dutschke in unserem Kinderladen, nach dem Mordanschlag auf Rudi.

Ragnhild: Wir haben mit Peters Familie und anderen Kinderladen-Eltern eine Wohngemeinschaft gegründet, in deren verbliebenem Rest wir heute noch leben.

Sie haben in den 1970ern als Kind die Einrichtung besucht. Was ist Ihnen besonders in Erinnerung geblieben?

Einar: Ich war in zwei Kinderläden – a) Klugestraße und b) Neckarstraße (der später in die Eierstraße umzog). Es gab jede Menge Spielzeug für alle, es war eine angenehme und herzliche Atmosphäre, man konnte sich frei bewegen. Das war ein großer Unterschied zum klassischen Kindergarten, der sehr viel strengere Regeln hatte und viel mit Verboten gearbeitet hat (zumindest in dieser Zeit). Schön war für mich das zwanglose Miteinander verschiedener Charaktere und die Gleichberechtigung zwischen Erziehern und Kindern. Auch zu den Eltern konnte man immer kommen: Sie haben einem alles erklärt und immer versucht, allen Kindern gerecht zu werden. Es war ein freundschaftliches Verhältnis ohne Zwang oder Angst. Das hat mich zu einem aufgeschlossenen und unkomplizierten Menschen heranwachsen lassen.

Margarete: Ich habe den Kinderladen tatsächlich erst in den Achtzigerjahren besucht – was mir besonders in Erinnerung geblieben ist, ist die gute Atmosphäre. Der Kinderladen bot mir eine große Sicherheit, so akzeptiert und willkommen geheißen zu werden, wie ich bin. Es wurden keine großen Erwartungen gestellt, sondern es wurde uns viel Freiraum geboten, in dem wir uns sehr frei entfalten konnten. Im Nachhinein weiß ich auch besonders die enge Zusammenarbeit zwischen Eltern und Erzieherinnen sehr zu schätzen.

Würden Sie sagen, Ihre Kinderladen-Kindheit hat Ihr Leben bereichert?

Einar: Auf jeden Fall. Ich hatte ja auch den Vergleich zum »normalen« Kindergarten. Es war aber auch praktisch, dass die Hälfte der Beteiligten zusammen in einer WG gewohnt haben. Das hat die Leute automatisch zusammengebracht – und für mich als Kind waren es fast schon paradiesische Zustände.

Margarete: Bestimmt hat die Kinderladenzeit mein Leben bereichert. Allerdings fehlt mir der Vergleich zu einem »normalen« Kindergarten der damaligen Zeit. Auf jeden Fall hat der Kinderladen zu einer Kindheit beigetragen, die von Zufriedenheit und Freiheit geprägt war.

Was wünschen Sie dem Kinderladen Eierstraße für die Zukunft?

Ragnhild: Weniger Diskussionen um (Vor)Worte … und viel Lust und Fantasie und Humor im Zusammensein mit den Kindern und im Umgang der Eltern und Erzieher untereinander.

Peter: …

Einar: In erster Linie genug Eltern, Kinder und Erzieher, die von diesem Modell überzeugt sind und den Geist dieser Idee weitertragen.

Margarete: Weiterhin viel Vertrauen in die Kinder und ihre großartige Fähigkeit, sich so zu entwickeln, wie sie das brauchen – und dass es den Eltern und Erzieherinnen gelingt, den Kindern dafür die Freiheit zu gewähren.

Scherz: Vorerst keinen Ladenschluss.

Keks: Ladendiebe, die immer gut kauen und nichts klauen.

Herzlichen Dank!

Nachtrag:

Die Andersdenkenden und Radikalen von einst sind inzwischen Justiz- oder Außenminister geworden oder in der Vorstandsetage vom Daimler gelandet, wurden Oberbürgermeister in Schwäbisch Gmünd oder IG-Metall-Vorsitzender in Frankfurt. Alle weg. Bis auf Fritz. Ich bin gespannt. Die Kinderladenkinder sind groß und unsere Extremisten von einst sitzen in der Regierung. Schall und Rauch. Viele Jahre später haben wir immer noch nicht gewonnen.

Die Internationale

Der Arraber isst Fellaffel
Der Deutsche lieber Karttoffel
Der Tommy mag gern Fisch und Schips
Der Deutsche kriegt davon n Schwips
Der Ami ißt sich kugelrund
Der Deutsche an sich ißt gesund
Der Moslem meidet Alkohol
Der Deutsche kriegt den Hals nie vol

Kapitel V

1977

✤ Freie Wahlen in Spanien nach dem Tod des verehrten Führers Franco.

✤ Ernst Bloch gestorben und H. M. Schleyer entführt.

✤ *Erfolgreicher Brandanschlag auf die Grohmann'sche Wohnung in der Kernerstraße – Verlust aller Habe.*

✤ Die RAF ermordet Generalbundesanwalt Buback, Bankier Ponto, Arbeitgeberpräsident Schleyer und sich dann selbst.

1978

✤ An Skandale erinnern wir uns am liebsten: Wissen Sie, damals, als die Betriebsratswahlen beim Daimler gefälscht wurden? Bei der Wahl-Wiederholung erhielt die Plakat-Gruppe Hoss-Mühleisen-d'Andrea dann 39,2 Prozent der Stimmen.

✤ Auch in Österreich: Volksabstimmung gegen Atomkraft.

1979

✤ Rudolf Bahro wird aus der DDR ausgewiesen.

✤ 100 000 Menschen protestieren: Ein riesiger Treck von Gorleben nach Hannover.

✤ Die Grünen kommen und der Nato-Doppelbeschluss – da war doch noch was? Richtig: der SPD-Parteitag stimmt für den Ausbau der Atomenergie.

✤ Am 24. Dezember stirbt Rudi Dutschke an den Spätfolgen des Attentats.

1980

✤ Die »Freie Republik Wendland« von der Polizei geräumt.

✤ Bei der Wahl erhalten die CDU/CSU 44,5, die SPD 42,9 und die Grünen 1,5 Prozent.

1981

✤ Eine ganz große Großdemo gegen Atomkraftwerke in Brokdorf. Kriegsrecht in Polen.

✤ Im roten Okt. demonstrieren 350 000 Menschen im Bonner Hofgarten.

✤ Charles heiratet Diana trotzdem.

AKW nein danke, Menschenkette, Mutlangen – die Umwelt lässt schön grüßen 1977 bis 1987

1982

❖ Jetzt sind's schon 400 000, die auf die Straße gehen gegen Ronald Reagan.

1983

❖ Organisieren die Chaoten eine Menschenkette von Ulm nach Stuttgart mit 220 000 Teilnehmenden.

❖ Der Bundestag stationiert Mittelstreckenraketen.

❖ Die CDU/CSU erhält 48,8 Prozent der Stimmen, die SPD 38,2 und die Grünen 5,6. Was machen wir falsch.

❖ Adolf Hitler veröffentlicht überraschend seine Tagebücher.

1984

❖ Flick-Affäre: Republikbestechung.

❖ Giftgas-Katastrophe bei Union Carbide in Bhopal/Indien. 7000 Tote. Etwa 80 Prozent der 25 000 Verletzten warten heute noch auf Entschädigung: Viele warten schon im Himmel.

❖ Es sterben allein in Äthiopien monatlich 20 000 Kinder. Etwas übertrieben, finden Sie nicht?

1985

❖ Gorbatschow wird Generalsekretär der KPdSU, *und das Theaterhaus steht in Stuttgart-Wangen.*

❖ 5000 Menschen besetzen den Bauplatz der atomaren Wiederaufbereitungsanlage in Wackersdorf.

❖ Das Frostschutzmittel Glykol gelangt in die Prädikatweine.

❖ Der erste Smogalarm regt die Leute weniger auf als Joschka Fischer in Turnschuhen.

1986

❖ Tschernobyl. Alles rechnet in Becquerel – 20 Jahre später sind die Maronenröhrlinge aus dem Welzheimer Wald immer noch mit mehr als 1000 Becquerel belastet. Grenzwert: 600.

❖ Glasnost und Perestroika: Gorbatschow fordert Rede-, Meinungs- und Pressefreiheit.

Denkzettel 1

Für unsere beiden Buben, Einar (* 1964) und Kolja (* 1967), fanden wir keinen Platz in einem städtischen Kindergarten. Vielen Eltern ging es ähnlich. Wir wohnten damals in der Kernerstraße 49, hatten ein offenes Haus und dünne Wände und, bei unserer Methode der Nicht-Erziehung, gehörigen Ärger mit all denen, die über, unter und neben uns wohnten. Deshalb taten wir uns mit anderen Eltern aus der Nachbarschaft und Freunden, denen es ähnlich ging, zusammen und gründeten einen der ersten Kinderläden in Stuttgart – am Neckartor, fast Nachbarschaft, in einem alten Frisörsalon. An der gemeinsamen Erziehung und Betreuung unserer Kinder beteiligten wir uns – so der

Repräsentanten der neueren Geschichte.

Beschluss –, ob Vater oder Mutter, alle mussten mit ran, um neben einer antiautoritären Kindergärtnerin möglichst viele verschiedene Bezugspersonen für unsere Jüngsten zu haben.

Mit den Zuschüssen von der Stadt sah es mau aus. Wir mussten selbst bauen, zimmern, malen, tapezieren. In jenen Jahren lebten auch Peter und Jochen Stankowski mit ihren Familien und Kindern in Stuttgart. Der Arzt und der Grafiker waren ausgesprochen praktische Menschen, die wussten, wo Nägel einzuschlagen waren. Jochen war die rechte Hand des Grafikers, Malers und Fotografen Anton Stankowski und letztlich dessen Schüler und Nachfolger. Die Sippschaft der Jüngeren machte später Köln unsicher.

Mitte der Siebzigerjahre kannten sich die Eltern inzwischen so gut, dass einige beschlossen, sich einen anderen Traum zu erfüllen – das eigene Haus fürs gemeinsame Wohnen. Wir fanden ein mehrstöckiges Gebäude mit kleinem Garten in der Kernerstr. 31, also ein paar Häuser weiter, warfen alle unser Geld in einen gemeinsamen Topf und kauften.

Freilich – wir selbst hatten nicht viel zu werfen, aber Friedrich Neunhöffer, einer der Väter der WG, war ein Finanz- und Vertragsgenie. Denn unabhängig von der finanziellen Einlage solle, musste ja jedes WG-Mitglied gleichberechtigt sein. Und was, wenn einem nach etlicher Zeit die Nase des anderen nicht mehr passte, wenn's Streit gab oder Liebeskummer? Ein Modell musste her, bei dem jede und jeder seiner Wege ziehen konnte, ohne das Gesamtkunstwerk der Wohngemeinschaft in den Abgrund zu stürzen.

Neben Friedrich saß seine Frau Ragnhild mit im Boot, Inge und Jochen Neidhardt, Sybille und Emil Groß, meine erste Frau Herta und ich. Und insgesamt zehn Kinder, die (fast) alle in den Kinderladen gingen. Die große Küche, ein Esszimmer und das Wohnzimmer wurden gemeinsam genutzt, Kinder und Erwachsene hatten jeweils ihre Zimmer in den fünf Stockwerken. Das Haus lag am Hang, und der kleine, schmale Garten war über einen eisernen Steg aus »unserem« ersten Stock zu erreichen.

Ein ganzes Haus für uns! Und unten das Frauenzentrum! Und insgesamt sechs Stockwerke für die vier Familien – in den besten Zeiten waren wir acht Erwachsene und zwölf Kinder. Allesamt waren wir arbeitsam und gut beschäftigt, nicht nur mit dem Kindermachen, sondern auch mit dem Geldverdienen. Und auch das, was man verdiente, kam (bis auf den kleineren Rest fürs Persönliche) in einen großen Topf. Etliche von uns waren gut bestallt, alles andere als Tagediebe, und so konnte die Betreuung der Kinder auch nach Feierabend fortgesetzt werden – der Anteil an freier Zeit für die Eltern wurde größer. Und nicht nur das.

Die Wohn- und Lebensgemeinschaft ermöglichte mir damals, den sicheren Job als Redakteur und Werbefuzzi im Sparkassenverlag aufzugeben und mich ganz der politischen und kulturellen Arbeit zu widmen: als Sekretär des Sozialistischen Zentrums. Nicht dass Sie jetzt erschrecken – im SZ sammelten sich alles andere als parteitreue Mitläufer, sondern eher die parteifreien, kritischen und weltoffenen Menschen, alle und irgendwie links, auf jeden Fall: autonom, und häufig im Hader mit den klassischen Organisationen.

Mein Lohn war ehrlich und bescheiden, und ich hatte sogar einen Aufkleber für ähnlich gelagerte Fälle entwickelt: »Ohne das Gehalt der

Frau bist Du nur ne arme Sau.« Kleiner Lohn – mit großem Risiko, dass er mal ausblieb! Aber da der Hauptteil meiner Einkünfte eh ins Wohngemeinschaftskässle floss, war das nicht tragisch. Fast alle anderen verdienten so, dass niemand hungern musste – das war ein Leben lang meine größte Sorge.

In der WG hatten wir nun auch nicht mehr acht Autos, sondern nur noch zwei, nicht mehr vier Waschmaschinen, sondern nur noch eine, nicht mehr sechs Fahrräder – und die Kinder hatten, etwas übertrieben gesagt, nicht mehr zwei Eltern, sondern acht.

Das Haus in der Kernerstraße samt Wohngemeinschaft steht noch. Die Kinder sind größer geworden, der eine hat sich vom anderen getrennt. 40 Jahre. Mir Schwobe werdet erscht mit 40 gscheit, die andere net in Ewigkeit. Immer dieses Anbiedern!

Denkzettel 2

Kernerstraße 31. Irgendwann im Mai '77 wachte ich mitten in der Nacht durch einen markerschütternden Schrei auf. Ich fuhr in die Höhe und rannte nackt auf den Flur: Die Wohnung brannte, und voller Panik irrte mir ein brennender Mann entgegen, kam aus dem Kinderzimmer, schreiend, fuchtelnd, rannte zurück, als er mich sah, machte abermals kehrt und sprang schließlich durch die verglaste Wohnungstür vom Flur kopfüber ins Treppenhaus. Ich wusste, schlaftrunken, im ersten Augenblick überhaupt nicht, was hier los war. Der Mann rappelte sich auf, flüchtete, und ich ihm nach, nackt und doof.

Der Brandstifter war über den Gartensteg in unsere Wohnetage gelangt und hatte an mehreren Stellen Feuer gelegt, auch im Kinderzimmer, in dem Einar und Kolja schliefen. Als er wieder rauswollte über den Garten, ist ihm eine schmelzende Perlongardine aufs Gesicht gefallen. Er schrie wie am Spieß.

Es brannte lichterloh, alles lief kopflos durcheinander, die Kinder und meine Frau standen zitternd und weinend vor dem Haus wie alle anderen auch, die Feuerwehr war alarmiert, und ich versuchte, wohl mit Hilfe der anderen, irgendwie zu löschen, riss Schränke auf, suchte nach wichtigen Papieren, Geburtsurkunden, warf den guten Anzug aus dem Fenster – dümmer geht's nicht –, rannte durch die Wohnung, hustete, keuchte, bekam kaum Luft, bis mich ein Feuerwehrmann packte, mir eine Decke überwarf und mich zu einem Rotkreuzwagen brachte. Es war morgens kurz nach drei Uhr, eine ideale Zeit für Brandstifter, wie mir mein Freund Dieter Frießem, Nervenarzt im Bürgerhospital, bestätigte.

Ich will das Elend nicht länger ausmalen – rein körperlich war niemandem im Haus etwas passiert, aber die Seele hatte bei uns allen eine kräftige Scharte weg. Hab und Gut und der

Immer noch.

gute Anzug vernichtet, ich hatte ihn seit Jahren nicht getragen, wer trägt schon einen guten Anzug. Aber bei Beerdigungen! Meine Mutter hatte mir immer wieder eingebläut, »bei Beerdigungen brauchste was Verninftiges. Und überhaupt, wiedewieda rumläufst, könntsdamal die Haare kämm', wie das wieder aussieht, du musst a bissel was uff dich geben, Junge ...«

Meerschweinchen, Archiv, Möbel, Geburtsurkunde, guter Anzug – alles futschikato.

Die Mutter: »Nich amal versichert warn se! Mein Mann, der Erich, hat nur gesagt: Tipisch Peta.«

Renate und Hemme Volk hatten die Feuerwehr gehört im Morgengrauen und oben vom Küchenbalkon der Werastraße aus einen direkten Blick auf die brennende Wohnung. Sie haben uns viere in die Arme genommen und mit hoch zu sich, Bad und Dusche und Frühstück und ein Bier, Hemme, und Klamotten hingelegt, alles gute Ware, 1a, für Herta, für mich, für die Jungs.

Dort oben, bei Volks, haben wir unsere Wunden geleckt und sie haben dafür gesorgt, dass wir alles hatten, was Leib und Seele brauchen.

Am Vormittag noch tauchte neben der Polizei, die uns mit dem Hinweis auf einen Geisteskranken als Täter zu beruhigen versuchte, Heidemarie Rohweder auf – die Theaterfrau nahm mich mit zur Probe ans Kleine Haus. Und die Schauspieler, inklusive Regisseur Claus Peymann, versprachen, Kleider und Hausrat und was man eben so brauchte für einen Neuanfang am nächsten Morgen abholbereit mitzubringen. »Aber ich will keine abgetragenen Klamotten sehen!«, drohte die Rohweder.

»Ich hab immer gesagt: Junge, sei bloß vorsichtig!«, nörgelte meine Mutter. »Aber der hat ja nich gefolgt. Überall mussta mit rumrührn ... zuerscht das Auto, dann hammse denen ja das Schaufenster kaputtgehaun. Die wern dir eines Tages die Bude anstecken überm Kopp! Nu hamse alles verlorn, bis aufs Hemde. Alles verbrannt. Er wollt's ja nie wahrhaben, dass das was Politisches war. Aber der Erich, mein Mann, der hat's rausgekriegt, paar Jahre später. Der Brandstifter saß ja bei uns um die Ecke in Weißenau, in der Anstalt. Den hattense uffgehetzt. Ein tickscher Hund. Die hätten ja alle tot sein könn'.«

Später, als der Schreck halbwegs geheilt war, nach ein paar Jahren, kam die Nachricht: Der Geistesgestörte, der in der Wohnung Feuer gelegt hatte, hereingekrochen über die offene Balkontür, war kein Geistesgestörter, sondern ein vehementer Rechtsradikaler. Er wusste, wo ich damals arbeitete – im Sozialistischen Zentrum in der Neckarstraße 178.

Er arbeitete vis-à-vis, als Hilfskoch im Wienerwald, und fast jede Nacht, wenn er Feierabend hatte und alles dunkel war und sich dumm schlief, bekotzte er das Schaufenster und trat gegen die Autokarossen – gegen jene, von denen er annahm, dass sie, ideologisch mit Bäppern (Aufklebern) verziert und meist in üblem Zustande, kaum erkennbar also als Auto der Autostadt, zu uns gehörten: zu denen, die er vergasen wollte. Das hatte er auch ans Fenster geschrieben, »alle vergasen«. Aber wer nimmt das ernst, im frühen Sommer 1977?

Geistesgestörte darf man, glaube ich, gar nicht sagen, es ist politisch nicht korrekt. Ach so, die beiden Meerschweinchen. Einars hieß Wolfo und das von Kolja seltsamerweise Welzef.

Die Zeit danach haste ne Heidenangst. Man ist unsicher. Man sieht sich um, ob was komisch ist. Wir sind dann raus aus der Wohngemeinschaft und in die Heusteigstraße gezogen. Vors Fenster, über das man hätt einsteigen können, kam ein stählernes Scherengitter. Und in den Keller ist man nicht gerne gegangen, und umgesehen auf der Straße hat man sich noch etliche Jahre lang. Wer weiß.

Irgendwann fand ein Prozess statt, den hat man uns, wegen unserer Träume und Ängste, erspart. Nun wissen Sie, warum ich bei Feuer allergisch und, wie man so schön sagt, überreagiere! Ich glaube, ich habe einen Hicks weg. Den Löschinstinkt. Sie wissen ja, es war nicht mein erster Brand, ich habe Dresdens Bombennächte überlebt mit sieben, acht Jahren, aber das war bis dahin zugeschüttet im Koppe, mehr oder weniger.

Denkzettel 3

Die Forderung nach der Wiedervereinigung »mit dem anderen Teil Deutschlands« stand nach dem Krieg in allen Parteiprogrammen, war aber für uns in den Fünfziger-, Sechzigerjahren fernab von Gut und Böse. Uns reichten die gelegentlichen Ostkontakte in den Arbeiter- und Bauernstaat, auf dessen Tagesordnung seine Anerkennung als DDR stand. In der eigenen Heimat war die Linke nicht gern gelitten. Kritiker flogen flugs aus der SPD, wenn sie nicht auf Linie waren:

An morgen erinnern:
AnStifter-Debatte mit Jugendlichen in Auschwitz.

Gerhard Schröders »Basta!« war schon damals an der Tagesordnung, als er noch bei den Jusos auf stramm links machte.

Zwischen 1960 und 1970 waren zwar unsere Überzeugungen gefestigt und manche Naivität verschwunden, was den Osten anging.

Aber die Lage im geteilten Deutschland war suspekt, wir selbst fühlten uns auch so, und beide Systeme – DDR wie BRD – passten uns nicht in den Kram. Die alte Parole »Deutsche an einen Tisch« galt schon lange nicht mehr, aber zwei Staaten im vereinten Europa? Die Praxis half: In den Mitropa-Restaurants entlang der DDR-Autobahn geleiteten freundliche Kellner den Westgast in den besseren Teil der Etablissements: Weiße Tischdecken und Blümchen, ein umfänglicheres Menü und fast warmes Essen für harte West-Mark. Die Leute mit dem Weichgeld, Kollegen, Genossen oder nur gemeines Volk aus Zittau wie die Omi Glimbzsch aus Zittau oder der Onkel Walter von der Maxhütte in Unterwellenborn mussten draußen im grauen, zugigen Vorraum essen. Nur auf den Klos funktionierte die gewollte Teilung nicht. Beim Pinkeln wurde nach dem »Spiegel« gefragt, nach »Twen« oder, wenn man Glück hatte, nach »konkret«, aber nie nach dem richtigen Weg zum Sozialismus.

Da fuhr ich gern hin!

Es roch so anders. Es roch nach Braunkohle und Plaste und Elaste aus Schkopau. Es roch nach Erbsensuppe und Nebel, und an die Erbsensuppen habe ich die besten Erinnerungen. Es schmeckte so anders. Die Brötchen schmeckten so, wie Brötchen schmecken müssen, Brötchen ohne Trara, nur Brötchen. Und die Wurst erst! »Nu, die Sachsen und die Thüringer, die könn' halt Wurscht machen!«

Es hörte sich so anders an, das Gesagte. Auf den ersten Klang hin, von weiter weg, hätte es auch Schwäbisch sein können. Das war der Sound der alten Maschinen und der knatternden Motorräder, das Surren der Webmaschinen, das Hämmern und Poltern auf den Verladestationen, das Zetern der Trabis.

Es sprach sich so anders. Sofort, wenn du dort bist, bei der Verwandtschaft, fällst du in diesen alten Slang, ganz ungewollt, ganz automatisch. Ins Schlesische erst und dann in das spezielle Gemisch der Breslauer Lergen, in dem das Jiddische durchschimmert immer wieder und an die alten Geschichten erinnert, die keiner hören will. Dann die Thüringer Wortfetzen, die sächsischen Lieblingssätze der Anna Grohmann, geborene Neumann, das schnarrende Preußisch mitunter des Vaters. Wenn Erich amtlich werden musste, wenn's drauf ankam: reinstes Hochdeutsch. Alter Angeber, dacht ich mir, denn meine Hühnchen mit dem Vater waren ja noch lange nicht gerupft. Es sah so anders aus, da, wo drüben war. Ich las aufmerksam jedes einzelne der Transparente, auf denen Belegschaften aller Fabriken, aller Rathäuser, aller Büros kundtaten, welche Pflichten sie gern erfüllen wollten, wenn man sie nur ließe, aber man ließ sie nicht. Sie mussten Stalin grüßen und die großen und kleinen Brudernationen, den Frieden, den Fortschritt und den Sozialismus, von dem sie so weit entfernt waren wie die CDU vom Christentum. Die Transparente waren nicht zu übersehen, sie waren akkurat geschrieben, alle weiß auf rot, das rote Tuch durfte nie ausverkauft sein, gelegentlich nur die Ausnahme von der goldenen Regel. Die Transparente überdeckten vieles, was so anders aussah.

Es fühlte sich so anders an. Das Geschüttle vom Arsch über den Rücken und die Schultern zu den Händen und hinauf zum Hirn, wenn man mit dem Auto unterwegs war, das Plumpsen in die Schlaglöcher, der Kopf schlägt ans Autodach, aber das weicht aus. Meilenweite Fahrten ins Niemandsland und nirgends Ortsschilder – damit sich der Klassenfeind verläuft oder verfährt. Ach, und er hat euch doch gefunden!

Alles war anders, da, wo drüben war. Man fuhr nicht oft hin, und manche nie. Die DDR war das vermeidbare Territorium, der unerwünschte, uneheliche Bruder, die ungeliebte Verwandtschaft. Polen ja, die Tschechische Republik ja, Ungarn dreimal ja, Rumänien, Bulgarien ja, und vom Freien Westen ganz zu schweigen, wenn wir reisten und urlaubten. Die Brüder und Schwestern in Frankreich, Spanien, Italien und Jugoslawien lagen uns näher, ja, mehr am Herzen. Wir mochten sie sogar, die Todfeinde von gestern. Wir sprachen ja eine Sprache, die des Wohlstands, des Konsums.

War also die DDR vielleicht unser heimliches Spiegelbild, das uns an das Verhalten unserer Eltern zwischen 1933 und 1945 erinnerte?

Zeiten, in denen man die Worte lieber auf die Goldwaage legte, in denen man sich vor sich selbst entschuldigte, für mangelnden Mut, für Kleinigkeiten im Alltag, Zeiten, als man den Kopf einzog, Zeiten der Liebedienerei und des Duckmäusertums um des lieben Friedens willen? Zeiten, in denen man dem Nachbarn nicht unbedingt traute, Zeiten für graue Mäuse? Auch.

Die Leute sagten russische Zone oder SBZ, sowjetisch besetzte Zone, oder Ostzone oder Mitteldeutschland oder drüben und schrieben DDR in Anführungszeichen. Die Leute hatten was gegen die Diktatur, sagten sie. Sie hatten beim Adolf nicht halb so viel gegen die Diktatur gehabt wie beim Grotewohl oder Ulbricht oder Honecker. Sie hatten was gegen die DDR, aber von den Diktaturen des Generalissimo Francisco Franco in Madrid oder von António de Oliveira Salazar und Marcelo Caetano in Portugal wollten sie nichts wissen, nichts hören. Die Schreie der Gefolterten drangen so wenig an die Küsten der Badestrände, an denen wir uns sonnten, nicht an die Ohren der Millionen deutscher Touristen.

In die DDR reisten die wenigsten. Ja, wenn die Verwandtschaft Jugendweihe feierte oder Taufe oder Konfirmation, bei runden Geburtstagen oder Hochzeiten oder wenn die nahe Verwandtschaft nacheinander begraben wurde. Vielleicht gab's ja was zu erben.

Ich fuhr da gern hin, im Wissen um all das, und hatte im Gepäck manche trübe Erfahrung und den eigenen Auftrag: Peter, der Missionar. Vielleicht könnt ich ja die drüben für den Sozialismus gewinnen, ihnen sagen, dass es so, wie sie es machten, nie klappen würde? Vielleicht könnt ich ja diesen und jenen von der orthodoxen Fraktion, die es vor der DDR und nach der DDR und immer und überall gibt und die nicht ausstirbt im Gegensatz zu uns, diese Hundertprozentigen, vielleicht könnt ich ja hier und da den Samen des Zweifels säen – ich war ja doch, versteht's, auf ihrer Seite und nicht auf unserer! Wenn sie nur klüger würden, nur lockerer, lernfähiger, ich wusste ja, es könnte klappen, es war nicht alles gut in der DDR, aber es war auch nicht alles schlecht. Von außen sieht man doch die Fehler der anderen viel schneller als die eigenen. Und immer, wenn ich, hinterlistig manchmal, den Gesprächsfaden spann und meine Gegenüber darin einwickeln wollte, vorsichtig, vorsichtig, eher fragend, der junge Genosse aus Stuttgart hätte gern gewusst, der junge Kollege aus Westdeutschland fragt, unser Freund aus Westdeutschland denkt, dann zitierten die kommunistischen Kader und Dogmatiker Marx – und auch noch falsch, oder das Parteiprogramm der SED, und das war ja die ganze Wahrheit.

Meine Gesprächspartner, wo auch immer, gaben sich keinerlei Mühe mit der politischen Debatte, es sprach aus jeder Antwort eine große Nachsicht mit mir oder mit uns, ein Bedauern, dass wir nicht begriffen, um was es wirklich ging. Ihre Antworten also auf kritische Fragen nach Praxis und Utopie blieben weit hinter all dem zurück, was wir im Westen diskutierten. Wir redeten uns doch hier die Köppe heiß über die Kibuzze und Wohngemeinschaften und den jugoslawischen Weg, über Arbeiterräte und Fehler aus den Zwanziger-, Dreißigerjahren. Die Spaltung der deutschen und internationalen Arbeiterbewegung war doch ein spannendes Thema, bei dem immer neue Gesichtspunkte auftauchten, neue Fakten präsentiert wurden. Und hier, im Kopfland des sogenannten Sozialismus? Ein Pingpong-Spiel ohne Niveau. Und solche Leute, fragte ich mich im Stillen, wollen die Zukunft gestalten?

Was für ein Hochmut von mir, weiß ich heute. Die Antworten lagen den Ost-Diskutanten vermutlich direkt auf der Zunge, aber sie konnten sie, wollten, durften sie nicht ausspucken. Zweifel und Selbstzweifel schließlich sind doch bei allen Menschen vorhanden, aber es war die Vorsicht: Jeder eigene Gedanke, jeder Halbsatz, jedes zustimmende Nicken zu meinen kritischen Fragen hätte vielleicht die immer anwesenden Oberrabbiner der SED aufmerksam gemacht, hätte Parteigerichte beschäftigt. Treue war gefragt, Standfestigkeit, eine eiserne Disziplin in den Debatten und Selbstverleugnung. Der Staat, die Partei, ließen auch dem eigenen Fußvolk wenig Spielraum, sie machten aus engagierten Menschen oftmals gehorsame Parteisoldaten. Das war's, was ich in jenen Jahren nicht begriff: Das Bedauern der Ost-Genossen über manche meiner Fragen, die ja vom Alltag, von den Möglichkeiten der Menschen weit weg waren. Aus den Nicht-Antworten sprang uns die Resignation an.

Hatten nicht ihre Augen geleuchtet, als ich bei einem Kongress in Karl-Marx-Stadt meinen Beitrag mit einem Zitat von Karl Marx alias Descartes schloss? Ein Zitat, das mir Fritz Lamm geschenkt hatte und das ich gern, klappte es doch, zu meinem Lebensmotto gemacht hätte, ohne meinen Optimismus zu verlieren. Karl Marx schrieb seiner Tochter Jenny in London ins Poesiealbum: »De omnibus dubitandum« – »An allem ist zu zweifeln«. Gelänge das, sähe die Welt anders aus. Wir Menschen ändern uns, indem wir die Bedingungen unserer Existenz verändern.

In die DDR zu reisen, war in diesen Jahren ausgesprochen ungemütlich. Abgesehen davon, dass man von der DDR eine Einreisegenehmigung brauchte und die bucklige Verwandtschaft in Dresden oder Unterwellenborn für einen politisch geradezustehen hatte, die Hand ins Feuer legen musste, abgesehen davon wurde man nie das Gefühl los, in diesem Teil Deutschlands unwillkommen zu sein. Alles, was an der »Staatsgrenze« der DDR Dienst tat, war meist ruppig und herablassend und autoritär und unangreifbar, abseits jeder Rechtsnorm. Sie konnten dich warten lassen, sie konnten dich das Auto auseinanderbauen lassen, sie konnten dich nach Strich und Faden schikanieren – und du warst machtlos. Sooo klein mit Hut.

Unsere Grenzer hingegen, auf der demokratischen Seite des Grenzbaums, waren herzerfrischend freundlich, fast mitfühlend, dass man in dieses schreckliche Land reisen musste. Unsere Grenzer dufteten nach Eau de Cologne und Rasierwasser, falls du ihnen zu nahe kamst, sie boten Tee an aus der Thermoskanne und ein Butterbrot von der Mutti.

Hinter deinem Rücken inspizierten sie dein Auto, sie machten heimlich Fotos, sie fragten arglos, wie dir schien, wohin denn die Reise gehe, und wussten ziemlich genau, wenn du schwindeltest. Denn durch das Verbot der KPD und ihrer tatsächlichen oder sogenannten

Tarnorganisationen musste jeder west-ostdeutsche Kontaktversuch unterbunden, wenigstens aber registriert werden. Und alle, die im öffentlichen oder halböffentlichen Dienst Dienst taten, hatten jede Reise in den »Ostblock« ihren Vorgesetzten zu melden.

Meine damalige Frau Herta litt wohl in diesen Jahren relativ stark an mir, einem, der ohne allzu große Rücksicht und beseelt von seiner politischen Mission handelte. Sie arbeitete damals in einem Stuttgarter Ministerium, und überall gab es für die Beschäftigten feste Regeln – es waren nicht meine, ich pfiff auf sie. Die erste Regel hieß: Ost-Reisen sind bäh. In den Organisationen und Gruppen, die sich für eine ost-westliche Annäherung einsetzten, in den oppositionellen Bewegungen der Bundesrepublik fanden – wir wissen es heute – viele Spitzel Arbeit und Brot. Die Akten der Stasi liegen offen, die Akten des Verfassungsschutzes wurden amtlicherseits geschreddert (2012).

Unsere Straße.
Fritz Lamm, Richard Schönstein (außen).

Ich hätt nur zu gern gewusst, was »unsere« über einen politischen Taugenichts wie mich notiert hatten, ob sie auf der richtigen Spur waren. Nein, ich will's nicht wissen, weil ich mich für wichtig hielte, ich will's wissen, um etwas über die Strukturen dieser Dienste zu lernen, um mich zu wappnen für die Auseinandersetzungen und AnStiftungen morgen und übermorgen. Ich hab noch einiges vor. Und ich trau denen nicht über den Weg.

Aber manchmal trifft man sie. Wir saßen im »Becher« in der Urbanstraße, eine frohe Runde, und neben uns ebenfalls eine frohe Runde. Einer der Herren von nebenan kam kurz an unseren Tisch – ein freundlicher Geselle, und nickte mir leutselig zu: »Jetzt kann ich's ja sagen – ich kenn Ihr Leben in- und auswendig, Herr Grohmann!«

Alles wisse er über mich, und ich hätte ihn mitunter ganz schön auf Trab gehalten, lachte er. Er klappte sein Visier herunter, der Mann vom Verfassungsschutz, der auf mich angesetzt war und immerhin so viel gelernt hatte, dass er mir, nun a. D., Bescheid gab. Meine Runde regte sich fürchterlich auf – aller Frohsinn war verflogen, und sie gingen den Staatsrentner hart an. Schade. Ich hätte gern noch ein Weilchen mit meinem Schatten geplaudert.

Nicht nur zu Besuchen bei Verwandten, auch angestiftet von diesem und jener, zog es mich also häufig in die DDR. Sie, die Ossis dieser Jahre, hatten ein großes Interesse daran, Leute wie mich zu kaschen, Menschen also, die mit Feuereifer für die Sache eintraten, für Freiheit, Gleichheit und Geschwisterlichkeit, stets an der Seite der Armen, der Unterdrückten, der Verfolgten, der Hungernden standen – und das gleich noch auf der ganzen Welt. Das ist viel, und Leute wie ich hatten deshalb auch viel zu tun und deshalb für vieles zu Hause wenig Zeit. Das Unrecht hört ja nicht auf. Hier und da und immer öfters meldeten sich allerdings auch die Massen zu Wort, Gott sei's gelobt, stellvertretend auch für mich, denn die Zustände verändern ja die Menschen, und deshalb veränderten die Menschen die Zustände. Ob sie sich dauerhaft von ihren Fesseln befreien können, ist längst nicht ausgemacht. Zeit wär's.

»Bissel mehr hätt sich der Peter sich ja ooch um die Familje kimmern könn', wissense?«

Um Leute zu kaschen, hatte jede Gemeinde, jede Sektion der SED, der FDJ, ja, aller anderen gesellschaftlichen Gruppen, Institutionen und Einrichtungen Partner im Westen – die aber oft nichts davon wussten. Die Dresdner Genossen beispielsweise hatten die Aufgabe, Kontakte nach Stuttgart zu schaffen, zu festigen, zu nutzen, zu gebrauchen, sich uns anzunähern, lieb Kind zu sein und, wenn's denn unbedingt sein musste, sogar ein wenig DDR-kritisch. Das schaffte Glaubwürdigkeit und das berühmte Augenzwinkern – letztlich sitzen wir alle im gleichen Boot.

Jede Dresdner Gewerkschaft war also auf eine Einzelgewerkschaft hier angesetzt, jeder Berufsverband in Dresden hatte sein Äquivalent in Stuttgart. Auf diese Weise wurden Naturfreunde oder Falken, Freidenker oder IG Metall, Betriebsräte oder Schauspieltruppen betreut und bemuttert und agitiert. Eine Reise in die DDR hatte letztlich auch den Zweck, unsereins von der Macht der Arbeiterklasse in Dresden und drumherum zu überzeugen, von den Errungenschaften des Sozialismus, den Kulturpalästen und preiswerten Wohnungen: Der junge Genosse aus Stuttgart soll sich doch selbst umschauen, und potz daus, nicht in Blasewitz und nicht in Johannstadt wurde auch nur einer von der Polizei zusammengeschlagen, nicht in Übigau und nicht in Klotzsche lauerten die Männer in den Ledermänteln, um einem nachzuspionieren oder ihn hopszunehmen, nicht in Leuben, Leutewitz oder Laubegast sah man Hungernde herumlungern oder Bettler unter Brücken.

Unter Brücken zu schlafen als Obdachloser, als Penner, auch wenn's ein Menschenrecht ist, wär gar nicht gegangen zu DDR-Zeiten, dreieinhalb Millionen waren ja zwischen 1948 und 1989 abgehauen, es gab genug leer stehende Wohnungen und überforderte oder frustrierte Verwaltungen, die mit ihren Underdogs nichts anfangen konnten. Na gut, da waren sich, da sind sich viele in Ost und West ja einig: Arbeitslager.

Viele Menschen kamen mir nicht wie vom kommunistischen System unterdrückte Massen vor, sondern eher wie Menschen, die es sich gemütlich gemacht hatten in der DDR und besonders im Tal der Ahnungslosen, wie man die Dresdner Ecke neckisch nannte, weil das Westfernsehen so schwer zu empfangen war. Doch, doch, trotz alledem, viele begriffen die DDR als klein, aber mein. Mit Datsche am Rande der Heide, mit festem Arbeitsplatz und dem gemeinsamen Besuch der Brigade im Kabarett »Herkuleskeule«, und die kommunistischen Kabarett-Kollegen konnten scharf sein wie eine ungarische Paprika und hatten so viele Zweideutigkeiten in ihren genehmigten Programmen, dass die Kulturstasi überfordert war – oder stellte sie sich nur dumm? Kabarett jedenfalls war ein vorzügliches Ventil, Dampf abzulassen, bevor was überkochte.

Die DDR begriff sich selbst als Staat, und die große Mehrheit der Menschen, die dort lebten, sah das auch so. Sie sehen es auch heute noch so. Ein Staat, der um Anerkennung rang, ein Staat, der Werte geschaffen hatte, ein Staat, der diffamiert und bekämpft wurde mit allen Mitteln, den man kleinkriegen wollte mit allen Mitteln – so etwas wie eine Alternative zum Kapitalismus durfte es einfach nicht geben, nicht nebenan, jenseits der Elbe. Das Staatsvolk war stolz über jede Medaille bei einer Olympiade. Und dass Jürgen Sparwasser das 1:0 der DDR-Nationalmannschaft schoss, im Juni 1974 in Hamburg gegen die BRD-Nationalmannschaft, das treibt heute noch den Fußballfans drüben Tränen in die Augen – und längst verziehen und vergessen ist, dass Sparwasser später, 1988, rübermachte zum Klassengegner.

Denkzettel 4

Rudi Dutschke hatte sich, als er nach dem Attentat aus Rom zurückkam, von Hans Werner Henze, erst einmal in Stuttgart »assimiliert«, hatte wieder sprechen lernen müssen, blieb unerkannt in der Stadt der Auslandsdeutschen, unerkannt in der Mensa der Uni Hohenheim. Sein Sohn Che besuchte den Kinderladen am Neckartor. 1977 war Rudi tot.

Ein freundlicher Zeitgenosse. Er war an allem interessiert, wenn er bei uns war, ging auf die Kinder ein, hörte genau zu, fragte nach, wie wir das mit der WG geregelt hatten, die Dienste, das Geld, die Verteilung der Lasten. Doch sein ganz besonderes Interesse galt der ganz besonderen Zusammensetzung des SZ und seinem sozialen Umfeld. Anders als sonst in der Republik tummelten sich in diesem Becken zwar auch die »Studierten«, aber die meisten kamen doch aus Betrieb und Gewerkschaft, waren Lehrer, Sozialarbeiterinnen, Ärzte. Das war eine Besonderheit.

Abends fragte er: »Haste vielleicht noch n Appel?« und las und arbeitete und las und arbeitete bis in die Früh. Morgens, wir waren eben aufgestanden, kam er vom Bäcker um die Ecke. »Frische Semmeln?«

Die Arbeit der Daimler-Plakatgruppe wurde weit in die Republik hinein verfolgt. Auch andernorts gab es selbstverständlich Konflikte innerhalb der Gewerkschaften, aber beim Daimler waren die Fronten innerhalb des Vertrauensleutekörpers und unter den Kollegen doch schon massiv verhärtet. Die Plakatgruppe – alle IG Metall, Ehrensache! – wurde so in die Enge getrieben, dass sich ihre drei Protagonisten schweren Herzens entschlossen, mit einer eigenen Liste zum Betriebsrat zu kandidieren.

In der Folge wurde sie aus der IG Metall ausgeschlossen und noch kälter gestellt. Wir organisierten über den Betrieb Öffentlichkeit. Ich fuhr mit Hermann Mühleisen auf Einladung von Heinrich Böll zu einer Tagung in Köln, bei der Hermann aus seinem »Tagebuch eines Bandarbeiters« las: Literatur aus der Arbeitswelt. Diesmal keine Dichtung, sondern nackte Wahrheit! Böll, Wallraff, Ton Steine Scherben, Journalisten, Betriebsräte, Schauspieler und viele andere Kulturschaffende, alle den Gewerkschaften verbunden, appellierten an die IG Metall und forderten die Wiederaufnahme der Ausgeschlossenen.

Zur Eskalation, zum bundesweiten Echo trug damals auch bei, dass übereifrige Funktionäre der IG Metall die Wahl gefälscht hatten: Die Wahlurnen hatten quasi einen doppelten Boden für die IGM. Es gab einen gewaltigen Knall. Bei der durchs Arbeitsgericht verordneten Wiederholungswahl liefen alle Kandidaten der Plakat-Gruppe lässig durchs Ziel – und wurden aus der IGM aus-
geschlossen. Sie hatten
knapp 40 Prozent der
Belegschaft hinter sich.

Apropos Basis und
Gewerkschaft. In Polen
wurde 1981 die neue Ge-

Sammlerwert: Perestroika war gestern.

werkschaft Solidarność verboten. Wir sahen mit großem Interesse, aber auch mit Skepsis auf die Ereignisse. Uli Zuper und Horst Sackstetter

Solidarność macht Elektriker zu Präsidenten.

waren vom SZ aus nach Danzig gefahren, hatten mit Lech Wałesa, Arbeiterinnen, mit Leuten wie du und ich geredet und erste interessante Interviews aus Danzig mitgebracht – es reichte dicke für das Buch »Wir bauen ihnen ein Denkmal« (1981/1982). Nach dem Prager Frühling Ende der Sechzigerjahre nun der polnische Sommer? Die Solidarność betrieb einen illegalen Radiosender, der mal aus den Bergwerken, mal aus den Werften sendete, und über Tom Jungs Freundeskreis bekam das Sozialistische Zentrum ein paar tausend Mark, die wir nach Polen hievten. Kriegsrecht, gar nicht einfach, Herr Jaruzelski!

Die Ereignisse elektrisierten uns, wir waren den Akteuren nah. Die autoritären Strukturen bröckelten. Gab's ein Morgenrot?

Viele ältere und politische Menschen, auch im Osten, hatten sich längst von ihren Idealen verabschiedet. Es ging nicht vorwärts und nicht rückwärts. Da waren erst die Enttäuschungen unterm Hitler. Dann der Vorwurf, die Eltern hätten damals, '33 bis '45, tatenlos zugesehen.

»'s wär doch mal interessant zu gucken, wo ihr heut überall tatenlos zuschaut«, konterte meine Mutter gelassen.

Unsere Mütter und Väter hatten sich eingerichtet mit Eigenheim und Jahreswagen und Doppelgarage.

»Wir ham ja gar kein Führerschein. Der verallgemeinert immer«, berichtigt meine Mutter. »Schön war das ooch nich, die Jahre über. Weder unterm Hitler noch später. Richtig zu Hause war'n wir erscht in Weingarten. Aber da ging's ja schon uffs Alter zu.«

Als der Anstreicher seine Tagebücher veröffentlichte, so lange nach seinem Tod, wunderte man sich schon: Konrad Kujau, was für ein Vorbild! Doch die Flick-Parteispendenaffäre überdeckte solch kleinliche Fragen. Vater Friedrich Flick war verurteilter Kriegsverbrecher und dennoch Kriegsgewinnler, Mitbestimmer des politischen Lebens nach 1945, Sohn Friedrich Karl Flick und sein Manager Eberhard von Brauchitsch erreichten Berühmtheit durch ihre illegale »Pflege der politischen Landschaft«. Die so genannte politische Klasse sagte sich: Das Schöne an der Korruption ist ja, dass das meiste nicht rauskommt. Und ich sagte mir: Sonst würdste dich ja noch mehr aufregen! Doch da war auch die Friedensbewegung und die rüstete auf. Die Leute hatten die Schnauze voll vom Kalten Krieg – und Angst vor einem heißen. Rund um den Erdball lauerten in allen Lagern Atomraketen, immer aufs andere Lager gerichtet, und auch gleich nebenan, in Mutlangen. Von den Russen wollen wir mal nicht reden – aber dem US-amerikanischen Schauspieler Ronald Reagan traute keine Sau über den Weg.

Von den Bürgerinitiativen beflügelt, dem Hauch von Utopia, der aus den späten Sechzigern herüberwehte – Frieden! Freundschaft! Solidarität! – entwickelte sich ein neues Lebensgefühl. Die Sehnsucht nach Sicherheit wurde mehr und mehr zur Sehnsucht nach Frieden, und auszuprobieren war, was an Alternativen funktionierte, an Solidarität und Freiheit im Kleinen. Bauplatzbesetzungen und später Volkszählungsboykott – da schimmerte etwas von den Utopien durch die politische Szene der aufgewachten Republik. Bürgerlicher Ungehorsam war plötzlich konkret und fassbar – auch für die Polizei, die immer noch den anderen gehörte.

Mit der Skepsis gegen die Atomkraft wuchs auch eine breite Gegnerschaft, die zu Risiken und Nebenwirkungen nicht mehr den Arzt oder Apotheker fragte. 350 000 im Bonner Hofgarten 1981, ein Jahr später 500 000 Demonstranten gegen Ronald Reagan. Bei der Menschenkette standen 220 000 Leute dicht an dicht von Ulm bis Stuttgart – und da hatten wir dann endlich auch die Gewerkschaften im Boot.

108 Kilometer: Menschenkette der Friedensbewegung 1983 von Ulm nach Stuttgart.

Auch meine Mutter ist mit zur Menschenkette:»Die Jungs ham so lange auf mich eingeredet. Also mir machense doch nichts vor, das ist doch alles bissel kommunistisch, gell? So viel Kommunisten gibt's ja gar nicht, hamse mir dann gesagt. Stimmt ooch wieder. Wir sind mi'm Bus von Weingarten nach Ulm. Wo's vorbei war, war ich auch froh.« Wir waren wochenlang Tag und Nacht beschäftigt, um das auf die Beine zu stellen. Ein logistisches Meisterstück ohne Rücksicht aufs Private. »Die zuhause konnten ja sehn, wo se bleiben! Aber bei die Demonstration', da solltense dann alle da sein … Na, ich weeß ooch nich, wie ich das finden soll.« Was die Friedensbewegung aber ablieferte, war reif fürs Guinness-Buch der Rekorde. Prost.

Und jetzt wollten plötzlich alle auf die Bühne, zu den Massen sprechen. Denn alle großen Medien waren da. So viele Menschen hatten die alten Apparate ja nur ganz selten zusammengekriegt in der Vergangenheit. Und wir galten ja in den Augen der Etablierten als Sektierer, Spinner und Spontis.

Erst hatten sie uns jahrelang diffamiert, drangsaliert, ausgeschlossen, geächtet – aber als die Anti-AKW- und die Friedensbewegung zur Massenbewegung wurden, standen sie treuherzig am Rand der Bühne und bettelten, um ein Grußwort sprechen zu dürfen.

Es dauert eben ein Weilchen, bis die Vernunft der Basis den Kopf der Apparate erreicht.

Von den damaligen Weggefährten, den politischen Freunden, sind inzwischen viele dort angekommen, wo sie früher nie hinwollten: in der Gemütlichkeit. Beim Leberkäs – weltweit einsatzbereit. Da rennt keiner mit dem Grundgesetz unterm Arm herum.

Die Mutter:»Am besten hat mir der Leberkäse geschmeckt im Gaisburger Waldheim. Der war so richtig fettich. Kartoffelsalat hamse nicht so richtig fertiggekriegt. Es war ja so, im Grunde genommen: Immer wenn ich amale zu Besuche kam, hatte der eenen Termin. Und dann hatte er ein schlechtes Gewissen und hat mich mitgeschleppt, überallhin.«

»Aber Mutti, ich hab ja immer gesagt: Wackersdorf wird nicht gebaut. Damals schon, 1985! Und heute? Wackersdorf ist nicht gebaut worden.« 1989 kam das Aus.

»Ich wusste ja gar nicht, dass der Peter so ein' Einfluss hat. Manchmal bin ich richtig stolz auf ihn«, meinte meine Mutter.

Denkzettel 5

Oh Heimatland – wir haben die neue Heimat erfunden. Denn das alte Land war ohne. Wir hatten ja nichts auf dem Leibe außer unseren Ideen.»Kein Ort nirgends«, meinte Christa Wolf. Also hammern statt jammern. Beim Stichwort Heimat fremdeln die Linken und vergessen Ernst Bloch: »Was allen in die Kindheit scheint und worin noch niemand war.«

Das Theaterhaus sollte unsere Träume nie erfüllen, weil wir unterwegs bleiben

Streicheleinheiten für die Neue Heimat: Mascha Riepl.

wollten. Erfüllung wäre das Ende, der Stillstand. Es fehlten allerorten die freien Räume für Experimente, Austausch, Debatte, für Kultur und Politik und Auseinandersetzung. Heimspiel: Der Platz muss eigen sein.

Eine Handvoll Leute machte sich 1984 auf den Weg, gründete den Theaterhausverein, mietete ein paar leer stehende Fabrikhallen in Stuttgart-Wangen und verwandelte die alten Gemäuer in eine Kulturfabrik.

Was fehlte, war
Was fehlte, wird
Pralles Leben
Ecken und Kanten
Herzklopfen
Visionen für übermorgen
Ohne Plüsch und ohne Plunder

Wir haben geackert und gerackert und geredet und geschwitzt und gedacht und gerungen und das Fehlende erfunden: Das Theaterhaus. Die leerstehende Fabrik haben wir vollgepackt mit Blumen und Träumen und Arbeit. Die Träume haben sich nicht geändert, aber die Tatsachen.

Gudrun und Werner Schretzmeier mit
Peter Grohmann: Gründerfamilie.

Hunderttausende strömen Jahr für Jahr in diese Kulturfabrik, und sie kämpft immer noch ums Überleben – die Starfighter sind einfach zu teuer.

Club Voltaire in Stuttgart und Club Manufaktur in Schorndorf: Irgendwann mal in diesen Jahren begegnete ich Gudrun und Werner Schretzmeier, zwei bunte Vögel, engagiert für die Kunst des Lebens. Die hatten mit einer Handvoll weiterer Leute die Verhältnisse zum Tanzen gebracht. Es waren schwere Geburten, aber, wie wir sehen, zäh und mehr als überlebensfähig.

»Jetzamale ganz unter uns: Der Schretzmeier is ja nett, der redt' auch mit eim, aber a bissel verrückt ist der doch ooch, finden Sie nich?

Nu ja, verrückt seid a ja alle«, lachte meine Mutter. Sie sah ja, was die Verrrückten auf die Beine stellten. Mit den Schretzmeiers bleib ich ein Leben lang verbunden, und drüber hinaus. Ich wollte genauso verrückt sein wie die. Ich hoffe, ich hab's geschafft. Zeit wär's.

Mit der Schorndorfer Manufaktur hatten Gudrun und Werner Schretzmeier ein paar große Festivals auf dem Killesberg realisiert, als ihnen Schorndorf zu eng wurde. Halle 6, eine größere gab's nicht. Es folgte das Zeltprojekt auf dem Stuttgarter Karlsplatz: wochenlang Kultur, wochenlang ausverkauft!

Da musste was her in der Stadt, ein neuer Ort, aus dem man nicht durch altvordere Hausmeister um 22 Uhr vertrieben wurde, ein selbstbestimmter Raum, offen für alle, aber nicht für alles, groß genug, um Platz zu bieten für die großen Namen, die Stuttgart bis dahin rechts liegen ließen. Wir haben lange überlegt, wie man das machen kann, ein Theaterhaus. Wir bespielten Hallen und Plätze, schmiedeten Pläne für übermorgen und wie man es macht, dass man uns nicht mehr wegdenken kann, und nicht wegekeln, und dass man Spaß dabei hat und kritisch bleibt und frech genug und sein Licht nicht unter den Scheffel stellt und nicht hinhört, wenn sie kusch sagen ...

Irgendwann einmal weiß man, wie man die Dinge so machen kann, dass sie passen. Na ja, und dass man das Lied vom Schlesierland auch

Hypotheken- und Wechselball im Theaterhaus 1985.
Von links her: Susanne Steim, Marlies Heyl,
Friedhelm Volk, Dimo Haith.

anders singen kann, auf Schwäbisch. Und dass Volkstänze aus der Türkei nett sind, aber Volkstänze aus dem Schwarzwald noch furchtbarer als die Trachten aus Österreich. Und dass, wenn man mit »Heil Hitler« begrüßt wird, das nicht böse gemeint ist. Nicht wirklich.

14 000 Mark Miete, sagte mir der Werner, würde die Halle kosten. 14 000 Mark zwischen Wangen und Bangen. Da hab ich abgewogen,

wie man so wiegt, Sie wissen ja, ich bin ein guter Wiegler, ein kluger Rechner – das sagt die Marlies auch immer, die Architektin meines Lebens.

14 000 – das wären rund 1200 im Monat, rechnete ich. Etwas hoch, aber das war zu schaffen. »Werner«, sag ich zu Werner, »Werner: Das machen wir! Unterschreib!«

Der Werner hatte schon längst unterschrieben.

Später, beim genauen Hingucken, war ich dann wie von der Muffe gepufft. Die 14 000 waren gar nicht die Jahresmiete – das war die Monatsmiete! 14 000 – 14 000 – »Werner«, sag ich, »haste das gesehn?«

Er hat mir dann vorgerechnet, dass ja noch Mehrwertsteuer dazukommt, Strom, Heizung …

»Heizung?«, frag ich. »Wieso Heizung? Es sind doch gar keine Heizkörper drin in der Halle.«

»Du Seckel, die müssen wir natürlich noch einbauen lassen.«

Wissen Sie, irgendwann ist alles egal! Ich hab trotzdem relativ gut geschlafen.

Fast alle, die mit den Schretzmeiers fürs Familienprogramm der ARD, sonntags nach elf, die kritische Familienserie »Hoffmanns Geschichten« in 16 Drehbüchern realisierten, die fanden sich später im Theaterhaus wieder: als Anstreicher, als Kartenabreißer, als Plakate-Kleber, auf der Bühne, hinter der Bühne, vor der Bühne. Die Theaterhaus-Crew hat in der ersten Zeit ohne Lohn gearbeitet. Und die Jahre danach waren ein ständiges Balancieren nahe am Abgrund.

In jener Zeit war ich Pressereferent bei der ESG, der Bundesgeschäftsstelle der Evangelischen Studentengemeinde. Unsere Familie war inzwischen von der Heusteigstraße in die Libanonstraße gezogen. Es waren wieder einmal sehr prägende Jahre. Einerseits die Arbeit an den Drehbüchern für die Hoffmanns, dann die Begleitung der Dreharbeiten in den SDR-Studios der Villa Berg, dann die Arbeit bei der ESG, mit der wir uns einklinkten in regionale oder bundesweite Aktionen oder die auch selbst initiierten. Eine Zeitung auf dem Kirchentag mit dem passenden Namen »Protest«, Demonstrationen gegen Nachrüstung: ein selbstbestimmtes, wirkliches und verwirklichtes Leben. Aber es hatte auch seine bitteren Seiten.

Denkzettel 6

Zwei Freunde treffen sich nach langer Zeit auf der Straße. »Du siehst aus wie immer«, sagt der eine zum anderen. Der eine kann nicht Joschka gewesen sein, der sieht besser, viel besser aus als der andere. Joschka ist, nach »GQ« (ein deutsches Lifestyle-Magazin für Männer) 1997 der am zweitbesten gekleidete Mann der Welt.

Schon früher, als es ihm noch gut ging, gehörte er zu jenen wenigen Genossen, die was auf ihr Äußeres gaben. Turnschuhe – nur zweite Wahl, egal was es kostete, Schuhbändel immer links offen (und da hätten Sie mal seine Mutti hören sollen, die hat getobt!), nie Levis, wegen Vietnam, meistens Cord. Ein deutscher Zimmermann, wenn Sie wissen, was ich meine.

Ich kann mich heute, wo man an so vieles denken muss, an Auschwitz, an die Auschwitzlüge, an die Partisanen in Belgrad, die Kumpel in Hanoi, an Zwangsarbeiter und Startbahn West, an Rudi,

Zwiebelfische, Leichen, Hurenkinder: Fachbegriffe in der Schwarzen Kunst.

Bitburg und Alzheim, natürlich nicht mehr an alles erinnern, also auch nicht daran, ob ich es oder Joschka Fischer war, der den Bullen am Stuttgarter Schlossplatz die Dienstmütze klaute und den Schülern (wir sagten damals noch ganz unkompliziert: Schüler, aber nie Bullen) erklärten, wie man einen Molly baut. Ich hab vieles vergessen, aber Joschka nie.

Ein bissel Selbstkritik muss sein, auch bei so einer Schreibe, die sich aus Vergangenem nährt. Ich möchte Jofi, wie ihn gute Freunde nannten, jetzt nicht auf eine Stufe mit mir stellen, aber er war schon damals der geborene Kämpfer, also Jäger, während ich eher der Sammler war. Er: hart, wettergegerbt. Ich: immer leicht nach unten gebeugt, in der alten Hoffnung aus Kindertagen, ich würde eine Münze finden. Unter uns: Ich hab nur die gefunden, die ich selbst hingelegt hatte. Später, als ich eigene Münzen prägte, habe ich gelegentlich ein Fünfzigerle irgendwo fallen lassen und mich an der Vorstellung gelabt, die Münze fände einer wie ich – schon das allein machte mir Freude. Meine Erfahrungen haben aber gezeigt, dass immer die Falschen die Münzen fanden.

Aber zurück zu meiner Anti-Fischer-Kampagne. Ich sehe sie heute noch, die leicht nach unten hängenden Lippen! Gefürchtet – bei Eltern, Lehrern und Eliten. Dann die Hand! Eine kräftige Hand, die einem schon mal eine scheuern könnte, wenn sie wollte. Aber nicht, solange die Hand an Joschile (wie ihn seine Freundinnen nannten) hängt. Eine Hand eben, eine deutsche Hand, eine, die zupacken kann, ob sie nun die FAZ hält oder die Mao-Bibel. Eine Hand, die zur Faust werden kann. Eben noch in der Tasche geballt wie bei uns allen damals, konnte sie plötzlich herausschießen, einen kraftvollen Bogen nach oben nehmen – und geballt bleiben, in aller Öffentlichkeit! Ein stilles »Rot-Front« gewissermaßen, das den politischen Gegner – liberale Scheißer, konservative Ärsche – geistig zittern ließ.

Wenn Jofi gut drauf war, gab's die verbale Zugabe: Marx! Engels! Lenin! Stalin! Mao Tse-tung. Und was mich heute am meisten beschäftigt: Er hatte recht, wie er in seinem Film »Joschka und Herr Fischer« feststellt. Wir hatten alle ein Problem: Wer ist Erster, wer Zweiter? Joschka oder ich? Gerhard oder Joschka? Joschka war Zweiter: bei der Taufe, in der Schule, bei der heiligen Kommunion, bei den ersten Freundinnen, bei den vorläufigen Festnahmen, in den wilden Zeiten, die so viel verändert haben. Humanismus, Kommunismus, Autismus, Feminismus, Stalinismus, Faschismus – das ist passé, Gott sei Dank, weil wir jetzt in Deutschland angekommen sind. Kein leichter Weg, kein leichter Gang, gerade für Revolutionäre wie Joschka und mich, den Dritten. Wenn überhaupt.

Manchmal, erzählte er mir neulich in Dresden – ein Acht-Augen-Gespräch, mehr nicht! – hängt er noch an den alten Utopien: Seid realistisch, verlangt das Unmögliche! Dann denkt er an Lotta Continua, die Stadtguerilla, den Häuserkampf und Ignatz Bubis, an Dany und die anderen Pariser, an Leute, die es zu was gebracht haben. Er seufzt. Das ist das Einzige, was ich bei ihm nicht abkann, weil er dann die Spucke aus den Mundwinkeln so in sich reinzieht – die Aahlbreit hat das ja auch mal bemängelt an ihm, obwohl sie sich sonst keine Kritik erlaubt. Wäre ja noch schöner – die Amis, selber Dreck am Stecken (Indianer, Kuba, Gen-Mais - nur drei Beispiele!) sollen erst mal vor der eigenen Tür kehren.

Joschka seufzt. »Grohmann«, sagt er, »einmal wieder Fettuccine beim Francesco in Frankfurt.« Und dann fügt er sein gefürchtetes, hartes »Ha!« hinzu. Okay, er kann nicht mehr, er darf nicht mehr – eine Haltung, die ich akzeptieren muss. Vorgestern, beim Rundlauf gegen jede Form von Gewalt, ob rechts, ob links, durch Mecklenburg-Vorpommern, ging er wieder als Zweiter durchs Ziel, allerdings gleichauf mit Scharping, dem sozialdemokratischen Schlapphut, Fisherman's Friend.

Joschi, wie ihn die Kämpfer der Hisbollah nennen, noch ganz außer Atem, zu einem Reporter vom MDR: »Ich habe immer an die Kinder in Belgrad gedacht, die mussten auch die Beine in die Hand nehmen. Da gab's nicht mal Fliegeralarm, weil wir dem Miloševic-Clan den Strom abgedreht hatten – bum, bum, bum!«, und er lacht, ganz der Alte. Es ist ein breites, befreiendes Lachen von Bum-Bum-Fischer, wie ihn die Offiziere gern nennen, wenn er im Casino (Offizierscasino natürlich) »17 und 4« spielt. Kein Alkohol, kein Haschisch, so sehr ihn die Generalität auch drängt. »Die Zeiten sind vorbei«, meint er ernst. »Nur Sprudel – mal Selters, mal Gerolzheimer, oft Göppinger Brunnen aus dem Schwabenländle, das bin ich meinen Leuten schuldig.«

So bleibt er nah, hautnah, aber ich glaube, er leidet. Er, ein engagierter Bürgerrechtler, ganz oben, aber nur Zweiter, weiß heute, dass er nie Erster werden wird. Er hat mehr erreicht als jeder andere – außer eben dem Ersten und mir.

Er, der damals unter den gesellschaftlichen Verkrustungen genauso litt, wie er sich heute über Kritik und die Forderung nach den fälligen Aufbrüchen der kleinbürgerlichen Bundesrepublik ärgert. »Aufbrüche? Wohin denn, Grohmann, wohin?«

Neue Zeiten. Alles verschüttet. Unter dem Pflaster, wo einst der Strand lag, liegt nun die Sensibilität, die nicht mehr auf soziale und andere Bewegungen reagieren muss, nicht mehr auf Unterdrückung und Intoleranz, nicht mehr auf verbriefte und vorenthaltene Rechte, nicht mehr auf versprochene Reformen, nicht mehr auf Hunger und Verfolgung. Da ist sie wieder, die verschlampte Solidarität, die alles weiß von explodierenden Pipelines, von traumatisierten Kurdinnen, von am Zellenfenster hängenden Algeriern in Abschiebehaft.

Da ist sie wieder, die verseuchte und verscheuchte Utopie von den 1000 Möglichkeiten, die Welt zu verändern.

Beim Lauf durch Mecklenburg-Vorpommern läuft alles mit, was damals und heute der Macht die Stange gehalten hat. Niemand hat mehr wirklich was gegen Fidschis, längst will keiner mehr Juden vergasen. Es gibt hier keine, und wenn, dann fast ebenso wenige wie Ausländer. Tod und Terror, mein Joschi, mein Kampf, Tod und Terror irgendwo auf der Welt konnten den deutschen Michel nie aus der Ruhe bringen – aber allein schon die öffentliche Ankündigung, einen Hund lebendigen Leibes auf dem Stuttgarter Schlossplatz zu verbrennen, ließ die Biedermänner das Programm wechseln.

Keine Satire kann satirisch genug sein, um nicht irgendwo ernst genommen zu werden. Damals war damals in Stuttgart, und mancher brave Bürgersmann wollte uns schon für den gar nicht verbrannten Hund nach Sibirien schicken. Dabei sollen gebratene Hunde relativ gut schmecken, weiß die Koreanerin, die in der Bebelstraße ein Restaurant betreibt. Ich weiß nur, wie gebratene Katzen schmecken, seit dem letzten Kriege damals, der auch nicht der letzte war.

Ach, es hat sich so viel verändert in Deutschland. Ein grüner Außenminister! Würde man ihn heute fragen, sagen enge Freunde, dann würde er noch einmal antreten für die Grünen. So ist er nun auch wieder: Will gefragt werden. Anders Steinbrück und Steinmeier oder Gabriel oder Scholz – in alter sozialdemokratischer Tradition nominieren sie sich jeweils selbst zum Kanzlerkandidaten, ohne die Partei je zu fragen. Sozialdemokraten springen über jedes Stöckchen.

Zurück zu Joseph mit ph, zurück nach vorgestern. Ich frag mal nach: »Ist der Wechsel also nun gelungen oder ist er geplatzt?«

Der Wind sait d'Wohret, nit äso wie d'Zittig sait. Mit Walter Mossmann in Wyhl.

Joschka lächelt. »Welcher Wechsel, Grohmann, welcher Wechsel?« Ich hab's geahnt. Er hat es gewusst.

Jesus ist tot, Marx ist tot, Mao ist tot, Che ist tot. Er lebt. Er ist jetzt auch Berater von »Rewe« – fast wie Schröder. Der ist Berater von Putin.

Am 17. Januar 2001 diskutierte der Bundestag über meinen Freund, und da war ich ganz und gar auf seiner Seite, oder besser gesagt: Da war er noch mein Freund. Nicht weil er Steine geworfen oder mit Polizisten gekämpft hatte auf dem Frankfurter Pflasterstrand etliche Jahre vorher, sondern weil es eine Debatte der Gewalttäter war, die wissen wollten, ob Fischer auch ein Gewalttäter war. Ich bin kein Freund von Polizisten und keiner von Steinen, und das weniger aus moralischen Gründen und aus Einsicht: Die anderen haben viel mehr Steine, viel größere außerdem und sie treffen besser. Zusätzlich zu den Steinen haben sie die Macht, die besseren Kameras und in aller Regel die Mehr-

213

heit der Leute im Lande hinter sich. Also erübrigen sich die Fragen von Moral oder Taktik. Ich kann nachvollziehen, wenn jemandem die Nerven durchgehen, nicht aber, wenn man Räuber und Gendarm spielen will.

Die jungen Leute sind ja damals nicht aus Jux und Tollerei auf die Straße gegangen – da war der Schah im Lande, ein Folterknecht der schlimmsten Sorte, und die halbe Republik kroch ihm in den Hintern und die andere Hälfte hätte es auch getan, aber es war schon alles voll. Jeder Händedruck ein Blutfleck. Einmal mit einem Mörder und seiner schönen Gattin tafeln, mit goldenen Tellern: Da hatte fast niemand Skrupel. Wer etwas dagegen hatte, musste sehr, sehr vorsichtig sein. Man hatte schnell einen Knüppel auf der Birne.

Denkzettel 7

Ich habe ein Leben lang mit Interesse, Skepsis, Neugier, Angst und Unsicherheit auf alles reagiert, was die herrschenden Geschlechterrollen in Frage stellt, auf alles, was mich – angeblich oder tatsächlich – in

Hasta la victoria siempre:
Che Guevara
macht sich auf den Weg.

den Beziehungen, im Privaten, herausforderte. Ich hätt's vielleicht gern gemütlich gewollt, ruhig, der heimische Herd als Hafen, an dem der müde Wanderer anlegen kann – erschöpft vom Geldverdienen oder den Unbilden politischen Handelns. Aber diesen Herd gibt es nicht.

Die meisten meiner Freundinnen und Freunde fand ich nach den wenigen Jahren Schule auf den politischen Bühnen: Vom Elternhaus an, in vielen vaterlosen Jahren, in Tambach-Dietharz und Zwiefalten und Reutlingen, in Ravensburg, Stuttgart, Dresden. Jene frühen Jahre, von denen die Rede ist, waren angefüllt mit Hoffnungen und Utopien für ein anderes Leben. Die

Probleme des Täglichen schienen leicht lösbar – wir arrangierten uns mit der Realität, schauten aufs Politische. Der Blick auf die eigene Haushaltslage war unwichtig. In diesen Jahren ging meine erste Ehe in die Brüche. Herta hatte mehr als zwanzig Jahre die Lasten mitgetragen, schönschwere Zeiten, die Unsicherheiten, Beruf und Familie verbunden, das Glück mit den Kindern und mir geteilt – und jetzt das? Ich habe lange, lange mit mir gehadert.

Wir hatten gemeinsame Heldinnen und Helden, manche kleiner, andere größer, entweder unmittelbar nebenan, vor Ort, oder in der Geschichte, die unsere war. Die Helden waren keine echten, damals jedenfalls nicht, aber Vorbilder, Menschen, die man achtete, auf die man hörte, die man bewunderte. Nein, nicht rundum. Vor manchem lupfte man den Deckel, weil da ein besonderer Lebensabschnitt war, den ich kennen gelernt hatte. Flucht, Emigration, Illegalität, Engagement. Andere wieder hatten Fähigkeiten, kluge Leute, die mich und andere begeisterten. Sie waren ohne die klassische akademische Bildung außerordentlich gebildet und hatten in der Schule des Lebens gelernt. Sie konnten uns die Welt erklären, sie setzten uns den Stachel der Kritik ein, sie zeigten in Richtungen und wussten von weiten Wegen und langen Märschen durch die Zeiten, weltoffen, tolerant gegenüber anderen Denk- oder Lebensmustern.

Na klar, Leute, was sich uns da spiegelte, waren keine »idealen« Menschen, aber große Idealisten, Vorbilder, denen ich's gern gleichtun wollte. Ich bewunderte sie, weil ihr Privates politisch war: Stets waren ihre Wohnungen offen, die Decke da zum Schlafen, ihre Tische gedeckt. Buch und Kunst, Musik, praktische Solidarität im Kleinen – was für eine Heimat! Sie war angefüllt mit Sicherheiten, die nicht das Materielle betrafen, sondern das Gemeinsame. Viele hatten vieles durchgemacht, im Gegensatz zum mitlaufenden Teil der Gesellschaft oder den Jubelpersern für die Machthaber. Sie waren im KZ gesessen, hatten die Heimaten wechseln müssen, Pendler zwischen den Systemen und Ländern, Reisende von Deutschland nach Israel und zurück, nach Frankreich, Algerien, in die Türkei, nach Spanien, in die Tschechoslowakei, die USA, nach Schweden, Aus- und Einwanderer, gefoltert, verhört, verraten, vertrieben. Was für eine bunte Familie, was für eine schöne Bekanntschaft, mit der ich damals durch die Jahre zog. Sie erzählten, dozierten, lehrten und diskutierten in den Organisationen der Linken, stellten das Bestehende in Zweifel, zeigten auf Widersprüche.

Das alles klingt für fremde Ohren möglicherweise heroisierend, ich male vielleicht ein idealisierendes Bild – der Blick zurück, mit dem Wissen von heute. Damals, in den alten Zeiten, waren sie allesamt sehr alltäglich und neben uns. Wir wollten manchmal die alten Geschichten aus dem KZ nicht mehr hören, wieder und wieder erzählt, Lebensbeichten von den eigenen und fremden Irrtümern. Doch wir wollten sein wie sie, und weil das nicht gelang, sollten sie sein wie wir: ordentliche Zecher, Ehebrecher, Ladendiebe, Leute auf unsicheren Beinen, mit Fehlern und Schwächen. Keine Schwäche zeigen – Mensch, das hältste ja im Kopp nich aus.

Eine interessante Gemengelage! In Wirklichkeit war dieser Freundeskreis genauso wie wir, freilich mit der anderen, der Geschichte der Älteren. Es gab aber noch einen anderen Unterschied: Sie wurden wieder oder weiterhin verfolgt, verleumdet, diffamiert, isoliert und bespitzelt in Deutschland. Parteiausschlüsse, Warnungen an uns, was »solchen Umgang« anging, das »Kaltstellen«, Mobbing und Ausgrenzung in politischen Positionen: eine kleine, radikale und muntere Minderheit.

»Wissense, richtig was werden konnten die ja alle nischt. Ich weeß ooch nicht. Nu guckense doch den Fritz Lamm an oder den Theo Pinkus[1], der kam aus Zürich riber und hat seine eigne Bettwäsche mitgebracht, stellnsesich das amale vor! Ooch Juden. Ich will ja nischt sagen, wenn der kam zum Übernachten nach Hause, aber seine Kleider, die warn ja sowas von oll, fadenscheinig, vastehnse? Die ham sich niche-

---

1 Theo und Amalie Pinkus: Linke Aktivisten, Verleger und Autoren aus Zürich.

male n neuen Anzug geleistet. Ich habem vom Erich a Oberhemde geschenkt. Und geschmeckt hats ihnen, das kann ich ihn' aba sagen! Als obse drei Tage lang nischte zu futtern hatten. Nu ja, ja, nu nee, nee …«
Das klassische bürgerliche Familienleben mit »Am Sonntag will mein Süßer mit mir baden geh'n« war also nicht, alles sollte auf den Kopf gestellt werden, alles musste sich um die Idee von den neuen Zeiten drehen, wo's doch überall nach den alten Zeiten aussah! So manches, so vieles war eine wiederkehrende Zumutung für Frau und Kinder, Wegbegleiter, Kollegen, Freunde, Verwandtschaft. Den Rhythmus der Tage, Wochen, Jahre bestimmte meist ich selbst: Immer neue Projekte, und immer unaufschiebbar, notwendig, wichtig und immer wieder herausfordernde, unmöglich erscheinende Pläne – und mein Ehrgeiz, sie auch umzusetzen. Gekauft wurde im Konsum, aber nix aus Südafrika, gereist wurde nach Italien oder Jugoslawien statt Spanien (faschistisch),

Kabarett Stuttgarter Orgler:
Mit Ulrich Cassel und Helmut Bader (Mitte).

die Kinder waren im Kinderladen oder im Zeltlager, die Bücher kamen von der Büchergilde, versichert waren wir bei der Volksfürsorge und am Wochenende war Seminar.

Die Zumutungen eines vorwiegend politisch gedachten Lebens für Eheleute, Kinder, Partnerin, Freundinnen sind groß. Wenn das Politische zum Privaten wird, kann beides scheitern. Aber das Private ist ja politisch, proklamierten die Frauen, und so war das auch geklärt.

Gesagt sein soll: In dieser Bekanntschaft gab es viele aktive Frauen. Sie waren nicht unsichtbar und buken den Hefezopf nur im Notfall und stritten mit uns oder gegen uns und waren vorndran oder vorneweg. Und doch sind sie immer noch und bis heute benachteiligt, müssen meist mehr leisten und besser sein als die Männer, bei denen oft schon die Anwesenheit genügt, um wahrgenommen zu werden.

Es gab Selbstverständliches zu Hause, bei all dem. Dass gemeinsam gewirtschaftet wird. Dass die private Arbeit aufzuteilen ist. Kinderladen oder Wohngemeinschaft mit Diensten für alle. Antikriegstag oder Ostermarsch, Blockade des US-Konsulats und bei der Bildzeitung, 1. Mai: Das waren auch bei uns oft Familienereignisse.

Du hast schon wieder mal den Müll vergessen!

Denkzettel 8

Alle 10 000 Jahre eine Atomunfall. Wie schnell doch die Zeit vergeht! Und Neckarwestheim ist gleich nebenan.

Die Mutter: »Ich ess ja für mein Leben gern Pilze. Und Wild. Das soll ja so verseucht sein, angeblich. Mir schmeckt's trotzdem.«

Stoßgebet

Sonne, Mond und Sterne
habt Euch gerne
stoßt drauf an
macht nichts kapott
sonst schimpft Gott

Kapitel VI

1987
- *Ich lass mich nicht zählen:* Volkszählungsboykott.
- Bundestagswahl: Stimmt's für die Grünen? 8,3 Prozent.

1988
- Vorher hat's das noch nie gegeben: Beim Genehmigungsverfahren für die Wiederaufbereitungsanlage Wackersdorf werden 881 000 Einsprüche erhoben.
- Michail Sergejewitsch Gorbatschow schlägt dem kommunistischen Fass den Boden aus und betont, dass jeder sozialistische Staat sein gesellschaftliches System frei wählen könne.
- Mit Radio Dreyeckland wird in Freiburg das erste deutsche freie Radio legalisiert.

1989
- Public Enemy – scharfkantig und frech, aber eben Ausländer.
- Der Weltuntergang lässt schön grüßen: Ungarn beginnt den Abbau seiner Grenzsperren nach Österreich, der Eiserne Vorhang und die Berliner Mauer bekommen ernsthafte Risse.
- Zum Jahresende müssen auch die Tschechoslowakei und die DDR ihre Grenzen öffnen – zuerst aus Versehen, dann mit Wucht.
- TTT – Täglich tausend Trabbis.
- Im Wangener Theaterhaus gibt's jeden Abend Brathähnchen: Vom Stasi zum Aldi. – *Dann geht er endlich dorthin, wo ihn viele hingewünscht haben – nach drüben: Mit Bankern, Maklern, Versicherungsbetrügern und Gebrauchtwarenhändlern machen sich Marlies Heyl und Grohmann auf den Weg nach Dresden.*

1990
- Nach 30 Jahren Knast wird Nelson Mandela freigelassen.
- Am 18. Mai gibt's einen deutsch-deutschen Staatsvertrag zur Bildung einer Wirtschafts-, Sozial- und Währungsunion – im Juli ist die echte Mark da, ganz legal. Wenn die gewusst hätten …!

Vom Stasi zum Aldi oder: Geh doch nach drüben, Grohmann!
1987 bis 1997

❖ Frankreich verhängt wegen BASF oder BSE ein Importverbot für britische Rindviecher.

❖ Dezember: Erste großdeutsche Bundestagswahl: Grün scheitert im Westen an den 5 Prozent, die grünen Ossis erreichen 6 Prozent.

1991

❖ Die DDR wird verteilt.

❖ Wir verlieren unseren liebsten Feind, die UdSSR, aber wir haben ja noch Saddam Hussein und mehr Angst um die Mark als um den Frieden.

1992

❖ Vom Stasi zum Aldi: Das Stasi-Unterlagengesetz regelts.

❖ Im August Randale und Pogrome: Mehr als 1000 meist jugendliche Rechtsradikale proben den Aufstand gegen Asylbewerber in Rostock-Lichtenhagen – die Polizei ist ihre Macht los.

❖ Brandanschlag in Mölln. Zwei türkische Frauen und ein zehnjähriges Mädchen verbrennen.

1993

❖ Das Internationale Jahr der indigenen Völker.

1994

❖ Mexiko: Aufstand der Zapatisten. Viva Zapata.

❖ 14. Juni: Bundeskanzler Helmut Kohl eröffnet das Haus der Geschichte.

1995

❖ Der erste Castor-Behälter erreicht Gorleben.

❖ Greenpeace besetzt die Ölplattform von Brent Spar.

❖ Metallindustrie führt die 35-Stunden-Woche ein und zehn Jahre später wieder aus.

1996

❖ In Lübeck sterben bei dem Brandanschlag auf eine Asylbewerberunterkunft acht Menschen.

❖ *Auszeichnung mit dem Goldenen Reibeisen der Dresdner Satiretage.*

❖ Das Schaf Dolly, das erste geklonte Säugetier der Welt, lässt schön grüßen.

Denkzettel 1

Im November 1989 wackelt die Berliner Mauer; zuerst aus Versehen, dann mit Wucht: TTT – Täglich tausend Trabbis. Als sie fiel, saßen wir in Stuttgart zusammen und organisierten mit der InterCulturellen Initiative[1] eine Hilfsaktion, die sich »SOS Sowjetunion« nannte. Die sogenannten sozialistischen Systeme im Osten waren längst ausgeblutet – ob sich die Hoffnungen auf Glasnost und Perestroika erfüllen würden, schien uns mehr als fraglich. Aber Michail Gorbatschow hatte dennoch unsere Sympathien, und die sowjetischen Völker hatten für die Befreiung Deutschlands vom Faschismus große Opfer gebracht. Unsere kleine Initiative innerhalb, vielmehr am Rande der Interkultur war aus der Absicht heraus entstanden, Kontakte zu Menschen in der UdSSR zu schaffen, wenn es denn möglich war, im bescheidenen Maße zu helfen – nicht mehr als ein Dankeschön also.

Lass alle Hoffnung fahren:
Die Heimat haben immer die anderen.

Die Formel vom »gemeinsamen Haus Europa« überzeugte uns mehr als die Marschmusik des Kalten Krieges, die ost- wie westwärts immer noch munter gespielt wurde. Und da war ja schließlich noch die DDR. Hier saßen nach unserer Überzeugung die Hundertfünfzigprozentigen: Eine Riege vornehmlich alter Männer von vorgestern, Leute, die früher die eigenen Genossen an Stalin verkauft oder in die Knäste gesteckt hatten, uneinsichtige, sture Böcke, die zu Gärtnern gemacht worden waren ... – die da oben. Ob Prager Frühling oder Polnischer Sommer – jeder Versuch der Erneuerung war von ihnen verhindert worden. Die da oben – und die da unten: Wir sind das Volk! Massenfluchten, ausgeträumte Träume, Men-

---

1 InterCulturelle Initiative, iCi, ein gelungenes Projekt in der Stuttgarter Römerstraße mit Druckerpresse, Spezialitäten aus Italien, Nicolo, Sabine, Loretta und einem großen Freundeskreis: dichten, drucken, lesen, essen. Lebt noch.

schen in der Resignation, die dem untergehenden System keine Träne nachweinen würden.

Als die Mauer fiel, saßen wir im Westen mit einer Mischung aus Bewunderung und Irritation in den Fernsehsesseln – mit offenem Mund. Eine friedliche Novemberrevolution. Eine glücklichere? Ein Schwanken zwischen Skepsis und Stolz, zwischen »Hurra!« und Argwohn: Ein neues, starkes, wiedervereinigtes Deutschland, ein neuer Machtfaktor in Europa? Alles rein ins westliche Bündnis? Eine nationale Welle? Wir sind das Volk. Wir sind ein Volk. Deutschland den Deutschen? Wo ist bloß Volker?

Nein, nix NATO, sagten uns unsere Freunde im Osten. NATO, das kommt nie in Frage. Und sie sagten noch sonst so manches.

Wie man sich täuschen kann.

Denkzettel 2

Die DDR hatte mich immer interessiert und fasziniert, mehr als die Toskana. Wenn's heute umgekehrt ist, sind nicht die Italiener dran schuld. Ich kannte die Kader, nicht nur die reisenden, die uns in Stuttgart besuchten. Ich mochte die Elbterrassen, den Geruch nach Braunkohle und das Stolperstein-Pflaster, das Bier im Ratskeller und die Atmosphäre in der Herkuleskeule, dem Kabarett der Dampfablasser. Die DDR als Faszinosum, viel gemütliches Biedermeier, ebenso viel von einem Menschenschlag, der gern zuhört, gleichermaßen untertänig, gut bürgerlich und staatstreu wie wir alle. Und dann plötzlich das Loch in der Mauer!

Zwar hatte mich der Prozess der Vereinigung verwirrt, überrascht, hatten die nationalistischer werdenden Töne der ausklingenden Montagsdemos vor allem in Leipzig ein unangenehmes Grummeln im Bauch hervorgerufen. So einfältig, dachte ich bei mir, können nicht mal gelernte DDR-Bürger sein. Gut, wir hatten ja auch Kohl wieder und wieder und wieder gewählt und an andere Arten der blühenden

Landschaften geglaubt. Aus welchem Grunde also sollten nun die nicht mehr eingesperrten Arbeiter und Bauern nicht an das Nächstliegende glauben? Was die Westmark vermochte, hatte uns die Hausmeisterin einer Kirchengemeinde in den Achtzigern in Halle erzählt. Sie war im KZ Ravensbrück gewesen, bis zum Ende, litt immer noch an den Schlägen der Schergen: kaputte Hüfte. Das Bad kacheln oder Winterkohlen herbeischleppen – das klappte nur mit harter Mark – für die

Peter Grohmann hat ...

Michael Gorbatschow und
Helmut Kohl:
Sagen, wo's langgeht ...

verdiente Widerstandskämpferin und Kommunistin ein harter Fakt, für uns ein Skandal. Sei's drum – sie lebt noch, jetzt ist ja alles Westen, erzählt sie heute, die Rente reicht nicht, aber sie muss nicht betteln wie seinerzeit.

Es lag nahe, nach der Wende die Seiten zu wechseln, aus Neugier und Notwendigkeit, auch aus dem Gefühl heraus, dass jetzt eine neue Ära angebrochen war, bei der man selbst, jeder auf seine Weise, Chancen zur Mitgestaltung hatte. In den Zeiten von Glasnost und Perestroika waren die Hoffnungen gewachsen, dass der Osten die Kurve kriegen könnte zu einer eigenen politischen und kulturellen Identität, dass die Bürger sich ausstatten würden mit eigenen Rechten, mit Reise- und Koalitionsfreiheit, mit der Freiheit, überall die eigene Meinung verbreiten zu können, dass die Kultur wie im revolutionären Frankreich, im Russland nach der Oktoberrevolution die Menschen in neuer Weise beflügeln würde.

Nein, nein, kein neuer Mensch, den hatten wir ja schon nach '45, und er war inzwischen alt geworden. Aber Citoyen, auch in der DDR! Das spießbürgerliche Gestühl der Theater und Kabaretts von Usedom bis Eisenach müsste man nicht auf den Müll werfen, es würde ein neuer Geist einkehren – dem wären die Polster egal, anderes wäre wichtiger. Die versifften Toiletten in den Museen zwischen Dresden und Rostock würden nicht stören – was braucht es Villeroy & Boch, wenn eine frische Brise durch die Kloschüssel pfeift, wenn ein frischer Wind weht durchs Land und immer und immer wieder zurechtgebogene Geschichte samt ihren gestohlenem oder gefälschten Utensilien endlich frisch und frei und widersprüchlich erzählt werden würde! Und wen hindern schon diese peinlichen, alles andere als sauber-weißen Gardinen in Kantinen, Kombinaten und Klosetts? Man würde eh die Fenster aufmachen zur Straße, zu den Nachbarn hin, den freien Blick nach allen Seiten haben. Lüften. Meister Proper sollte uns gestohlen bleiben. Aber was heißt schon uns?

Ja, was heißt hier schon uns? Wer sollte »uns« sein? Wer wollte »uns« sein und haben? Biermann blieb im Westen, soviel stand fest, und Manfred Krug auch. Und »Karat« blieb im Osten, ging über keine einzige der sieben Brücken, auch die »Puhdys« nicht. Gerulf Pannach und Christian Kuhnert und die Klaus-Renft-Combo, Penck und die Hagen-Frauen, Stefan Diestelmann und Günter »Baby« Sommer waren schon früher Grenzgänger. Gunther Emmerlich blieb dem neuen Staat treu, wie er dem alten treu war, treu wie die »Puhdys«. Auch sonst blieben alle Treuen treu, treu dem neuen Land, das sie gewonnen hatten,

Geh' doch nach drüben.
Aber nicht allein, sagt Vaclav Reischl.

heimlich treu dem alten, das sie verspielt hatten. Bei Kunst und Kultur blieb's, wie es war und ist: Indifferent und ziemlich bequem.

Ich machte mich auf die Socken, geistig gerüstet mit neuen und alten Illusionen, im Gepäck der Zeit noch manches von den Utopien, den nicht erfüllten Wünschen, den Hoffnungen, für die man Verstärkung brauchte, sollten sie sich erfüllen. Was die Illusionen anging: Sie waren, was sie waren, was sie sind – bescheiden. Ich habe den großen Gesten, den großen Versprechungen, den großen Worten nie ganz getraut, war ja schon viel herumgekommen als Flüchtling und Kind von Flüchtlingen, als Vertriebener und Ausgebombter, als Heimgekehrter und Rückwanderer, Ein- und Auswanderer. Ich kannte die deutschen Beamten »diesseits des Stacheldrahts und jenseits des Maschendrahts«. Es war und ist nicht schwer, sie zu erkennen, sie haben das gleiche Handling, ob unter Mielke oder Schily, unter alten oder neuen Oberbürgermeistern. Selten, dass da mal welche aus ihrer sozial-technokratischen Rolle fielen, es sei denn mal zu Zeiten der freundlichen Revolten – ja, ja, ja, damals, nach '68, mindestens diesseits des Eisernen Vorhangs.

Den progressiven Intellektuellen und der subversiven Aktion stand die repressive Toleranz gegenüber – sie haben uns totgeduldet. Wobei es bei den Sozialdemokraten noch schlechter war als bei den Konservativen. In den SPD-regierten Ländern und Kommunen wurde seinerzeit schon mal eher und schneller und brutaler zugeschlagen mit dem Polizeiknüppel als unter den Schwarzen, und bei der SPD waren die Berufsverbote der große Konsens. Es erklärt sich: Die Sozis hatten immer Angst vor dem Vorwurf, mit Kommunarden und Edelkommunisten und Widerständlern zu lax umzugehen. War nicht Willy Brandt eigentlich ein Vaterlandsverräter und Herbert Wehner eigentlich die fünfte Kolonne der Russen in Person?

»Ungeziefer« war kein seltener Ausdruck in den Sechziger- und Siebzigerjahren der Bundesrepublik, wo man ja im Grunde genommen auch davon überzeugt war (und vielleicht noch ist, in der Mehrheit), dass die Wachmannschaften in Auschwitz oder Terezín – zu deutsch: Theresienstadt – oder Dachau nur ihre Pflicht taten und auf Befehl handelten – und im Übrigen hat man ja doch nichts dagegen machen können. Buchenwald vor der Tür, Ravensbrück nebenan: Die Überlebenden, wenn sie denn die richtige Überzeugung hatten, die Kameraden aus den KZs, die überlebt hatten, gingen in den Schulen der DDR aufklärend aus und ein, anders als im richtigen Deutschland, wo sie eins auf die Häftlings-Mützen bekamen und zum Teil bis heute nicht richtig entschädigt wurden. Ich glaube nicht, dass in der DDR der bessere Antifaschismus gelebt wurde – es klappte ja weder mit dem gelebten noch mit dem pädagogisch von oben verordneten, noch von unten. Und dass in diesem kleinen deutschen Land die Rechten nie wieder eine Chance bekämen? Sie haben sie schon.

Tief einatmen. Luft anhalten. Weiteratmen.

Selbst bei unseren naiv anmutenden Ostreisen, lange vor der Wende, wussten wir, dass das Offizierskorps der Nationalen Volksarmee durchsetzt war von alten Kameraden aus Hitlers Stall, dass sich Intellektuelle aller Genres nach '45, nach einer Schamfrist, auf die richtige Seite gestellt hatten und von Partei und Stasi die Absolution bekamen. Das Land war klein – mitunter war es ganz gut, den Herren eine neue Identität zu verpassen. Bei einer der ersten Ost-West-Begegnungen in Dresden (sie waren nicht ganz legal, so weit ging die Reisefreiheit im Westen denn doch nicht) hat einer unserer Stuttgarter Reisege-

Peter Grohmann ☆
Kabarett VOM STASI ZUM ALDI

Auftritt im Dresdner Staatstheater: Kleines Haus.

nossen vor dem gemeinsamen Plenum aus FDJ, FDGB und Stuttgarter Jugend eine Namensliste alter NSDAP-Kameraden verlesen, die in der DDR in Amt und Würden standen. Unsere roten Gastgeber wurden leichenblass, und ich wette, die Verantwortlichen wären am liebsten im Erdboden verschwunden. Solche Wahrheiten waren schlimmster Antikommunismus. Der Zentralrat der FDJ in Berlin wurde alarmiert, es gab eine lang anhaltende Pause, bis die Jungs aus der Hauptstadt der DDR da waren. Von Mädels in zentralen Funktionen von Staat oder Partei reden wir lieber nicht, das Kapitel ist zu traurig und die Frauen zu wenige, um ein Wort mehr darüber zu verlieren. Jedenfalls hat uns weder vor noch nach der Pause auch nur ein Schwein geglaubt.

Frauen – doch ein Wort mehr! Sie haben ihren Mann gestanden, sagte Mann mir, als ich wieder in Dresden war, nach der Wende rückwärts. Sie haben gebügelt und gewaschen und gefüttert und gekocht und in Fabriken und Verwaltungen gerackert. Für die genannten Tätigkeiten bekamen die Frauen der DDR am 8. März einen feuchten Händedruck, mitunter eine Glückwunschkarte, natürlich ein paar rote Blümchen und hin und wieder ein paar Stunden früher frei in der Fabrik. Dort gab es immer noch die Leichtlohngruppen für Frauen – den besser verdienenden Typen (bei gleicher Tätigkeit) durfte frau an diesem Tage, vielleicht aus Rache, die Krawatten abschneiden und abends einen draufmachen. Mein frühes Statement dieser Art nahm mir halb Dresden übel.

Ein erfahrener Kader lud mich sogar zu Wein und Widerspruch extra zu sich nach Hause ein. Meine Frau müsse ich unbedingt mitbringen, seine und meine könnten ja ein echtes sächsisches Abendessen vorbereiten, während er mir zur Rolle der Frau etwas sagen würde. Ich ging hin, man lernt ja nie ganz aus. Der Hausherr zeigte mir die Wohnung. Küche, Schlafzimmer, Wohnzimmer, sein Arbeitszimmer. Wir kamen schnell zur Sache. Er erzählte mir eine Indianergeschichte. Denn mit der DDR sei es wie mit den Indianern. Alles habe man ihnen nehmen

Haus auf der Grenze: Christel Nolle nimmt meiner Mutter das Essen weg.

können, ihre Wälder, die Prärie, die Tiere. Nur zwei Dinge nicht: ihre Geschichte und ihre Sprache. Ausgerechnet ich, der kritische Kabarettist, würde ihnen nun das Wenige, was ihnen geblieben sei, streitig machen: die Geschichte. Wir fegten uns an, dass es eine Lust war. Doch in Wahrheit waren wir beide ziemlich sauer aufeinander, weil der eine den anderen nicht verstand, nicht verstehen konnte oder wollte. Mitten hinein ins hitzige Gefecht über Frauenrechte platzte die Ehefrau meines Kontrahenten. Wir waren inzwischen derart ineinander verkrallt, dass er sie nicht zu Wort kommen ließ. »Wir sind beim Diskutieren – und du mach's Abendbrot!«, giftete er sie weg.

Denkzettel 3

In den Zeiten des Umbruchs und lange, bevor die Mark da war, hatten wir uns umgesehen in Leipzig und Karl-Marx-Stadt, in Dresden, bei politischen Freunden, Bekannten, hatten zu hören versucht, was die da drüben dachten, meinten, sagten.

Das meiste, was wir da hörten von Oppositionellen und den Büstenhaltern des Systems, war noch viel naiver als alle unsere Ideen zusammengenommen.

Geh doch nach drüben – das hatten die freien Westler als Kampflosung immer bereit für alle, die nicht nach der gängigen Pfeife tanzen wollten. Vom Wort zur Tat – am liebsten hätte man die Oppositionellen nach Sibirien geschickt, aber das schickte sich nicht.

Unsere Familie hatte in Elbflorenz und drumrum ein paar Generationen lang gehaust, an diversen Gründungen von Kulturvereinen, Gewerkschaften oder Konsumgenossenschaften mitgewirkt – warum also sollte ich nicht zurück, 40 Jahre später, von West nach Ost? Spuren suchen, mit anpacken bei neuer Kultur, Anstiften zur Unruhe, zum Beispiel gegen selbstzufriedene Gewinner der Vereinigung?

In Stuttgart dachten wir nach dem ahnungslosen Fall der Mauer mit einer Handvoll Leute laut darüber nach, wie denn das wäre – nach drüben zu gehen. 1993 ging ich dann tatsächlich freiwillig dahin, wohin sie mich immer gewünscht hatten. Und so begann der zweite

»Brückenwanderung der 5 Sinne« – angestiftet von Jochen Stankowski.
Auf der Wiese predigt Matthias Griebel.

Sprung in meiner Karriere mit meinem Abschied von Stuttgart, von dem ich 1992 behauptete, es sei einer auf immer gewesen.

Oder mal so gesagt: Wennsde so lange in einer Stadt bist und da tut sich was anderwärts, da juckt dich der Hintern, da kannste nicht mehr ruhig sitzen und zugucken – ja, da hamwa Ade gesagt, Tschüs, Ahoi und sind rübergemacht in die Zone, kurz nach der so genannten Wende, in die Stadt meiner Väter, mit einem ganzen Sack voller Pläne und Ideen, der kapitalistischen Welle vorauseilend – die Marlies und ich. Ja, die Marlies. Ich lernte sie kennen, als wir gemeinsam mit ihr, Dimo Haith und Gerd Vöhringer den Umbau der alten Fabrik in Stuttgart-Wangen in ein Kulturzentrum planten. Die Architekten-Cooperative war für solche waghalsigen Planungen, bei der das Geld knapp und die Ideen großartig waren, der ideale Partner. Es war Liebe auf den ersten Blick, aber Marlies merkte es nicht. Ich hatte all die Jahre vorher in der Stadt Plakate geklebt, in dieser Stadt, in allen Städten, ich bin, alles Lüge, der beste Plakatkleber der Welt. Ich musste offenbar bei meinen Werbemaßnahmen etwas nachlegen. Und so schrieb ich knappe Gedichte, Botschaften für unterwegs, die sie lesen konnte, wenn sie sich auf den Weg machte oder aus der Straßenbahn schaute, hier und da und groß genug angeklebt: DIN A 3, Hochformat, aber wer weiß?

Wieso

Wiese

Liese

komm

Es dauerte etwas, aber sie kam, und wir reisten gemeinsam durch in die neue Zeit: Dresden. Abgeschottet, ausgeschlossen monatelang, der große Umzug. Wegzug, Abzug.

Meine Mutter war nur in Maßen begeistert: »Nu, ich weeeß ooch nich ... Was da auf euch zukommt ...! Und da habbda ja noch weiter, wenn ihr uns mal besuchen wollt ...«

Heimat, du hast mich wieder! Ich konnte nun die neu entstehende Stadt der Verwandtschaft zeigen, »als sei's ein Stück von mir«, der Mutter von Marlies und der ureignen, die die Stadt nicht in bester Erinnerung hatte. Und meinen beiden Jungs Einar und Kolja und den vielen anderen, die uns nachgesehen hatten in Stuttgart, mit Skepsis, guten Wünschen. Und Bangen in Wangen.

Eins möchte ich vorausschicken: Ich hatte es nicht leicht mit meinen sächsischen Brüdern und Schwestern. Ich verstand mich in dieser Zeit als augenzwinkernder Warner: Glaubt bloß nicht alles, was man euch sagt, das ist Propaganda, Werbung, PR! Die Menschen haben vor allem mir nicht alles geglaubt. Die Sehnsucht der Indianer nach den Glasperlen des Christophorus Columbus war stärker.

Es müsste, dachte ich mir, doch einen dritten Weg geben, den Weg zwischen dem vertrockneten System der DDR, das seine Bürgerinnen und Bürger einsperren musste, damit sie nicht das Weite suchten, ein Land im Herzen Europas, in dem nur der Mangel reichlich zu haben war, ein dritter Weg vielleicht zwischen dem, was eben, mehr oder weniger, den Geist aufgegeben hatte – und jenem Paradies, aus dem wir kamen: dem habgierigen, nur auf Profit ausgerichteten System der Kolonisatoren. Ich übersah allerdings geflissentlich, dass wir ja auch dazugehörten. Aber wir waren doch die Guten aus dem Westen, merkt ihr denn das nicht?

Denkzettel 4

Ja, die Frauen – ich hab sie nie richtig verstanden. Pfeifst du im Westen einer hinterher, weil sie einen fetzigen Arsch hat und du das irgendwie durch den Beifallspfiff honorieren willst, kann es passieren, dass sie dir eine scheuert. Deshalb pfeife ich bestenfalls in mich hinein, aber auch das geht nicht immer gut. Anders in den neuen Ländern, wo noch die alten Sitten herrschen. Sie dreht sich um, sie freut sich, sie lächelt, sie zwinkert dir zu. (Es sei denn, du siehst aus wie ich. Aber dann musst du auch nicht pfeifen.)

Zur »Eröffnung« unsrer Dresdner Wohnung luden wir ein befreundetes Ehepaar ein – gelernte DDR-Bürger, um ein über die Maßen von gelernten DDR-Bürgern strapaziertes Wort einmal mehr zu strapazieren. Sie hatten Blümchen dabei. Alle Besucherinnen und Besucher haben Blümchen dabei, ich fürchte, auch wenn man einen Mann besucht oder wenn gar ein Mann einen Mann besucht, darf der Blumenstrauß nicht fehlen. Daran erkennt man übrigens schnell den Wessi – der bringt keine Blumen mit und wird dafür insgeheim verachtet, als Geizhals. Blumen sind quasi das Entree für die neuen Länder – und insoweit hatten es die Grundstücksmakler aus München und die Versicherungsfritzen aus Hamburg und die Vertreter von Bertelsmann oder so immer leichter als unsereins: Die haben ihre Blumen nie vergessen, und der Strauß wurde dicke honoriert.

Zurück zu unserem Ehepaar, das nicht nur Blümchen dabeihatte beim Antrittsbesuch, sondern auch jenes berühmte Beutelchen aus der DDR-Faser Dederon. So ein Beutelchen muss jeder (sorry, es muss sein) gelernte DDR-Bürger immer bei sich haben. Es könnte ja was einzupacken geben. Sie strahlten uns an, packten das Beutelchen aus: Pootschen! Das kann sächsisch oder schlesisch sein, heißt aber Hausschuhe, Pantoffeln, Filzlatschen. Der zu Besuchende hat eine Auswahl davon meist neben der Wohnungstür stehen, damit sich der Besucher seiner Straßenschuhe entledigt. Sie bestanden darauf – bei der schönen Wohnung, alles Marmor, alles Parkett – du wirst doch deiner Frau nicht unnötig Putzarbeit machen! Darum geht's nicht, hätte ich gern gesagt, bei uns putzt doch Frau Gast, und der entgeht nichts. Stattdessen wies ich auf unsere Straßenschuhe – aber sie waren schon in die Mitgebrachten geschlüpft.

Rundgang also. Büros, Wohnzimmer. Die Gardinen komm' wohl noch? Hat ja Zeit, hat ja Zeit – aber ein leichter Vorwurf war nicht zu überhören, hingegen überhörten unsere Freunde, dass die Gardinen nie kämen – wir leben gardinenlos, was unsere Freunde im Osten nie begriffen haben. Bei der Küche angekommen, strahlt mich der Besuch an: Das Reich der Frau. Dass man es so sehen kann, haben wiederum wir nie begriffen, bis zuletzt.

Also doch ein trauriges Kapitel, auch kulturhistorisch gesehen, die Rolle der Frau in der DDR! Und heute, würden mich die Frauen fragen? Heute? Ja, heute. Scheidung schwerer gemacht. Keine Leichtlohngruppen mehr. Gleicher Lohn für gleiche Arbeit. Aber Arbeit für Frauen gibt es nicht. Pech gehabt. Bleibt der feuchte Händedruck am 8. März, zum Internationalen Frauentag.

Der Alte hockt zu Hause und zappt sich durch 32 Programme. »Gab's früher auch nicht«, sagt Mutti. Der Alte ist 24, Mutti 19. Hin und wieder schlägt er sie, aber nicht dolle. Gab's früher auch nicht. Sie wäre vermutlich in die Semper-Oper gegangen, mit der Brigade, er ins Theater Junge Generation, mit der Brigade. Sie wären nicht in der Partei gewesen, aber im FDGB. Sie hätten die Welt verstanden. Sie hätten gesagt: DDR – klein, aber mein. Sie hätten es geglaubt. Heute kommen Kinder nicht in Frage bei ihnen – bei diesen Aussichten. Früher kamen Kinder nicht in Frage, bei diesen Aussichten.

Und keiner reißt sich den Arsch auf, wenn ein Kindergarten zumacht. Keine macht das Maul auf, wenn ein Theater schließt oder der letzte Tante-Emma-Laden hopsgeht, weil Aldi und Lidl billiger sind und frischer. Keiner meckert, wenn die Straßenbahn die Tarife erhöht. Jeder rennt hin, wenn ein neues Autohaus eröffnet wird: Freibier bis zum Umfallen, steht auf den Plakaten, 10 000 Besucher sollen es gewesen sein. Als die IG Metall in Chemnitz zum Protest gegen Lehrstellenabbau bläst, bleiben die Funktionäre unter sich. Traurig, aber wahr. Und doch ist der Schluss falsch, der Schluss, dass es den Leuten piepegal ist, ob ihre Kinder eine Lehrstelle kriegen oder nicht. Denn das wissen sie ja.

Bei den neuen Autos gibt's jede Menge Lustgewinn, sogar ohne Freibier und Probefahrt. Hier herrscht echte Wahlfreiheit – im Gegensatz zu den freien Wahlen. Hier können Angebot und Nachfrage geprüft werden – und glaubt bloß nicht, in Sachen Auto lässt sich ein Ossi hinters Scheinwerferlicht führen. Wenn der gelernte usw. usw. von etwas eine Ahnung hat, dann von Technik, von Autos. Denkt er. Und er kauft zu große und zu luxuriöse und zu teure Autos, die zu viel Sprit verbrauchen und zu schwer und zu schnell sind, und er kauft bei aller Ausländerfeindlichkeit selbstverständlich lieber einen Japaner, weil du da noch was für dein Geld kriegst, denkt er.

Das Auto kann man mehr oder weniger sofort mitnehmen, undenkbar in der guten alten Zeit. Man erinnert sich, wie schwer es war, an den ersten Trabbi ranzukommen, was für ein Fest, als das Auto vor der Tür stand, vom Wartburg gar nicht zu reden, und wie man in die Hohe Tatra gefahren ist mit Kind und Kegel und Zelt – herrlich, aber nur einerseits. Der Chef des Autohauses hört zu, er kennt ja die Geschichte, und man kennt den Chef des Autohauses, Parteisekretär damals, grundehrlich wie der Japaner, auch wenn er eine Bürgschaft von der Omi und noch eine von der Tante verlangt. Wenn's mit den Raten nicht mehr klappt, wird die Karre abgeholt. Das gibt Tränen, aber die Welt geht nicht unter. Dann eben Last-Minute nach Bulgarien. Gelernte DDR-Bürger, im Westen angekommen. Gemeckert wird nicht, sagen sie, Ehrensache!

Um Himmels willen, Herr Grohmann, was hatten Sie denn erwartet? Bei euch im richtigen Deutschland hat sich doch auch keiner den Arsch aufgerissen für n Appel und n Ei oder etwa für ne Idee! Die hatten doch alle nur eins im Kopp: Kohle, Karriere. Und den Kohl, euren Kanzler, bitte schön, den ihr jahrelang mit rumgeschleppt habt, den sollten wir plötzlich in die Wüste schicken – an eurer Stelle? Nee. Etwa für Willy Brandt und Oskar Lafontaine und wie hieß denn der andere noch mal? Eine witzige Idee: Wir, eingesperrt 40 Jahre lang, hinten und vorne von der Stasi bespitzelt, immer mit einem Fuß in Bautzen, mit dem anderen auf dem Weg zum Postamt, um euer Paket abzuholen – »Dein Päckchen nach drüben« –, sollen von jetzt auf nachher dieses fett und lahm gewordene gemeinsame Deutschland erneuern, von Grund auf. Eine neue Verfassung, wie von Eurem Grundgesetz vorgeschrieben – na, wenn's sonst nichts ist! Eine neue Regierung? Bitte sehr, gern. Vielleicht in Richtung Demokratie-Erneuerung? Und wie wär's mit einem Schuss Wirtschaftsdemokratie? Machen wir! Wir hatten ja 40 Jahre lang Zeit, über die Zeit nach den 40 Jahren nachzudenken. Sonst noch ein Wunsch? Wie wär's denn mit etwas in Richtung »Dritter Weg«?

Also nichts Kommunistisches, da würden Sie uns falsch verstehen. Eher so ein bissel erneuerte Sozialdemokratie, gepaart mit ostdeutscher Bürgerbewegung. Eben – die Erfahrungen der friedlichen Revolution vom November '89, ein gezähmter Kapitalismus, vielleicht fürs Erste eine Konföderation Deutscher Staaten, der Gewaltfreiheit verpflichtet, Versöhnung statt Verfolgung ...

Sagen Sie mal ehrlich: Euch im Westen haben doch die Amis bedient wie im Paradies. Wir in der DDR mussten für das ganze Deutschland blechen. Uns haben sie die Lokomotiven und die Schienen geklaut und in die UdSSR geschleppt, die Maschinen und Anlagen und Geräte und alles, was nicht niet- und nagelfest war, als Reparation. Jahrelang mussten wir für die zu Null produzieren – und wenn wir trotzdem nicht untergegangen sind, lag's nicht an

Dresden nach der Wende: Wessi-Villa in Klotzsche.

euren Päckchen, sondern an unsrer Kreativität, an unserem Erfindergeist! So ist es. Wenn bei uns einer das Maul aufgemacht hätte, wenn er sich auf die Schienen gesetzt hätte, um den Abtransport zu verhindern, wäre er erschossen worden.

Ihr habt eure Fabriken besetzt im Ruhrpott, als die Tommies die Maschinen holen wollten. Und wenn jemand das Maul aufgemacht hat und geschickt genug war auf eurer Seite, bekam er ein Interview im »Spiegel« und ein paar Tausender auf die hohle Hand. Und eure Frauen, die jetzt neidisch sind auf die Ossi-Weiber, weil die paar Euro mehr Rente kriegen, haben doch nach dem ersten Kind schon schlapp gemacht, sind zu Hause geblieben, wollen sich die Hausarbeit bezahlen lassen, während unsere Muttis Busse und Bahnen lenkten oder auf Nachtschicht waren und anschließend in der Schlange standen nach paar Flaschen »Wernesgrüner«, um dann die Gören in die Schule zu bringen.

Es war ein Stafettenlauf – vor Dresden, in Dresden, nach Dresden. Wir haben den Prozess der Einigung, der Vereinnahmung, der Eroberung, der Befreiung von verschiedenen Perspektiven aus verfolgt. Über das Kapital, die Rolle, die das große und das kleine Westgeld spielen würden, gab's keine Illusionen – ein Land auf dem Weg zum Profit. Opfer seien notwendig, sagten Politiker und Unternehmer mit schmerzentstellten Mienen. Na ja, als dann, nur ein Beispiel, die Kali-Kumpel in Bischofferode 1995 in den Hungerstreik traten, waren auch wir angekommen im anderen Teil und wussten, dass die Kumpels eher das heilige Sakrament als Solidarität bekommen würden von ihrer Notgemeinschaft Ost. Aber ganz, ganz viele Unterschriften, ehrlich! Wir sammelten mit, und die Leute nannten uns dann meist liebevoll Wessis und wir sie Ossis, und keiner der Begriffe hatte den bitteren Beigeschmack von heute.

Ein Zurück gibt's nicht, war unser Credo, als die Koffer gepackt waren in Stuttgart. Denn wir wussten, wie ungeschickt sich viele der aus dem Westen Geschickten in Neufünfland taten, wie schwer es manche Zwangsverpflichteten hatten mit dem Umdenken und Andersdenken und Einleben und wie wichtig monatlicher Familienheimflug, Urwaldzulage und Beförderung waren. Solche Privilegien – besserer Lohn für gleiche Arbeit – machten den Zuwanderern das Leben schwerer. (Schwerer, nicht leichter? Wenn schwerer, dann auch den Eingeborenen.) Und manchmal wusste ein Pappkamerad aus dem Westen tatsächlich mehr als ein verdienter Kader, der eine Eins bekommen hatte in Marxismus-Leninismus und trotzdem die Welt nicht verstand. Kein Grundwiderspruch: Häufig waren die Besserverdiener tatsächlich die Besserwessis der kapitalistischen Gesellschaft.

Wir dagegen – wir waren richtige Kerle, Selbstständige, nicht Staatsknechte, unabhängig, oh, là, là, erfahren im Umgang mit Kapital und Arbeit und Meißner Wein.

Ob Freiburg oder Freiberg – man wird doch noch Spaß verstehen! Unsere grandiose Idee: Der Kabarettist und die Architektin, der Fotograf und die Anwältin, der Sekretär und die Schneiderin werfen ihr Geld in einen Topf und kaufen eine leer stehende Fabrik. Reizende Aussichten – so richtig loslegen, »Gutes tun« (Funny van Dannen) für sich selbst und steuerlich gefördert werden, vielleicht sogar reich werden (etwas Vermögen sammeln) und links bleiben, irgendwie ...

Denkzettel 5

Unsere Pläne lasen sich wunderbar, gedruckt, als Exposé. Es waren die teils festgezurrten, teils lockeren Ideen einer Gruppe von Menschen aus Stuttgart – darunter ein Richter und eine Lehrerin, ein Geologe, eine Architektin, eine Sozialarbeiterin, ein Gewerkschafter, ein Künstler, eine Journalistin.

Wir wollten in Dresden nach der Wende etwas ganz Neues auf die Beine stellen, ja, so etwas wie ein »Neues Haus«: Ein offenes Projekt, in dem sich Ost und West begegnen könnten auf kleinem Raum. Eine vergammelte Fabrik suchten wir, leer stehende Verwaltungsgebäude, Platz zum Bauen: Die Stadt war voll davon!

Wohnen und arbeiten unter einem Dach – jetzt in Dresden! Wir dachten, wir wüssten, wovon wir träumten. Schließlich hatten ja einige von uns in den vergangenen Jahren in Stuttgart ohne große Mittel und ohne große Worte schon ein paar lebensfähige und durchaus interessante Projekte auf den Weg gebracht. Der alte Club Voltaire der frühen Sechzigerjahre inmitten der Altstadt, zwischen Bordellen und Bredouille, das Theaterhaus in Stuttgart-Wangen, immer nahe am Abgrund, doch zäh und voller Lebenskraft, Wohngemeinschaften und Kinderläden, der Umbau von zwei Fabriken zum Leben und Arbeiten –

die alte Schnapsfabrik in der Weißenburgstraße und die Nudelfabrik in Rohracker.

Wir hatten Ideen für das Dresden von morgen, es waren andere als die der Investoren, andere als die des schnellen Geldes. Unser Erspartes würden wir in den großen Topf der so genannten Wiedervereinigung werfen: Man war großzügig in jenen Jahren gegenüber Leuten mit neuen Einfällen, dachten wir und machten uns mit großer Euphorie auf den Weg.

Die Grundidee war einfach: Wir erwerben eine dieser tausend heruntergekommenen und leer stehenden Fabriken, aus deren Dachrinnen Bäume in den blauen Himmel wuchsen, und zeigen den volkseigenen Funktionären ebenso wie den Delegationen von Stuttgarter Bank oder Autohaus Maier oder Allianz, was eine Harke ist.

»Stellen Sie sich vor«, erläuterte ich dem Kulturbürgermeister, bei dem ich jeden Tag auf der Matte stand, bis er endlich ein Einsehen hatte und mir eine halbe Stunde seiner kostbaren Aufbauzeit schenkte, samt Sekretärin, die mitstenographierte in ganz, ganz knappem, engem, schwarzem Rock und dünner weißer Bluse, noch enger, und die Wäsche darunter schwarz.

Ich holte tief Luft und sah beiden fest ins Gesicht. »Es ist gewissermaßen ein revolutionärer Plan« – beide sahen sofort erschrocken hoch –, »ein revolutionärer Plan im besten Sinne des Wortes! Stellen Sie sich vor«, erklärte ich und rollte mein Modell auf, »stellen Sie sich vor, unsere Fabrik hat drei Etagen.« Sie nickten. In der oberen Etage Wohnen. Dachgärten, hell, Lofts. Sie runzelten die Stirn. Lofts?

Dann die Wohnung für einen Stadtschreiber, beispielsweise. Gästezimmer. Kleine und große Wohnungen, flexibel. Gemeinsame Räume, private Räume, nicht sechs Waschmaschinen, sondern eine, eine große …

Der Kulturbürgermeister runzelte die Stirn: »Aber es gibt doch nu genügend Waschmaschinen …?«

Auf solche kleinlichen Einwände konnte ich seinerzeit selbstverständlich nicht eingehen, sondern ich machte mit Begeisterung weiter: »Im mittleren Bereich Arbeiten! Ateliers, offene Ateliers, für Künstlerinnen und Künstler aus Ost und West! Architekten, ein Pool für Journalisten, Computerfachleute, Freiberufler. Maschinen, die wir gemeinsam nützen können, Kopierer, Drucker, ein Verlag, flexible Arbeitsplätze, behindertengerecht. Ein Aufzug muss sein.« Ich holte Luft, und der Kulturbürgermeister musterte unauffällig mein Bein.

»Und unten, im Erdgeschoss« – ich war außerordentlich begeistert von mir –, »ein Kinderladen, und hinterm Haus direkt ins Grüne, in den Garten! Dann eine Freihandbücherei, fürs ganze Viertel! Eine Fahrradwerkstatt. Räume für Kultur, Kabarett, Kleinkunst! Vielleicht eine Werkstatt für einen Bildhauer. Eine Kneipe, Paolo vielleicht ...«

Der Kulturbürgermeister war irritiert.

»Ein italienischer Wirt aus Heslach, ein guter Freund von uns, könnte auch finanziell was reinschießen.« Ich war froh, dass mir das mit Paolo noch eingefallen war, vielleicht würde der ja wirklich mitmachen!

Aber die sächsischen Ureinwohner waren doch etwas ratlos, ja misstrauisch. Sie ließen sich dies und jenes erläutern.

Gestählt und gewappnet von der Stuttgarter Frauenbewegung, das Frauenhaus im Sinn, Sarah im Rücken und Mascha im Kopf, erläuterten wir eine weitere große Idee.

»Und dann ein Frauenzentrum. Zuflucht für geschlagene Frauen ...« Ich machte eine Kunstpause.

»Geschlagene Frauen?« Der Dezernent für Kultur sah den Dezernenten für Finanzen an, der Dezernent für Soziales, Ausländer und Frauen die Sekretärin. Ihnen fiel es jetzt wie Schuppen von den Augen. Die Sekretärin, sie hatte eine Körperhaltung, die zunehmende Ablehnung signalisierte, sah mich fast ein wenig verächtlich an: »Sie glauben also, hier werden Frauen geschlagen ...?« Ja, um Himmels willen, ob denn das wirklich unser Ernst sei? Und was es in diesem Kinderladen da zu kaufen geben solle? Und ob man wirklich ein italienisches Lokal ...

Insgesamt war es eine gelungene Präsentation und wir hatten ein gutes Konzept entwickelt, die Sache rechnete sich, auch wenn niemand über größere Summen verfügte, die Kontakte waren rasch hergestellt. Der Ossi als solcher ist ja neugierig. Das mit den geschlagenen Frauen gab letztlich den Ausschlag, das Missverständnis war nicht aufzulösen, und es sollte nicht das letzte sein.

»Die unterschiedlichen Erfahrungen, die man vor der Wende in Ost und West gemacht hatte, bestimmten nachhaltig die jeweiligen Denkmuster und Verhaltensweisen, was zu Missverständnissen und Vorurteilen führte«, heißt es bei einem »Wikipedia« ähnlichen Dienst.

Alle Objekte, die wir mit viel Mühe gefunden hatten, wurden uns vor der Nase weggeschnappt. Pech. Die Zeit war noch nicht da für das eher bescheiden Daherkommende. Und wenn es noch so großkotzig klang – an den Schaltstellen saßen Leute, die »Monopoly« kannten – was willste da mit Bahnhofstraße, Mann! Rechts und links daneben waren BMW und die Deutsche Bank erfolgreich, IBM und Ellwanger und Geiger, die Allianz, Daimler alles, was Rang und einen schlechten Ruf und Geld hatte, investierte, kaufte auf, riss ab, verscheuerte.

Und wenn wir dann doch mal bis in Vorzimmer kamen – die Damen waren die alten –, scheiterten wir spätesten beim Begriff »Geschlagene Muttis«. Erstens gab's die nicht, nicht in Dresden, und zweitens, wenn es sie denn gegeben hätte, gäbe es Wichtigeres. Als wir dann auch noch behaupteten, eigentlich ginge es uns nicht um die Profitmaximierung, war der Ofen ganz aus. Vielleicht hätte man uns das mit den geschlagenen Frauen noch verziehen – aber das mit dem »Nicht-Geld-Verdienen« glaubte schlicht kein Mensch. So dumm war niemand. Außer uns.

Nu ja, ja, nu nee, nee.

Denkzettel 6

Mit der Wende mussten sich 17 Millionen Ostdeutsche an neue Verhältnisse gewöhnen, nachdem die alten nicht mehr getragen hatten. Von heute auf morgen von einem lernresistenten, autoritären Land mit einer maroden Staatswirtschaft husch, husch zu Demokratie und Marktwirtschaft. Geht das gut? Geht das leicht? Die Wiedervereinigung war für die Ostdeutschen ein gravierender Einschnitt in alles da gewesene Leben – für den Wessi änderte sich wenig, außer, dass die Datsche am Rande der Heide jetzt ihm gehörte wie das Radeberger Bier und der Rotkäppchen-Sekt.

Erdbeeren pflücken auf dem großen Feld, das früher der landwirtschaftlichen Produktionsgenossenschaft gehörte, dem alten Feld zwischen Autobahn und Dresdner Heide, das sie LPG5-Acker nennen.

Erdbeeren pflücken – selbst ist der Mann. Doch der sitzt in der Kneipe mit den anderen, hadert, zetert, singt und knurrt und murrt, verflucht die neue und die alte Zeit und bestellt sich ein neues Eibauer: Schwarzbier aus der Lausitz, aus dem Fass und tief und kühl und Trost spendend nach dem dritten, frühestens.

Neue Verhältnisse oder alte Kameraden? Unterschätzte Neonazis.

Zu Hause wartet Mutti auf einen Anruf. Entweder, dass er besoffen ist und geholt werden muss – wie mein Vater seligen Angedenkens in den Zwiefalter Zeiten der Missachtung und Ignoranz, damals, in den Fünfzigerjahren – oder dass er überhaupt nicht mehr kommt.

Viele Frauen werden abgetrieben, viele Kinder. Viele Männer werden abgetrieben in diesen Jahren nach der Wende, in der sie den Glauben verloren haben wie mein Vater – den Glauben, je wieder Arbeit zu finden, und sei's die beschissenste, in der sie die Würde verlieren, weil man nicht mehr gebraucht wird im Leben, wo doch ein jeder gebraucht werden will im Leben, sonst ist's nichts mit dem Leben; im Leben, in dem du glaubst, dass dich alle um dich herum mitleidig belächeln, wenn du's nicht merkst, hinter deinem Rücken; sie wünschen dir Glückauf und fragen, was die Bewerbungen machen, scheinheilig, als ob du nicht sagen würdest,»Los, Jungs, eine Runde für alle«, wenn du das große Los gezogen hättest, das Glückslos, bei dem dich die Frau an der Glückstrommel glücklich ansieht und flüstert:»Stimmt diese Nummer mit der Nummer auf ihrem Glückslos überein, dann haben sie gewonnen ...«

Mutti wartet. Sie wartet. So wie der Alte in der Kneipe aufs nächste Eibauer wartet, wartet Mutti auf Anrufe. Sie rufen ja heute an, das ist ärgerlich, weil du nicht aus dem Haus kannst, was denken die denn, wenn sie anrufen und der Anrufbeantworter an ist, sie haben vielleicht eine Frage:»Wären Sie mit Lohngruppe 3 einverstanden?« Oder:»Können Sie vielleicht schon morgen anfangen?« Um Himmels willen, was zieh ich bloß an? Die weiße Bluse passt ja immer, aber der schwarze Rock

Werner Ehlich besorgt ein Denkmal fürs Haus auf der Grenze.

ist in der Reinigung, hätt ich ihn doch abgeholt, aber vielleicht hätten sie ja eben dann angerufen.

Ein Anruf, denkt sie. Einer müsste kommen heute, bei 50 Bewerbungen. Okay – zwei Kinder. Zugegeben, das ist ein echter Nachteil bei der Wohnungssuche und ein schlimmer Nachteil bei der Stellensuche. Obwohl die Älteste schon zwölf ist und aufpassen könnte auf die Kleinere, wenn mal was wäre.

Aber Mütter auf Arbeit, hat ihr mal einer gesagt, Mütter auf Arbeit sind unberechenbar, wenn's um die Kinder geht.

Mutti weiß: Schon ein Kind ist ein Nachteil in Zeiten, in denen »Komplett-Anwesenheit« verlangt wird. Viele Firmengründer haben's schwer im Kampf auf dem neuen Markt. Sie müssen auf Nummer sicher gehen in den neuen Ländern, sagen sie. Denn hier, wo das Private so hoch im Kurs steht, vor der Wende, nach der Wende, könnte es vorkommen, dass jemand früher geht oder später kommt, nur weil zu Hause ein Kind weint.

Und: Weiß man's, ob nicht jemand blaumacht, nur weil Tante Erna in Zittau 90 wird? Hier war alles möglich, flüstert mir der Firmengründer aus Ulm ins Ohr, Baugeräteverleih, Kräne. Steuerlich interessant, Herr Grohmann. Sie suchen doch ein Haus in Dresden? Ich hätte da was für Sie. Eine Nähmaschinenfabrik, Pieschen. Lachen Sie nicht. Mit Personal. Haben da nicht Ihre Großeltern gewohnt? Mit Personal. Das Ganze für 2,7 Millionen. Lachen Sie nicht, Herr Grohmann, Sie sind doch letztlich auch so ein Cleverle wie der Lothar Späth, machen Sie mir doch nichts vor! Der kam auch mit nix aus Stuttgart und ist jetzt in Jena der gemachte Mann. Sie moralisieren zu viel. Wenn Sie Gutes tun wollen, tun Sie's! Aber ein reicher Mann kann nun mal mehr Gutes tun als ein armer Wicht. Nicht, dass Sie mich missverstehen.

Kapitalismus, Kapitalismus. Was heißt schon Kapitalismus? Sie gründen für die Nähmaschinenbrüder eine Beteiligungsgesellschaft, von mir aus mit der Gewerkschaft. Sie kaufen den ganzen Ramsch auf, übertragen die Villa ihrer Frau, die Löhne übernimmt das Arbeitsamt, den Verlust verrechnen Sie mit dem Finanzamt und die Firmengebäude sind die Sicherheit, wenn Sie pleitegehen.

Was habe ich davon?

Was Sie davon haben? Die Villa! Und wenn Sie die nicht wollen, Mann, dann packen Sie Asylbetrüger rein, in jeden Raum vier Mann, macht rund 80 Mann. Räume für Asylbewerber werden dringend gesucht, sag ich Ihnen, kein Arsch will die doch in seiner Nachbarschaft haben, verständlicherweise! Sie doch auch nicht, wenn Sie ehrlich sind.

Da können Sie doch endlich den Gutmenschen raushängen, Grohmann! Der Staat zahlt Ihnen pro Nase fürs Unterbringen 22 Mark am

Tag. Rechnen Sie mit? Nein? Na gut, mir soll's egal sein, ich suche ja kein Haus in Dresden.

Aber nur mal probehalber, passen Sie auf: An Unterkunftskosten für jeden einzelnen Asylanten, ohne Verpflegung, aber mit Nasszellen, Kochgelegenheit und den Grundkosten für Heizung, Licht, Wasser zahlt der Staat wie gesagt 22 Mark, pro Schlitzauge 660 Mark, Belegung im Vierbettzimmer möglich, 80 Leute kriegen Sie gut und gerne unter, das kann Ihnen auch die Sächsische Zeitung dokumentieren, 80 mal 660 macht 52 800 Mark im Monat mal 12 macht 633 600 im Jahr. Übrigens – so gut hatten die's noch nie im Leben, die Zigarettenschmuggler. Und in vier Jahren gehört der ganze Schmonzes Ihnen.

Die Geschichte ging natürlich noch weiter, weil ich wissen wollte, wie so was läuft, und weil ich die Finanzierungsmethode interessant fand und in jedem von uns ja der gute Mensch von Sezuan steckt – und dem reicht's meistens nur zu einer Spende für Greenpeace oder die AnStifter, das weiß ich doch und hab immer Sehnsucht nach Leuten, die mir endlich mal zuzwinkern und sagen: »Was brauchen Sie denn für Ihren Verein in diesem Jahr, Herr Grohmann?« und dann das Scheckbuch zücken und so ein Scheinchen ausfüllen und es über den Tisch schieben, ganz unaufdringlich, und abwehrend sagen: »Nein, nein, nichts zu danken, ich kann's ja bei der Steuer geltend machen. Denken Sie einfach an die Spendenbescheinigung, wäre ganz lieb von Ihnen.«

Da ist nichts Illegales dabei, es geht alles mit rechten Dingen zu, alles streng nach Gesetz und Ordnung, auch was die Steuern angeht, schauen Sie einfach beim Konz nach, ein Steuergenie für alle legalen Tricks. Ja, natürlich, man muss die Lücken kennen, man muss ein Händchen haben, sonst ist nichts zu wollen.

Beschäftigungsgesellschaft, Qualifizierungsgesellschaft – das ganze Land ist ja im Transfer. Transferleistungen, mein Ulmer Freund mit seinen Baumaschinen ist jetzt pleite, kein echter, kein wirklicher Freund, er hatte in Dresden ein kleines Imperium auf dieser Strecke, aber das Schicksal erwischte ihn – und das Betrugsdezernat. Trennung von Frau und Kindern, ganz süße Kinder, und das mit 42. Er musste alles verkaufen, verschleudern, Leute entlassen. Jetzt lebt er abseits der Massen, einsam fast, auf Lefkada. Eine bescheidene ionische Insel, bei Touristen unbekannt, Lefkas also, griechisch. Wunderschöne Strände. Wandern, hinauf zu den romantischen Bergdörfern. Dort hat er jetzt ein kleines Anwesen, 4000 Quadratmeter, etwas eigenen Wein und Oliven, ja, eine Haushälterin und eine Köchin und drei, vier Hilfskräfte, die das Gut in Schuss halten.

Draußen vor der Lagune, schreibt er mir, liegt sein Boot. Seine Frau ist auch wieder bei ihm, die beiden Kinder gehen auf ein Internat in der Schweiz und entwickeln sich groß-artig. Die Lagune ist übrigens ein Para-dies für viele Wasservögel, Sie müssen unbedingt mal kommen, ausspannen, Grohmann, ausspannen …!

Hammer, Zirkel, Sternenbanner:
Fackelträger der Wahrheit.

Unsere Mutti, wenn Sie den Faden noch kennen, den ich verloren habe, den Fa-den des Vaters, der sein Eibauer trinkt, vermutlich sein siebentes, wenn er nicht schon sturzbesoffen in der Pissrinne liegt, und die Mutti, die zu Hause mit den beiden Gören auf einen Anruf war-tet und sich nicht aus dem Haus traut, weil vielleicht just da der Anruf kom-men könnte. Sie hat bei meinem Ulmer Freund im Dresdner Büro ge-arbeitet, zwölf Stunden am Tag, alles in allem, bis zur Pleite eben, und sie weiß, wie wichtig Personal ist, das zur Verfügung steht.

Die Wiedervereinigung Deutschlands kommt nicht noch einmal, kein »da capo«. Mutti weiß, dass das Fulltime-Job heißt, auch wenn sie besser Russisch als Englisch kann.

Also Kinder hin, Krankheit her – »Komplettanwesenheit« noch vor dem Vorstellungstermin. Denn der ganze Mensch wird gebraucht für den Aufschwung Ost – du brauchst gar nicht erst hin, wenn du nicht mithalten kannst. Wer nicht mithalten kann, muss nirgends mehr hin.

Mutti hofft noch – bei 50 Bewerbungen ein Treffer, so haben's ihr die Kolleginnen gesagt, die Glück hatten, aber keine Kinder. Komplettanwesenheit – das ist eine Neuerung und wird privat vereinbart. Es ist so etwas wie die jährliche Komplettreinigung der Goethestraße: Jedes Auto, das noch im Weg steht, wird abgeschleppt. Die Gullys müssen sauber sein, nicht nur in der Goethestraße.

Mutti wartet im wiedervereinigten Komplettland. Oh, nur keine Angst – warten hat man gelernt hierzulande, vor allem die Frauen. Mitunter warten sie noch heute auf die Rosen vom Frauentag im letzten Jahr. Die Rosen gab's früher so sicher wie das Fest der Brigade. Aber heute ist nicht mehr früher, das Warten hat eine neue Qualität, einen neuen Ton. Es ist der Ton des Telefons, das Klingeln, das Läuten. Wenn Mutti Pech hat, ist es wieder Oma, ausgerechnet jetzt, wo die Leitung freibleiben muss für das Stück Hoffnung. Welches Personalbüro ruft schon zweimal an heutzutage, frag ich Sie? Eben, sag ich doch.

Erdbeeren pflücken oder in die Kirschen fahren bei Berlin? Die sind jetzt reif, die Kirschen, Arbeit massenweise auf den großen Kirschfeldern vor Berlin, ein zwei Autostunden von hier …

Vater, abgewickelter Ingenieur bei Robotron, ist bei einem weiteren Eibauer und kommt nicht hoch in diesen Zeiten, in denen kein Wind die Segel streicht, kein Hauch Hoffnung rüberweht nach Neufünfland. So mancher hier in Dresden lässt sein Eimerle zu Hause wie er: Die Polen machen's billiger. Die sind im Morgengrauen da mit großen Körben, zwei Mark fünfzig Pflückerlohn. Die pennen im Trabbi.

Und er, der Ingenieur von Robotron, abgewickelt, sitzt beim Eibauer, dem kühlen, dem achten jetzt, schwankt leicht, war schon einmal draußen zum Kotzen, trinkt mit den anderen, den Leuten vom Textil-Maschinenbau und denen aus Aue und Pirna. Sie schweigen in den

Tag und die Sonne lacht und die Böhmerländer Musikanten singen das Lied vom großen Glück im Heimatsender. Es ist Live-time, sagt der Rundfunksprecher. Für die paar Mark sich bücken in die Erdbäääährn in der Sommersonne? Für die paar Mark aufs alte Feld der LPG, für die paar Mark bücken und pflücken, für die paar Mark nach Hause in die Platte, wo die Kinder plääken und die Alte heult für die paar Mark? Für die paar Mark waschen, putzen, schneiden, kochen? Zwei Mark zwanzig kostet das Glas Erdbeer-Konfitüre, fix und fertig, rot und süß, beim Händler auf der grünen Wiese. Was braucht's da Erdbeerfelder!

Aber, denkt er, da war noch was. Es will ihm nicht einfallen, was da noch war. Irgendwas.

Die Konsumgenossenschaften konnten die Produkte von nebenan nicht mehr verkaufen, Salat, Gurken und Tomaten verreckten auf den riesigen Feldern der LPGs – das alles kam jetzt aus Holland oder Spanien oder Italien, deutlich billiger, deutlich frischer, deutlich pünktlicher, so wollte es der Konsument, und der klagte und klagte, dass man die Infrastruktur der DDR kaputtmachte. Er hatte Recht. So wie die Entwürfe für eine neue versprochene Verfassung fürs deutsche Volk auf dem Müllhaufen der Geschichte landeten, so landeten auch die Glaspullen, die gebrauchten Flaschen der Demokratie, im Abfall. Nix mehr SERO! Denn wir trumpften mit dem gelben Sack des Kapitalismus auf.

»Lumpen, Knochen, Eisen und Papier, ausgeschlagene Zähne sammeln wir«, sangen Omi Glimbzsch aus Zittau und wir bei den Jungen Pionieren frohgemut und schickten das Geld für Gesammeltes nach Afrika für die Neger.

Aufgekauft wurden unter anderem Flaschen, Gläser, Altpapier und Schrott. Haushalte warfen ihre noch verwertbaren Rohstoffe meist nicht weg, sondern brachten sie zur nächsten SERO-Annahmestelle oder überließen sie sammelnden Kindern, die sich so ein Taschengeld verdienten.

Denkzettel 7

Wir waren, das zeigte sich bald, nicht in der Lage, auch nur Teile unserer Träume den Gesprächspartnern in Dresden zu vermitteln, geschweige denn, sie zu begeistern.

Am Grunde der Elbe, da wandern die Steine, es bleibt groß nicht das Große und klein nicht das Kleine.

Aber immerhin: Das vorläufige Ende vom Lied, wir waren im Dresdner Stadtteil Klotzsche fündig geworden, mit der kleineren Variante unserer Pläne. Hinter dem außen stattlichen, innen heruntergekommenen Wohnhaus stand ein altes Kutscherhaus – ideal! Und just dieses Kutscherhaus und die Villa, so stellte ich später fest, waren Handlungsort für Peter Härtlings Roman »Die Frau«, und die ging dann auch noch nach Stuttgart, nach dem Kriege, wenn's wahr war.

Ich richtete das Häusle halbwegs her und brachte es auf Vordermann. Es wurde im Laufe meiner Klotzscher Jahre schnell als Haus auf der Grenze ein Ort für Lesungen und Debatten, Ausstellungen und allerlei Kleinkunst, auch wenn die Immobilienfuzzis aus den oberen Etagen den Blockwart machten. Sie standen mehr auf Eigennutz. Alles, was der Gemeinschaft diente, war ihnen suspekt. Da war man sich mit den Ossis angeblich einig und jagte den Nichtsahnenden ihre Grundstücke im Villenviertel ab, fürn Appel und n Ei.

Haus auf der Grenze.

Zugegeben, jede andere, noch so kleine Galerie in der Stadt hatte eine bessere Ausstattung, anständige Bilderrahmen, jeder Kulturverein hatte einen eigenen Etat – unser Haus auf der Grenze nicht. Als Erstes rissen wir die Mauer zum Nachbarn ein – das war das Marienkrankenhaus, eine Fachklinik für Psychiatrie und Psychotherapie – und schafften einen offenen Grenzübergang mit gemeinsamen Aktivitäten.

»Da hamsich wiedamale paar Varrickte getroffen. Der Peta hat ja n Hang dazu …«

Wir aber lebten von Luft und Liebe, tranken das Wasser der Unsterblichkeit, improvisierten, beklebten die halbe Stadt mit Ankündigungsplakaten und sorgten für Irritationen.

»Vom Osten bezahlt« konnte man nicht sagen – und vom Westen auch nicht, dazu war das Gebotene denn etwas zu wenig. Zur brotlosen Kunst im Parterre kam später die Idee, die Wohnung und das Entree für den ersten Dresdner Stadtschreiber: Annegret Herzberg machte den Anfang, Guntram Vesper folgte. Dann kamen Heinz Czechowski, Wulf Kirsten und Christoph Geiser – mitunter kreuzen sie unsere Wege. Wieso nicht nach dem Stadtschreiber ein »Stadtmaler«? Der konnte in Stuttgart oder Köln ebensogut wie in Dresden konkret werden. Mit Jo Stankowski wehte etwas vom Milljö der untergegangenen Künstlerkolonien durch den Nachbarort von Hellerau, von der Experimentierfreude alter und dem Wagner neuer Zeiten. Die Stadtschreiber gaben sich die Klinke in die Hand und schenkten den Rotwein aus. Der kam stets von Aldi, das Gläsle zwei Mark. Gelebt wurde ja schließlich nicht von den Eintritten, sondern von der kleinen »Firma« im Vorderhaus und dem einen oder anderen Sponsor, dem der Wein denn doch zu dünn war. José F. A. Oliver kam aus dem Schwarzwald, als wir schon die Koffer gepackt hatten.

Architektur und Kultur nannten wir uns. Das mit der Architektur klappte eigentlich prima, aber das mit der Kultur, der politischen, ging irgendwie daneben.

Galerie »An der Grenze« – eine von 16 Ausstellungen.

Eines der gelingenden Projekte war die Nutzung der Kuppel in der Yenidze. Die alte Tabakmanufaktur steht ziemlich im Zentrum, direkt an der Bahnlinie Dresden–Leipzig, und Yenidze war die erfolgreiche Zigarettenmarke um die Jahrhundertwende.

Der große Plan für die Yenidze gelang nicht – er war wohl zu waghalsig. Ich hatte die Idee, für das heruntergekommene und baufällige Areal mit der farbenprächtigen Kuppel Investoren zu gewinnen, die das äußere Bild mit einem neuen Innenleben ergänzen könnten: Ein großer Teppichhandel, ein Basar mit Produkten aus dem Orient, aus Indien und China, Bäder, Massagen, Konsulate, die Kultur des Nahen und Fernen Ostens.

Übrig blieb, was nicht auf meinem Mist gewachsen war: eine Kneipe unter der Kuppel mit Radeberger Bier und jede Menge Büros. Über der

AnStifter-Zeichen, 1994 von Jochen Stankowski.

Kneipe freilich, direkt unter den schillernden tausend Farben der Glaskuppel, entstand unsere Yenidze, in der wir Märchen aus Tausendundeiner Nacht erzählten.

Ich fischte die alten Geschichten des Nasreddin Hodscha aus den DDR-Archiven: Im 14. Jahrhundert lebte in Ostanatolien ein Mann, der für seine Weisheit, seine Philosophie, aber auch seine Frivolitäten bald über alle Länder hinaus bekannt wurde.

Hintergründig und absurd, pfiffig und voller Lust nahm Hodscha Nasreddin die Großen, die Mächtigen aufs Korn, gab sie dem Spott des Volkes preis. Die alten Texte waren eine ideale Vorlage für die neuen Zeiten – manchmal war mein Hodscha ein Mullah, manchmal ein Rabbi, aber immer einer von uns, nachdenklich und vergnüglich, mal leise, mal laut, heiter und philosophisch und gelegentlich saudumm.

Denkzettel 8

In den Zeiten des Umbruchs war sich jeder selbst der Nächste, Solidarität hatte man 40 Jahre lang genossen, nun galten Ellenbogen, man war Konkurrenz, auch die »Kunst und Kultur in Klotzsche«.

1993 gründeten wir in Dresden das Bürgerprojekt AnStifter – mit dem überheblich klingenden Vorsatz, über den Rand der eigenen Kirchtürme hinausschauen zu wollen.

Anstiftung nach §26 StGB (Strafgesetzbuch) liegt vor, wenn der Teilnehmer einen anderen zu einer rechtswidrigen Tat bestimmt hat. Ganz so weit wollten wir einstweilen nicht gehen, aber es lag uns durchaus daran, dass »durch eine Willensbeeinflussung im Wege des geistigen Kontakts beim anderen der konkrete Tatentschluss« hervorgerufen wurde. Der Anstifter wird dem Täter gleichgestellt, so bestimmt es das Gesetz, und: Anstiften bedeutet dabei, dass er den Entschluss des Täters zur Begehung seiner Tat wecken muss.

Wir gründeten die AnStifter auch deshalb, weil nämlich: Im Februar 1995 sollte, wollte, würde sich die Stadt Dresden erinnern – an das Leid, das ihr 50 Jahre vorher, in den Februartagen 1945, mit den fürchterlichen Luftangriffen angetan worden war.

Doch würde sie sich auch an das 80 Kilometer entfernt liegende Theresienstadt erinnern? Würde sich die Stadt an die deutschen Flieger erinnern, die tausendfachen Tod nach Rotterdam, Coventry, Gernika gebracht hatten? An Auschwitz?

Wir sorgten uns um diese Erinnerungslücke und präsentierten der Stadt 1995 programmatisch unsere Gäste: Auschwitz-Überlebende – Künstler aus Rotterdam – Jugendliche aus Coventry – Überlebende aus dem Frauen-KZ Genshagen – Friedensarbeiter aus Gernika.

Dafür, dass wir es wagten, die beiden Worte Auschwitz und Dresden überhaupt zusammen in den Mund zu nehmen, erhielten wir Prügel von vielen Seiten.

Es waren schließlich mehr als 50 Veranstaltungen. Das Stuttgarter Theaterhaus entsandte eine Arbeitsbrigade – erfahrene Entwicklungs-

Plakatwettbewerb 1995, Serres 1. Preis und Plakatierung an der Frauenkirche.

helferinnen für jedes Problem, das sich stellen mochte bei Theater und Podiumsdiskussionen, Ausstellungen, Seminaren, Lesungen, Tagungen, Vorträgen, Konzerten. Was die AnStifter im Februar 1995 den Dresdnern präsentierten, war nicht von schlechten Eltern! Dazu gehörte ein internationaler Plakatwettbewerb, für den Karl und Christel Nolle tief in die eigenen Taschen gegriffen hatten. Die beiden Druckerleute kannte ich aus alten Zeiten in Hannover, als wir 1983 in ihrer Officin vier Tage hintereinander die kritische Kirchentagszeitung »Pro-Test« herstellten – täglich! Und jetzt machten die in Dresden Druck. Was für ein Glücksfall! Freundschaft, Genossen!

Die Erinnerung ans Vergessene und an übermorgen – die ist am schwersten. Die Täter gestern waren Leute wie du und ich. Der Apotheker an der Ecke, der Kaufmann aus Johannstadt, die Ärztin, die die Kranken nach Sonnenstein schickte, der Bankkaufmann. Eine ehrbare Gesellschaft auf den ersten Blick.

Heute zucken viele, die das hören und wissen, mit den Schultern, andere reagieren, je nachdem, mit Verachtung, Empörung, Wut und Unverständnis auf dieses Dulden und Schweigen zwischen 1933 und 1945, auf die Feigheit unserer Väter (und Mütter), unserer Großväter und Großmütter. Dazu kam das große Schweigen nach der Niederlage 1945. Sie haben, denk ich, vielleicht nicht tief genug gegraben.

Denkzettel 9

Hodscha Nasreddin, der Weise aus Ostanatolien, kam in ein fernes Dorf. Die Menschen dort waren verzweifelt: Sie hatten vergessen, wann die Nacht zum Tage wird. »Fremder«, fragten sie den Hodscha, »kannst du uns helfen?« Der Hodscha dachte nach. »Wenn ihr in das Gesicht eines Menschen blickt und erkennt in ihm die Schwester, den Bruder, dann ist es Tag. Solange ihr das nicht erkennt, bleibt es dunkel.«

Dresden ist eine Stadt der aufgegebenen Welten. Reste der Wildnis sind zu sehen. Die Elbe fließt wie eh und je, aber der Wessi will sie nicht fließen lassen. Er will einen Golfplatz in den Elbauen. Er braucht Autobahnen und neue Brücken, er pfeift sich eins aufs Weltkulturerbe.

Im Zentrum der Stadt viel Platz für die großen Aufmärsche. Die sind nun vorüber. Unter den Plätzen die Leichen des Februar-Bombardements, der angloamerikanischen Flieger. Knochen, Asche. Die Schicht über der Asche ist nur dünn. In der Bautzener Straße liegen heute noch die Steine der alten Synagoge. Straßenpflaster, das alle Systeme überdauert wie Manfred von Ardenne, der erst der Republik, dann Hitler, dann Ulbricht und schließlich Helmut Kohl diente.

Dresden macht sich. Weil sie jetzt wieder eine Frauenkirche haben, gesponsert von »Bild« und ZDF. Von Haus aus ist der Dresdner eher atheistisch, was aber nicht heißt, dass er sich nicht eine Kirche schenken lassen würde, wenn er dem Wessi damit eine Freude machen kann.

Der Bus kam aus der Dresdner Neustadt und überquerte die Carolabrücke. Die Kölner Reisegruppe war durch das verruchte Dresdner Viertel gewandert, das stolz ist auf die höchste Kneipendichte der Welt (ja, unter dem macht man's ungern), und hatte wenig Verruchtes gefunden. Die Stimmung war bestens. Die Dresdner Stadtführerin, mit allen Wassern gedopt, ließ noch mal kurz anhalten vor dem Abendbrot, um gut gelaunt zu verkünden: »Und hier rechts, meine Damen und Herren, bauen die Hakennasen eine neue Synagoge.« Der Begriff war den Kölner Wessis so wenig geläufig wie das freundliche »Fidschi« – »für alles, was Schlitzaugen hat« – oder »Braunkohle« für alles, was aus Afrika und Umgebung kommt.

Eine andere Story, die man auch nach wie vor gern erzählt: Als der Freundschaftszug der Freien Deutschen Jugend zu den Weltfestspielen der Jugend und Studenten nach Moskau fuhr, zur guten alten DDR-Zeit, hatten die lustigen Jungkommunisten schon mal den Nääscher zum Lokführer geschickt – mit der Frage, ob er denn noch Braunkohle brauche.

Schwarz ist und war im Straßenbild Dresdens so ungewöhnlich, dass junge wie alte Muttis, vom Westfernsehen längst verwöhnt, rasch ihre Kinder schützend in den Arm nehmen und die begleitenden Deutschmänner in Warnstellung gehen – sicher ist sicher. Nur keine Angst – es wird schon werden!

Im Dresdner Hauptbahnhof versammelten sich die Dynamo-Fans und sangen: Nu nu nu Dynamo. Deutschland den Deutschen, Ausländer raus! Und: Unsere Heimat – DDR. Oder: Wer ist unser Mann? Erich --- Mielke! Wer bringt uns voran? Erich --- Mielke!

Die Vietnamesen, die im Hauptbahnhof ihre Gemüsestände hatten, marschierten durch die rechten Reihen, fest geschlossen. Sie konnten halt immer noch wenig Deutsch oder taten klugerweise so, als verstünden sie nur Bahnhof, also Hauptbahnhof.

Und so schlimm sind die Nazis auch wieder nicht, die helfen sogar Muttis über die Straße.

In einem Sommer demonstrierte die NPD. Die Gegendemonstranten hatten sich 50 Lachsäcke gekauft. Während die Braunhemden – sie sehen übrigens aus wie du und ich – vom Neumarkt durch die Prager Straße marschierten, warfen sich die anderen die lachenden Lachsäcke über den Demozug hinweg zu, von einer Straßenseite auf die andere. Was für ein Gelächter!

Ich hatte mich bei dieser Sommer-Demo als Weihnachtsmann verkleidet, mit stilvollem Nikolauskostüm samt Kapuze, und mich in die

Reihen der Nazis gestellt. Die waren klug genug, mich nicht rauszuwerfen. Ich bezweifle, dass mein Sommernachtstraum verstanden wurde.

Als wir des ermordeten Jorge Gomondai gedachten, jenes Mosambikaners, den junge Rechte nach der Wende aus der fahrenden Straßenbahn geworfen hatten, fand der Aufruf einen guten Widerhall in der Öffentlichkeit. Alle wollten dabei sein. Wenn nun das Vergangene etwas getaugt hätte, wenn eben jene Begriffe, die zum Inventar der DDR gehörten, sagen wir ganz bescheiden nur »Völkerfreundschaft« oder Humanität gelebt worden wären, dann hätten sich auf dem Platz, auf dem der bescheidene Gedenkstein für Gomondai

So soll's sein: Naziblockade in Dresden, nach 1945.

steht, vielleicht 20 000 Dresdnerinnen und Dresdner versammelt. Als schlichtes Signal an die neue Zeit, die neue Gesellschaft: So nicht! Und nicht mit uns!

Und wenn diese neue Zeit, die neue, demokratische Gesellschaft etwas getaugt hätte, die die Massen herbeigerufen, herbeigesehnt hatten ein paar Jahre vorher, dann wären 20 000 so ein Signal gewesen. Aber das konnte ja nicht klappen, ohne Schnittchen und Freibier und auch noch nach Feierabend. Also kein Signal, erst einmal.

Es gibt kein richtiges Leben im falschen. (Adorno)

Auch die Täter heute sind Leute wie du und ich, und so muss auch daran erinnert werden – an das Zuschauen, das Wegschauen, das Schweigen, an unsere Beteiligung und Verantwortung für eine gerechte Welt: Täglich werden Menschen weltweit festgenommen, bedroht, gefoltert, getötet. Weil sie ihre Meinung sagen, sich für die Menschenrechte in ihrem Land einsetzen oder mit friedlichen Mitteln ihre Regierung kritisieren. Politische Gefangene verschwinden für Jahre hinter Gittern – ohne faires Gerichtsverfahren. Die Gefahr, dass sie vergessen werden, ist groß. Darum brauchen sie unseren Schutz, unsere Solidarität, unseren Einsatz, oder lieg ich da mal wieder irgendwie daneben? Denn das ist der zweite Blick. Meine Erinnerung beginnt mit diesem zweiten Blick. Wir erinnern uns, damit wir begreifen. Wer sich nicht erinnert, verliert die Orientierung.

Des Erinnerns wert ist eigene Geschichte nicht nur, weil sich da trefflich streiten lässt über das, was denn da subjektiv erinnert wird und das, was tatsächlich war. Nein, nicht über Wahrheiten, die die eigene Geschichte zurechtbiegen möchten, die dir plötzlich etwas wegnehmen, was doch dir gehört, dir allein. Wir wollen nicht streiten darüber, wie man's sieht, was ich erzähle. Der so, die so. Meine Erinnerung betrügt mich fortlaufend. Meine Geschichten von gestern und deine Geschichten von gestern, vom gleichen Ort zur gleichen Zeit, sind dennoch andere Geschichten, lassen sich nicht vermessen wie ein Acker fürs Katasteramt. Ich bin verwundert. Da kommt plötzlich Vergrabenes wieder heraus, du kannst nichts dafür. Bei Beerdigungen. Ja, die werden mehr, es fällt dir auf, dass du älter wirst, wirst öfters gerufen, dich zu verabschieden und wunderst dich, dass die jünger sind, die uns verlassen, jünger als du, als ich. Es hat, sagst du dir, nichts zu bedeuten. »Stirbste heute nich, stirbste morgen«, meinte meine Oma Glimbzsch aus Zittau bei allen unpassenden Gelegenheiten.

Die Antikommunisten werden nicht alle, die Antisemiten auch nicht und die Dummen sowieso nicht. Da lob ich mir die Chiapa. Mit dem Klonen von Schafen ist es ja nicht getan – die bleiben dumm, wie sie sind, die Dollys.

Wem sag ich das!

Die Nabelschnur nach Stuttgart wurde vorsorglich nie abgeschnitten. Intuition, damit das Rückrudern noch drin war.

Hasso, Platz!
Platz sag' ich, Hasso, Platz!
Lass, Hasso, lass!
Hassooooo!
Oh.
Der beißt sonst nie.

Jetzt kommscht her, mein Hundle.
Gut hascht's gmacht,
braves Hundle!

Kapitel VII

1997

✤ Höhepunkt bundesweiter Studentenstreiks: Massen auf den Straßen.

1998

✤ Bundestag genehmigt Lauschangriff – Gründung von »Attac«.

✤ Gerhard Schröder wird Bundeskanzler.

1999

✤ Hugo Rafael Chávez Frías wird Staatspräsident von Venezuela.

✤ Oskar Lafontaine macht nicht mehr mit.

✤ Endlich wieder Luftangriffe und Sirenen: Die NATO gegen Jugoslawien. Wir sind dabei!

✤ Einmarsch: NATO-Truppen im Kosovo.

✤ Wladimir Putin wird Präsident Russlands. Boris Jelzin taumelt zurück.

2000

✤ CDU-Spendenaffäre: Helmut Kohl darf nicht mehr ehrenkanzlern.

✤ George W. Bush wird zum neuen Präsidenten der Vereinigten Staaten gemogelt.

2001

✤ Flintenweiber – Deutsche Frauen dürfen endlich ans Gewehr.

✤ US-amerikanische und britische Bomber bombardieren Ziele bei Bagdad.

✤ Berliner Bankenskandal – die Bank geht flöten, die Mafia kassiert.

✤ G8-Gipfel in Genua: Außergewöhnlich? Die Brutalität der italienischen Polizei.

✤ Terroranschläge am 11. September.

✤ Unter Präsident George W. Bush beginnen die Streitkräfte der USA ohne UNO-Mandat mit Luftangriffen auf Afghanistan. Dabei werden über 1000 Terroristen pro Woche getötet – u. a. durch Streubomben und mit Radium ummantelte Geschosse. Wir wollen auch mitspielen: unser erster Kampfeinsatz außerhalb Europas.

Start und Ziel?
1997 bis 2007

2002

✤ Guantanamo. Die USA richten noch mehr Folterlager ein.

✤ Bundestagswahl. SPD 251 Mandate, CDU/CSU 248, Grüne 55, FDP 48. Die PDS scheitert an den 5 Prozent, bekommt aber in Berlin zwei direkte.

2003

✤ Der Freund von Willi Hoss, Luiz Inácio Lula da Silva, wird Staatspräsident Brasiliens.

✤ Jahrhundertfluten in Europa.

✤ 3. Golfkrieg: Weite Teile der Bevölkerung gegen die Kriegspolitik der USA.

2004

✤ 500 000 Menschen in Berlin, Köln, Stuttgart gegen den Kurs der Regierung.

✤ Alltäglich: Folter und Misshandlung irakischer Häftlinge.

✤ In Deutschland demonstrieren Hunderttausende gegen die Hartz-IV-Gesetze.

2005

✤ Die »Agenda 2010« startet.

✤ Die Deutschen werden Papst.

✤ Die Franzosen entscheiden sich gegen die EU-Verfassung.

✤ Hurrikan Katrina verwüstet New Orleans. Nur die Schwarzen gehen unter, vor allem der Neger als solcher.

✤ Große Koalition.

2006

✤ Die Sozialistin Michelle Bachelet wird Staatschefin in Chile.

✤ In Bolivien wird der Coca-Kauer Evo Morales neuer Präsident.

✤ In Italien serviert das Bündnis unter Prodi knapp Berlusconi ab.

Denkzettel 1

»Nix Kultura« nannte ich eines meiner Dresdner Ankündigungsblätt-chen, in Erinnerung an die wirklichen Befreier, die öfter als einmal die Hände über dem Kopf zusammenschlugen:»Gerrrmanskii nix Kultura!« Nix Kultura – da ging's um Werbung für ein Wendefest. Gemeint war die Wende '89, die zu feiern war, einzufordern dabei aber auch das nicht Eingelöste, das Unabgegoltene – also die nächste Wende, vollen-dend die Unvollendete.

Ein »Wendefest«, just vor der Bundestagswahl 1998 – mit vielen In-itiativen, Verbänden, Gruppen und Organisationen. Von den kirchli-chen Basisinitiativen über die Anarchos bis hin zu den (ungeliebten) Gewerkschaften und Kultureinrichtungen kam ein breites, amerikani-sches O-kay: Fast 100 Zusagen, mit Programmbeteiligung, Spezialitä-ten-Ständen, Ausstellungen, Filmen, Kinderprogramm (oh Gott, nicht schon wieder eine Hüpfburg!) – aber gerade mal vier Mann (darunter zwei Frauen) bei der abendlichen Vorbereitung. Mist. Wiederholung. Einladung auf 18 Uhr statt 20 Uhr. Wieder nix. Die Bude war erst voll, als wir die Debatte »Beratung« nannten und auf 14 Uhr vorzogen. Dienst ist Dienst und Schnaps ist Schnaps. Punkt 16 Uhr löste sich die Versammlung, die eine Beratung, auf – Feierabend, nix zu machen.

Dennoch ist in meinem Brigadetagebuch der Erinnerungen das Wendefest als Erfolg verzeichnet. Fast 2000 Besucher, und immerhin fast die Hälfte davon hatte auch Eintritt bezahlt. Ein guter Anfang, und allen schmeckte sogar das Fast Food aus Afrika!

Ein persönlicher Wermutstropfen war allenfalls die Sache mit der Leiter. Der aus Kummer freiwillig von uns geschiedene Peer Alexander, Freund und Baggerfahrer, Künstler und Revolutionär, hatte als Wen-defest-Deko eine wirklich phänomenale Uhren-Installation vorberei-tet, die die Stirnseite der »Wendefest-Halle« schmücken sollte – und alle Uhren gingen nach. Und alle Uhren stammten aus eingestampften, eingemachten, kaputtgehauenen Betrieben, hatten ausgedient, muss-ten für niemanden mehr die Zeit herzeigen. Für die Aufhängung der

30 oder 40 Objekte sollte ich fünf vor 12 Uhr eine lange Ausziehleiter besorgen, bekam aber den Angestellten der Leiterfirma nicht auf meine Seite. Natürlich würde die Leiter-Leihgebühr bezahlt, auch im Voraus, natürlich ein Revers unterschrieben, in dem man mit dem eigenen Leben für die Leiter haftete – nix zu machen und schon 12 Uhr. Würden Sie einem Wessi eine Leiter leihen?

Das Fest sollte bald losgehen. Was tun? In dieser vertrackten Situation – wo nicht einmal ein 50-Mark-Schein den Kollegen überzeugen konnte – funktionierte plötzlich die eigentlich in Auflösung begriffene Notgemeinschaft: Zwei Mitstreiter – echte Dresdner, gute Ossis! – nahmen die Sache mit der Leiter in die Hand und kamen nach zehn Minuten zurück – mit einer mobilen, ausziehbaren, nagelneuen, acht Meter langen Drehleiter samt Arbeitspodest. Sie trockneten meine Tränen – es hätte sie gerade mal »ein Päckel Kaffee« gekostet. Einer der beiden war Werner Ehrlich, Genie, Kommunist, heiter gebliebener Überlebenskünstler und Meister der Improvisationen, (m)ein Helfer durch viele Wirren. Schwejk aus Johannstadt.

1998 holten wir, um das Maß an Aufklärung weiter zu füllen, zusammen mit der demokratischen Neuen Richtervereinigung und dem Dresdner Ableger der Heinrich-Böll-Stiftung, die Wehrmachtsausstellung nach Dresden. Es war eine heiße Übung und ein Kunststück, überhaupt Räume zu finden. Die Ausstellung begann mit einem Anschlag der Neonazis. Nein, nix weiter passiert!

Die Menschen warteten – wie in der guten alten Zeit – stundenlang in klirrender Kälte – alles überfüllt! Mehr als 40 000 Besucher kamen.

Denkzettel 2

Schröder wurde im selben Jahr Bundeskanzler. Den haken wir gleich mal ab. Wollen denn die sozialdemokratischen Enttäuschungen nie ein Ende nehmen, frag ich mich? Der Basta-Kanzler hat ja seine Fraktion und die Partei so zurechtgestutzt, wie er sie brauchte. Also hat sich verstärkt, was schon vorher deutlich wurde – dass wir Politik selber machen müssen, dass es weder nützt noch hilft, die Lösung der Probleme von denen da oben zu erwarten.

Das heißt nicht, dass nicht mehr hingestanden werden muss, dass nicht mehr gefordert werden soll, nicht mehr protestiert werden darf. Aber im Hinterkopf muss die Möglichkeit des Scheiterns bleiben, die Gewissheit, dass – wenn auf die da oben schon kein Verlass ist – auf dich und auf mich und auf euch Verlass bleiben wird, nicht nur bis morgen, sondern für längere Zeit.

Manche begleiten einen ein Leben lang, wie der Stankowski. Der vom Fernsehen? Nein, der andere. Der Kinder-, der Zahnarzt? Nein, der andere. Also der Betriebsrat? Nein, der andere.

Obwohl die linkskatholische Brüderschar aus Meschede Köln, Nicaragua, den Rhein, Stuttgart und Dresden sicherer machte – ich mein' meinen Jochen. Die ganze Sippschaft kannten wir aus den gemeinsamen Zeiten in Stuttgart und auf bundesdeutschen politisch-kulturellen Bühnen wie Russell-Tribunal, Ostermarsch, den Aktionen gegen die Notstandsgesetze, von Friedenskundgebungen, Kirchentagen.

Peter, Jochen, Martin, (Tomas), Albert Stankowski.

Martin Stankowski war unser IM bei Rundfunk und Fernsehen, Peter Stankowski der Kinderarzt und Kinderladengründer, Thomas Stankowski das Sprach- und Hörrohr im Betrieb und Jochen für alles und den Rest: Schriftsetzer und Grafiker und Drucker und Redakteur beim alternativen »VolksBlatt« in Köln, Zeichensteller und Plakatemacher. Der Mensch als Künstler.

Mit der Bruderschaft der Stankowskis hatte ich lebenslang zu tun. Mit Jochen möbelten wir das »Parteifreie Bündnis« auf, er begleitete den Start des »Stuttgarter VolksBlatts«, ein idealer Zeichen- und Ideengeber wie ein Fisch im gleichen Wasser, über Jahrzehnte. Als wir nach Dresden gingen, Marlies und ich, gründeten wir als Kleeblatt eine Initiative für Architektur (Marlies), Grafik (Jochen), Text (Peter) und Foto (Friedhelm Volk), aber wir fanden nicht übers Eck, hatten offenbar kein rechtes Gespür für Herz und Seele der verunsicherten Menschen, die unsere neuen Nachbarn waren. Die Idee des gemeinsamen Schaffens kam zu früh, das Neuland unterm Pflug (Michail Scholochow) war zu schwer oder zu trocken.

1998 wechselte Jo die Socken und die Heimat, ließ den Betrieb in Köln hinter sich und siedelte nach Dresden um. Es war eine fruchtbare Periode gemeinsamer Projekte, und erst als er hinter mir stand, merkte ich, dass bei mir so eine Freundschaft auch die Nähe braucht. Wir waren Verwandte in der Betrachtung der Welt. Es waren einige schöne gemeinsame Jahre in Dresden – aber er bleibt mein ganz konkreter Brückenpfeiler am Blauen Wunder. Und dort kann ich jederzeit andocken, Richtung Olbersdorf.

Und was mein Resümee anging, die Dresdner Zeiten betreffend – da blies er mir dann doch den Marsch. Zu viel hätt ich runtergespült im Ausguss, zu wenig Geduld gehabt mit mir und den Freundinnen und der Zeit, zu viel des Guten vergessen. Ja.

Denkzettel 3

Herbst 1999. Soll ich nun einen Ausreiseantrag stellen oder nicht? Wo, fragen Sie? Natürlich bei meiner Bank. Mit der muss ich die Sache mit den Krediten und den Hypotheken klären. Aber warum fragen Sie eigentlich nicht: Wieso? Ich meine: Wieso ich ausreisen will?

Ganz einfach. Leute wie mich braucht man nicht, nicht in Dresden 1999. Vielleicht in Wladiwostok oder in Catania, aber nicht hier, nicht wirklich. Denn in Dresden wissen die Leute ja, wo's langgeht. In Gera auch, zugegeben, oder in Gotha. Aber ich leb nun mal in Dresden, bin zurückgekehrt, dorthin, wohin sie mich immer gewünscht hatten: Geh doch nach drüben.

Wenn man Leute wie mich brauchen würde, hätte man mich ja gefragt, wenn Sie wissen, was ich meine. Man hätte, zum Beispiel, gesagt: Mensch, Grohmann, Sie sind irgendwie gut drauf. Haben Sie vielleicht Lust, mal bei uns von diesem anderen Deutschland zu erzählen? Von dem Deutschland der Außerparlamentarischen, dem der Jugendrevolten, dem des Auschwitz-Prozesses? Oder, erzählen Sie einfach mal, Grohmann, von Ihrer Zeit als Kriegsdienstverweigerer. Und wie es war, als man Sie aus der SPD ausgeschlossen hat, von den Go-ins und den Sit-ins, von den alten Stuttgarter Zeiten, vom Club Voltaire und dem Theaterhaus. Aber keiner hat gefragt.

Das hat mich beschäftigt, dass niemand fragt. Es ist doch deutsche Geschichte, da lebt das Wissen mehr von Fragen und Antworten als von Büchern. Ich ahnte nicht, dass die Menschen durchaus Fragen hatten: Was sie falsch, was sie richtig gemacht hatten, wie es weitergeht nebenan, in der Stadt, im Land, in der Welt. Überall alles auf den Kopf gestellt, alles in Frage gestellt – und denn will der Gutste wissen, wie es in der FDJ war?

He, Leute, ich bin der Grohmann, sagte ich ihnen. Keine einsame Leuchte, aber halbwegs engagiert zwischen Grün und Rot und vor allem jenseits des Parteipolitischen. Wie wär's denn, fragte ich, wenn ich mal Kabarett machte bei euch?

Sie haben mich nur müde angesehen. Was will der? Wir verlieren eben drei Viertel unserer Kultureinrichtungen, und der will Kabarett machen? Und wie heißt das Stück? Vom Stasi zum Aldi? Hä? Wenn schon, dann »Von der Stasi ... «, sagten sie. Aber das kenn ich ja, von da, von dort, diese unsägliche Müdigkeit, die jede Lust an politischer Arbeit erstickt.

Ich spürte, da war was, was ich nicht begriff. Überall war doch Aufbruch im Lande! Der Pleitegeier war übers Land gesegelt und irgendwie auch wieder abgedreht, jetzt galt doch die Botschaft von »Geier Sturzflug«:»Ja, ja, ja, jetzt wird wieder in die Hände gespuckt ...«

Neue Autos, oder alte, bitte, aber Autos, Farbe für die vier Wände, Kugelschreiber, ach was, Telefon für alle, die Welt rundum runderneu-ert, die alten Bücher lastwagenweise auf dem Müll der Geschichte, kein Nacktbaden in Usedom mehr, dafür Segeln am Mittelmeer: Warum so müde, wenn's um die Gesellschaft geht, um Engagement, Politik, Solidarität? Hattet ihr das hier immer schon?, will ich fragen. Und kommt das von damals, aus 40 Jahren DDR? Oder von den kaputten Beziehungen oder den Vätern, die für die Stasi unterwegs waren – na ja, oder den Großvätern, die '33 ...? Die kenn ich, tät ich sagen, nur zu gut, vom anderen »drüben«.

Ach, Kinder, sie liebten mich nicht, wo ich doch so was von angewiesen drauf bin, geliebt zu werden! Es hätte mir vielleicht nichts ausgemacht – wenn sie nur nicht Biedenkopf geliebt hätten und Helmut Kohl.

Aber Stasi? Das ist ein großer Fehler, dass dieses Wort in Ihrem Kabarett vorkommt, Herr Grohmann. Wir haben endgültig genug davon! Wir wollen nichts mehr davon hören, aus, Schluss, Ende.

Und das drei Jahre nach der Wende. Wenn das mal gut geht, Peter!

Stasi, schrieb einer über mein Kabarett-Programm, Stasi – was kann der schon davon wissen!? Hatte ich auch schon gehört, seinerzeit, drüben: Vietnam – waren Sie mal dort, Grohmann? Apartheid – woher wollen Sie denn das wissen? Burenkriege – waren Sie dabei? Na, also.

Der das schrieb über mein Programm in seiner Zeitung – eine freundliche Kritik, trotz alledem und alledem – war ein paar Monate später weg vom Fenster. Er hatte seine Kollegen verpfiffen, bei der Stasi.

Ha, Stasi, sagten sie mir. Jetzt will ich Ihnen mal was sagen, Grohmann: Es war überhaupt nicht so schlimm! Was haben wir gefeiert und Witze erzählt und nicht in der SED gewesen und laut über die Partei gedacht: Die kann uns am Arsch lecken. Jawoll, so war's! Schöne Zeiten, mit dem Trabbi in die Tatra, und Solidarität war da und alle haben zusammengehalten und menschliche Wärme gab's und man hat sich geholfen! Nicht so wie heute! Und Hausgemeinschaften. Okay, Mann, die da oben haben gemacht, was sie wollten. Wir hatten ja keinerlei Möglichkeiten, als kleiner Mann. Die oben, die hatten alles in der Hand, letztendlich. Aber du konntest notfalls eine Eingabe schreiben. Im Kabarett haben wir uns übrigens kaputtgelacht über die Bonzen! Nur ausverkauft, scharf, ätzend! Jeder hat doch irgendwie gemacht, was er wollte, also ehrlich. Ihr Wessis mit Euren Horrorbildern – an jeder Ecke ein Spitzel, überall die Knute der Partei, Druck … nee, nee, nee, und für jeden Witz ein Jahr Bautzen – da lachen ja die Hühner.

Bei der nächsten Gelegenheit weiß man natürlich Bescheid über Land und Leute und will die Hürden leichter nehmen.»Also mal ehrlich«, sag ich auf einer Party, zu der mich niemand eingeladen hatte,»also mal ehrlich, Leute: Warum habt ihr nicht schon früher diese Dösköppe da oben zum Teufel gejagt? Habt gemotzt und gemeckert? Zivilcourage und so'n Kram? Warum nicht?«

Tiefes Schweigen, nachdenkliche Blicke, Lippenschürfen. Dann ein mildes Lächeln – ich bin längst erkannt. Stasi? Tja, so sind sie eben, die Wessis! Über Stasi quatschen, aber keinen blassen Schimmer, wie's hier wirklich war! Spitzel, Knast, Bautzen! Berufsverbot. Psychoterror. Schläge. Dunkelhaft. Verfolgung, Prozesse, Ausbürgerung. Da hätten wir euch mal sehen wollen, Grohmann, ha!

Man kann über alles reden, denke ich mir. Aber nicht mit jedem, weiß ich jetzt. Antennen ausfahren, Worte auf die Goldwaage: Ossi hört mit. Ja niemandem wehtun. Ja nicht sagen, was man denkt. Vorsicht ist die Mutter der Porzellankiste aus Meißen.

Manche fragen mich nach den gebratenen Tauben, die nicht fliegen. Ärgerlich zeigen sie auf die Landschaften, die nicht blühen, auf die Bonner Republik und den Berliner Reichstag, wo's nicht läuft, wie es könnte oder sollte oder müsste. Aber du kriegst nicht raus, was sie denken zwischen Oder und Elbe.

Nicht sagen, was man denkt: Das kennt man aus allen Ländern, allen Epochen, aber ich hatte es vergessen. Denn als ich herkam nach der

Wende in das Land der Freundlichen, ohne Bananen und Kleingeld, bedachten sie mein altes Auto mit Mitleid und meine wilden Plakataktionen für mehr Demokratie mit bieronkelernster, freilich ernst gemeinter Kritik: Ordnung muss sein im Lande, das gilt auch für Wessis: Plakatieren verboten.

Sie regen sich auf, wenn ich mein olles Auto nicht abschließe und noch mehr, wenn ich ohne Krawatte in die Herkuleskeule gehe oder die Salami dünn geschnitten verlange: Du bist erkannt, Wessi!

Sie bleiben zu Hause, Funktionäre und Obermuftis aller Farben, wenn ein paar hundert Leute zum Gedenken für einen toten Mosambikaner auf die Straße gehen, den die Nazis aus der Tram geschmissen haben. Sie sind unterwegs auf Tagungen und Übungen in Demokratie, sie sitzen in ihren behaglichen Kleinbüros und lernen Adressprogramme und lassen den Herrgott, an den keiner glaubt, einen guten Mann sein. Aber demonstrieren, für Gomondai? Nein.

Es war eben irgendwie eine komplett falsche Erwartungshaltung, die ich hatte. Denn ich ging davon aus, dass die Menschen in der DDR doch 40 Jahre lang gelernt hätten, was Faschismus ist, warum man Solidarität braucht, wie das Arbeitsleben humaner gestaltet werden kann und dass es zum Wohlergehen eines Volks keinen Kapitalismus braucht, also dass es auch anders geht. Gut – vielleicht gelernt auf Befehl? Hat man euch

Frisch renoviert – und nun das!

denn die Wahrheit eingebläut mit Hammer, Zirkel, Ehrenkranz, während wir noch beten mussten in der besseren Republik, zwangsweise in den Schulen, Atheist hin oder her?

Ich war ratlos. Hatte es wen überfordert? Waren die 40 Jahre DDR nur eine Show? Wenn Kinder rumhampeln in der Straßenbahn, weiß der gesunde Dresdner: Wessi. Wenn Blicke töten könnten, wären die jetzt tot. Aber wenn ein armes schwarzes Schwein durch die Straßen gehetzt wird, schauen sie weg. Wer wird denn gleich in die Luft gehen? Greife lieber zur HB. Dass die Tauben nicht fliegen würden, erzählte ich, als ich kam vor Jahren. Und dass man sie, wenn überhaupt, selber fangen und braten müsste. Unerhört. Und dass die Blüte Wärme brauche statt Ellenbogen und auch die Landschaften Zeit haben müssten wie die Menschen und dass Demokratie in Bonn oder Berlin mit mir und mit dir zu tun hätte, wusste ich. Aber kaum jemand wollte es wirklich hören. Es ist menschlich, dass wir lieber wegschauen, Ossis wie Wessis, Usbeken und Kongolesen. Dabei wär's doch menschlich, hinzuschauen. Gute Zeiten, schlechte Zeiten. Die Ausreise war fällig. Vor zwei, drei Jahren sagte ich einem, von dem ich dachte, wir seien Freunde, ob man nicht darüber und über anderes mal reden könnte.

Fast alle meine Freunde hier sind Freunde ohne Vergangenheit, und sie wollen deshalb von meiner nichts wissen, weil sie fürchten, ich könnte sie nach ihrer fragen.

Nicht, dass meine Vergangenheit eine besondere wäre: Abgehauen aus dem Osten, weil der Vater Sozialdemokrat war. Angekommen im tiefsten Westen, wo der Vater nie Arbeit fand, weil er Sozialdemokrat war. Wen interessieren deutsche Leben, fragte ich meinen Freund.

Man sollte, verabredeten wir, irgendwann mal (aber bald, verabredeten wir) nach den Vätern fragen und den Müttern, ostwärts, westwärts, nach den kleinen Leben und den kleinen Schritten und den großen Niederlagen und dem Frust. Wir sollten, ohne Häme, nach deinem Leben fragen und nach meinem, eben weil sie vielleicht relativ normal waren und ich heute genauso die Schnauze halte, angesichts weltweiter Schweinereien wie du damals oder mein Vater oder deine Mutter.

Damit wir uns nicht falsch verstehen: Mit Schluss mit dem Schnauzehalten meine ich auch: Hand anlegen, und nicht an die Hosennaht wie bei öffentlichen Gelöbnissen.

Der Hofnarr reist ab, dachte ich bei mir, und hinterlässt so viele Zweifel und Einsichten – auch bei sich. War ich's, der Hofnarr am staatstragenden Theater?

Denkzettel 4

Aber jetzt mal ganz unter uns: Die Kultur, aus der ich komme, hat heiße, öffentliche Debatten geführt: Um den richtigen Weg durch die Republik, wenn's den gibt, um das historische Versagen der Arbeiterbewegung, um die Verwicklung der Väter und Großväter (wieder keine Rede von den deutschen Muttis) in das Naziregime, um die Haltung zu Stalinismus und Gulag, um Demokratie und Antikommunismus, um Terrorismus, radikale Politik, Gewaltfreiheit, weiß der Geier, um was nicht.

Diese Debatte um Ostpolitik und NATO, Entwicklungshilfe und die Finanziers der NSDAP, um Auschwitz und alte Nazis in Amt und Würden hat die Republik und ihre Republikaner mitgeformt, und die Protagonisten dieser Debatten haben sie mitgestaltet, manchmal rudimentär, sehr wenig, gelegentlich auch beachtlich. Dieser erfreuliche und dauernde Streit um den richtigen Weg, ums Einmischen oder Raushalten, Parlamentarismus oder Außerparlamentarische Opposition flaut mitunter ab, erlischt fast, aber an irgendeinem Punkt funkt es wieder – sei das nun der Einmarsch der Warschauer-Pakt-Truppen in die ČSSR oder die Streiks auf der Danziger Werft, die »Bomben auf Belgrad« oder der Rüstungsexport nach China, Notstandsgesetze oder die gefährliche Fracht nach Gorleben.

Wie ein Schlag in die Magengrube: Bomben auf Belgrad.

In diesem Streit gibt es die unterschiedlichsten Interessen und Positionen. Nicht selten wird er von einer breiteren Öffentlichkeit nicht einmal wahrgenommen. Aber dieser immer öffentlich geführte kritische Diskurs hat seine Auswirkungen auf das Bewusstsein der Teilnehmenden, auf Film und Theater, Literatur und Feuilleton, Kunst und Kultur, Institutionen, auf die Arbeit der Wissenschaften. Diese Art des Streits, der viel zu selten kräftig genug war, hat die Bundesrepublik vor allem nach den Sechzigerjahren geprägt. Er hat zu Regierungswechseln und Minister- rücktritten, zu neuen, halbwegs erfolgreichen Parteien und anderen gesellschaftlichen Strukturen geführt, zu einer zweiten Kultur, einer alternativen Wirtschaft und dem Bewusstsein, dass die Welt veränder- bar ist.»This land is my land« (Trini Lopez) – und wenn damit nicht der Staat gemeint ist, sondern das Land, Heimat und Zuhause, dann unterschreiben das heute mehr Menschen als je in unserer Geschichte. Im Westen der Republik.

Macht das nun die kulturelle Differenz aus zwischen den beiden zu- sammengewürfelten Staaten, die vielleicht gern Großdeutschland sein wollen? Wird so etwas deutlicher, weshalb wir verschiedene Sprachen sprechen und Unterschiedliches meinen, obwohl wir das Gleiche sa- gen? Manche Projekte in Dresden sind an diesen Widersprüchen ge- scheitert – andere sind trotz der Widersprüche geglückt.

Kein Mensch hätte etwas dagegen gehabt, wenn wir unsere Arbeit fortgesetzt hätten – halt auf eigene Kosten. Dresdner Friedenspreis oder Ost-West-Begegnungen, Verlegerisches, praktische Unterstüt- zung für Randgruppen – bitte sehr, wenn's Ihnen Spaß macht! Das Geld dafür hätte man kaum durch Kabarettauftritte verdienen können – die Ostbühnen blieben weitgehend verschlossen, wenn der Wessi aus seinem Spaß Ernst machen wollte. Es lag am gängigen Grundsatz des Ostens, unsereins erst gar nicht den Fuß in die Tür stellen zu lassen – obwohl drinnen längst die aalglatten Dudelsäcke aus dem Westen ihre Loge hatten. Schlicht gesagt: Es fehlte – und fehlt heute – am Be- wusstsein, dass man auf der gleichen Seite steht, dass man am gleichen Strang zieht. Cui bono?

Oder ist die Sache mit dem gleichen Strang ein Irrtum? Denn wer zieht denn mit wem an was und wohin? Bei einem bescheidenen For- schungsprojekt der AnStifter zur Geschichte der Juden in der Stadt etwa begriffen viel zu wenige, dass es einen gemeinsamen Strang gibt: »Bei uns, mein Herr, bei uns gibt es kompetente, bestens ausgebildete

Leute – Ihre angebotene Hilfe für den Nachdruck vergriffener Schriften mag gut gemeint sein, aber das ist unser Revier. Stellen Sie sich vor, jeder dahergelaufene Bürger würde einfach zum Thema Juden etwas veröffentlichen wollen …«

Die »allgemeine Lage« war gut, das Haus renoviert, die Menschen vorwiegend freundlich (außer Rolf Gast, aber der kommt ja auch aus dem Westen) – aber das kulturelle Klima war nicht auskömmlich. So haben wir die Koffer gepackt, verkauft, was sich verkaufen ließ und sind zurück nach drüben, ins freundliche Stuttgart, arbeiten, debattieren, anstiften, motzen, zupacken, wenn sich's ergibt.

Die Mutter: »Ich hab's ja glei gesagt. Aber ein schönes Haus hattense da! Also richtig vornehm. Kein Zaun drumrum, das hamse alles weggemacht, s woar alles offen. Und richtig große Fenster hamse gehabt, große und helle Fenster. Wissense, ich brauch's helle. Ich brauch Sonne und Wärme. Gell, das braucht doch a jeder.«

So mancher, der seinerzeit mit uns zog, hat vor uns die Koffer gepackt und Tschüssi gesagt, hat

Marlies, es ist alles so traurig.

den Salto rückwärts gemacht – unter Applaus! Und viele sind geblieben, weil Dresden einfach zu schön ist, und die Mädchen auch, etwas Provinz vielleicht mit viel Herz, nahe der polnischen Grenze, mit sehr freundlichen Menschen, meist Sachsen und kaum Ausländer. Viel zu schön.

Bier austrinken und aufsteh'n.

Die ökonomische Krise trifft die Menschen im Osten schärfer als den Westen. Die kleinen Orte dürren aus, das Alte bleibt. Ein paar Zentren werden zu bescheidenen Inseln der Glückseligen – Dresden bleibt im mythischen »Tal der Ahnungslosen« – ohne Westempfang. Bei

Mutter und Sohn beim Hochzeitsfest: Tango Kapitale 2002.

einer SPD, die um die 10, 12 Prozent dümpelt, bei einer Kultur, der ständig der Kopf geschoren wird, bei Menschen, von denen sehr viele ihre Identität eher in der Vergangenheit suchen, sind die Aussichten nicht besser als vor zehn, 15 Jahren, sondern eher schlechter. Tut mir leid für die »Sonnenallee« und die »Spur der Steine« – das war mal. Penck hat längst rübergemacht. Aber was könnte Entlastung bringen? Taten statt Worte. Eine neue, selbstbewusste Ostkultur – aber zeigen! Der Aufstand der Anständigen gegen die Alimentierung des Mittelmaßes. Westreisen statt Ballermann, und die kritische Intelligenz sollte sich ihrer selbst besinnen, endlich ihr Bier austrinken und losmachen, es dämmert schon.

Denkzettel 5

Zurück nach knapp zehn Jahren. O Heimatland! Oskar Lafontaine machte ja auch nicht mehr mit.

Von den Erschütterungen, den Betroffenheit auslösenden Ereignissen jener Jahre waren es die Luftangriffe auf Belgrad und der NATO-Einsatz gegen Jugoslawien, die am meisten schmerzten, und dass die einst hoffnungsvollen, widersprüchlichen »Grünen« mit der Hand am Abzug mit von der Partie waren. Da war die Spendenaffäre um Helmut Kohl ein Klacks dagegen. Da passt es doch, dass wir jetzt wieder Flintenweiber haben dürfen.

Vergessen wir den Terror, und dass das alles hausgemacht ist wie Erdbeermarmelade. Vergessen wir die Streubomben und die »Neue Heimat« und die alte, schaun wir rüber zum Nachbarn, der wieder säuft, weil er seine Arbeit verloren hat.

Tango Kapitale
Vielleicht gibt's wieder mal Randale
Vielleicht platzt einem mal der Kragen
Vielleicht wird jemand nicht lang fragen
Vielleicht verbrennt sich jemand mal die Finger
Vielleicht fasst jemand den Beschluss:
Nun aber Schluss!

Tango Kapitale
Das Kapital ist Kannibale
Es kotzt und frisst die allergrößten Brocken
Da biste schnell mal von den Socken
Vielleicht kackt jemand auf den Thron
Und gibt sich dann den goldnen Schuss
Weil er halt muss

Tango Kapitale
Die Börse singt die Internationale
Da bleibt bei keinem mehr ein Auge trocken
Da ist sogar der Ackermann erschrocken
Das große Rad gerät ins Stocken
Und Zetsche macht die letzte Fahrt:
Er hat gespart

Tango Kapitale
Du betest in der Kathedrale
Zetsche hebt segnend seine Hände
Er weiß: Die Linke ist nun bald am Ende
Selbst Gregor Gysi kämpft um seine Ren-de
Der liebe Gott bleibt stur:
Er will den Sozialismus pur

Denkzettel 6

Stuttgart, mein Kampf.

Damit wir uns nicht missverstehen: Ich mag unsere Stadt, dieses Stuttgart zwischen gestern und morgen. Die krummen Ecken, seine Kanten, die Höhen, die Tiefen, den Nesenbach im Kaufhaus und den Daimler am Himmel. In dieser Stadt sind die Provinz und die Welt zu Hause. Wer in den Touristenmassen durch Italien strömt, sehnt sich zu Paolo in Heslach zurück oder geht zu Loretta in die Büchsenstraße.

Stuttgart. Hier bist du zu Hause, Fremder! Und wir auch. Das Brot ist gut durchgebacken, die frischen Gemüse von den Höhen der Schwäbischen Alb, sizilianischer Hartweizengrieß für die Nudeln, nichts anderes.

Grünes Land, Stuttgart 2013: Asylbewerber im Hungerstreik sind ihr Recht los.

In den Quartieren des Westens, wo bald der Mai blüht zwischen den Autos, überm Neckar in Cannstatt, hinter dem großen Sattel in Feuerbach, unten in der Stadt, aber auch um den Ostendplatz sprießen die kleinen Läden. Du triffst die griechische Nachbarin und den türkischen Kollegen: Ruhig und konzentriert stellen sie das Essen zusammen für alle, die vorbeischauen heute Abend. Der Schneider aus Zagreb beißt bissig den Faden, nimmt Maß mit den Augen, die Stadt im Blick.

Zwischen Berg und Tal, zwischen Ach und Weh. Die Stadt im Stau, im Nebel, im Sonnenlicht, im Aufwind, etwas Smog wie Zuckerwatte über den Burgen der Banken und Versicherungen. Zu viel Smog, viel zu viel verbotenerweise, aber die da leben, weil sie da leben müssen, haben keine Lobby, keinen Leserbriefschreiber, keinen Anwalt. Sie freuen sich, denn schräg rüber, 100 Meter vom Neckartor, ist ja der Park, der Schlossgarten. Bier und Bratwürste und Schachspiel. Parkbänke drunter und drüber für alle, die ihr Fett schon abgekriegt haben. Singen und Musizieren für zehn Minuten, dann musst du weiter, die Ordnung ist strenger als die Aufsicht. Die Trommler aus Chile ziehen exakt 100 Meter weiter, Kundschafter und Kundschaft begegnen sich, Betteln und Hausieren verboten. Ein dicker Bus prustet Engländerinnen aus, das Alte Schloss lächelt milde zum Neuen herüber. Jetzt eine rote Wurst auf dem Flohmarkt vernaschen, auf Schatzsuche gehen, die Glocken läuten, die Musik spielt, im Alten Waisenhaus keine Kinder. Drüben im Bohnenviertel treff ich sie wieder, die Engländerinnen, diesmal ohne Bus. Die Staatsgalerie war überfüllt, behaupten sie stolz. Verkehrsberuhigt stöbern sie durch Boutiquen, Bistros, Bars. Quer über den Bolzplatz knallt das Leder gegen einen hartgesottenen Zaun, Kinder schreien, Alte lachen, der Opa schiebt den Ball mit dem Spazierstock dem Torwart in die Ecke.

Unter der Erde die Kabel, die Straßenbahnen, Passagiere passieren Passagen, Rotlicht linst. Den Berg hoch, welchen?, frag ich Sie! Rundum Berge, Herr Uhland grüßt Herrn Hegel, Herr Hölderlin besucht Doktor Schiller, Herr Freiligrath ruht sich aus, Herr Herwegh schüttelt nur den Kopf. Was macht der Herr Rommel inzwischen? Geht's ihm besser?, fragen wir besorgt. Weiter dichten. Über Worte stolpern, über Steine. Stolpersteine.

Draußen wird die Stadt noch größer, tritt über die Ufer, nähert sich den Dörfern, die sich der Stadt nähern. Die Landschaft rückt zusammen, aus dem Wald heraus presst sich der Fernsehturm, bleibt freundlich und schlank wie in den ersten Jahren.

Unten das Volk, die Völker auf den Spielplätzen, in den Biergärten, Gyros oder Flädlesuppe oder Maultauschen oder Spaghetti alle vongole, was auch schon ganz schön schwäbisch klingt. Der VfB hat verloren, Sie hören es doch, sagt einer zum anderen. Na wenn schon, es kommen auch andere Zeiten. Irgendwo geht die Sonne unter: Das könnte der Monte Scherbelino sein, unser Trümmerberg, vergessen und vergeben, das hat die Stadt gelernt. Sie ist nicht in die Jahre gekommen, sie kommt aus den Jahren. Am Karlsplatz ein Mahnmal, ziemlich unerkannt soll's wohl bleiben. Die Markthalle und das neue Museum – lichthellglasklar. Einen Schnarchzapfen allen, die vergessen haben, was Energie kostet – und wer sie zahlt.

Der Stern von allen Seiten, allen Enden. Warum dreht sich der Fernsehturm nicht?, frag ich Sie. Vom Onkel Otto Ausblicke, Weitblicke, ein beschaulicher Fluss, etwas klein vielleicht für unsere Verhältnisse, die Lichterkette da oben am Pragsattel: Das ist unser Theaterhaus. Und ein Ballett haben wir auch. Hab ich Sie jetzt angestiftet für Stuttgart?

Ha, da glotzscht! Manchem, dem ein Wort zu viel rausfährt wie ein Wind aus der Hose, am falschen Platz, zum falschen Ohr, dem wird geraten, mehr auf die Waagschale zu achten bei subventionierter Kultur. Eine liebevolle Warnung eher, mehr zum Kuscheln, nein, das haben Sie falsch verstanden, Herr Richling, kuscheln, sagte ich, nicht kuschen, dann fließt es sich auch fürs Geld leichter, so wahr ich Eisenmann heiße.

Das Mahnmal für die Opfer des Faschismus – Sie wissen ja, am Karlsplatz – ist immer noch eine Pinkelbude, am Hauptbahnhof wurden 300 Bäume gefällt, als die Parkwächter schliefen. Sie waren eh zu alt.

Aber sonst ist es schön hier. Wir haben Europas berühmteste Quellen, Sprudler, Selters, Seltenes, treiben die Züge durch die Berge, hinein ins Vergnügen, und die Menschen unter die Erde, wo auch der Hauptbahnhof hinkommen soll. Unten. Hier enden wir eines Tages sowieso alle – unter der Erde, früher oder später.

Genug gejammert. Aber es gibt in der Stadt viel zu tun, wie ihr seht. Anzustiften, aufzustehen, auszuruhen, Letzteres weniger.

Es gibt Frühlinge, die machen uns renitenter, die machen uns munter und heiter. So soll's sein. Dem Nachbarn auf die Schulter klopfen. Zublinzeln den beiden Damen aus dem Berger Bad. Fünfe gerade sein lassen. Bei Grün gehen. Bei Rot stehen. Beides gleichzeitig wird schwer.

Denkzettel 7

Stuttgart, Montag, 9. November 2004, 18 Uhr. Der Außenminister auf dem Stuttgarter Karlsplatz. Die Stimmung gut – wir sind viel Volk – die Flugblattverteiler von »Attac«, Leute von der Anti-Minenkampagne des Diakonischen Werks, »Ohne Rüstung leben« (die wollen wirklich immer noch ohne) und ein paar versprengte Linke – man kennt's ja. Die einen hören zu, die anderen halten im Meer der Neugierigen und Grünen tapfer ihre Transparente hoch, und dann gibt's noch den einen oder anderen, der dem wortgewaltigen Joschka an die Wäsche will. Ganz schlecht.

Einer klagt lauthals wegen der Flugmeilen (und meint eigentlich Rezzo), der Zweite knüpft an Fischers frühe Fellbacher Fehler an und verteilt hektisch Hektografiertes, ein Dritter macht am Kosovo rum.

Joschka, mit oder ohne Mikro, hatte nie ein Problem, seinen Widerrednern den Rost runterzutun – er duzt von oben die unten, samt und sonders, ja, den einen oder anderen putzt und stutzt der beliebteste Außenminister schon auch mal nach Strich und Faden zurecht. Ein herrliches Spiel.

Genauso geht Joseph Fischer mit seinen Geistern um, die er der Reihe nach aufruft, die Westerwelles und Stoibers und Späths. Wieder herrlich, der grobe Klotz auf die groben Keile.

Einen der Zwischenrufer freilich erwischt die Bürgergesellschaft. Einer ist's, dessen Zwischenrufe der Polizei über die Hutschnur gehen. Ruckizucki ist es aus mit dem Grundrecht auf freie Meinungsäußerung. Der Unruhestifter wird mit einfacher körperlicher Gewalt herausgenommen aus dem öffentlichen Raum. Ach, wie er strampelt im Polizeigriff, herrlich, wie er fast kollabiert für sein Bürgerrecht auf freie Meinung! Während er keucht und schwitzt und Unrecht schreit, schirmt die Truppe der uniformierten Freunde und Helfer den Zwischenrufer ab, um ihn schließlich in Gewahrsam und in ein Polizeiauto zu stecken. So einfach war das.

Übrigens – ein paar empörte Versammlungsbesucher gab's denn doch. Sie protestierten und wurden auch gleich auf Video aufgenommen. So einfach ist das.

Apropos: Bei allen, die da meinten, man könne bei so ner Kundgebung mit Außenminister mir nix, dir nix Flugblätter verteilen oder kritische Transparente hochhalten, wurden – rein vorsorglich – die Ausweise kontrolliert. Gängige Frage dabei: Ledig? Verheiratet? Verheiratet.

PS.: Was war das nun? Freiheitsberaubung im Amte oder so? Behördliche Verhinderung der Ausübung eines Grundrechts? Ein Spässle übereifriger Polizisten? Und wann dürfen wir unser Video sehen?

U.A.w.g.

Denkzettel 8

Nun schaunse mit mir eben mal auf die letzten paar Jahre zurück, es muss ja nicht gleich die ganze Welt sein.

Ganz unbefangen gesehen hat man ja da den Eindruck, dass sich für die kleinen Leute weniger tut als für die großen. Und die Mauer steht jetzt in Afrika. In Afghanistan liefert die Bundeswehr Terrorverdächtige an Folterknechte aus, und im eigenen Land genügt es bereits, schräg auszusehen, um im Polizeicomputer oder im Polizeikessel zu landen: So wird die Demokratie weichgekocht. Der Herr Schäuble – kein Weichei, wie wir wissen – würde gern, wenn's ernst wird, Flugzeu-

Profitabel für Herz und Hirn – Zuschussgeschäft Theaterhaus.

ge abschießen lassen, und der Herr Struck wollte eigentlich auch. Nun brauch man da halt, damit's legal bleibt, ein anderes Grundgesetz. Vieles geht natürlich auch gesetzlos. Man hält sich beide Varianten offen.

Vom Rück- zum Ausblick: Wie geht's denn uns, mir, dir? Keine Hoffnung nirgends? Oder ist das alles zu pessimistisch? Meine Fresse, wäre das schön, wenn das Gegenteil der Fall wäre: Die wehrhafte Demokratie, die ihre Substanz verteidigt, eine nicht nur auf Parteitagen kämpferische Sozialdemokratie und, und, und …

Ich sag's mal so rum: Es blüht da Verschiedenes im Verborgenen. Viele Menschen werden nachdenklicher, sehen eine andere Zukunft als die vorgeschriebene. Das kollektive Gedächtnis hat viele Erfahrungen gespeichert, gute wie schlechte. Und wo die Besorgnis steigt, steigt auch der Widerstandswille, der Widerspruchsgeist. Er beginnt in den eigenen Reihen, an deren Geschlossenheit jahraus, jahrein erfolgreich appelliert wurde, wenn es galt, Wahlen zu gewinnen.

Ich überflieg, was ich geschrieben habe. Muss los. Zu einseitig, denk ich. Schreib wenigstens, dass es deine eigene Meinung ist, deine persönliche. Das kommt gut an bei den Leuten.

»Und les nich wieda zu lange, Junge«, hätte meine Mutter gesagt, und zu Ihnen: »Wissense, der kennt keene Grenzen, wennse dem ein Mikrofon geben.«

Kapitel VIII

2007
❖ Die Zahl der Arbeitslosen in
Deutschland liegt bei mehr als
5 Millionen.
❖ Der Bundestag verabschiedet die
Rente mit 67 Jahren und erhöht
seine Diäten.
❖ Bundespräsident Köhler ist gegen
die Begnadigung des RAF-Mitglieds
Christian Klar.
❖ Dafür sieht die Werbeanzeige für
Diesel-Jeans viel radikaler aus als die
Bilder vom letzten Ostermarsch.

2008
❖ Obama. Wo so wer Präsident
kann sein, kehrt bald der
Kommunismus ein.
❖ Im Europäischen Jahr des
Interkulturellen Dialogs ersaufen
die Neger massenweise im
Mittelmeer. Deutschland hilft.

2009
❖ Statt Peter Sodann wird Horst Köhler
Bundespräsident.
❖ Das Kölner Stadtarchiv weicht der
U-Bahn aus.
❖ Gaga 21: Der Burdsch Chalifa in
Dubai ist mit 828 Metern das höchste
Bauwerk der Welt.
❖ Harald Habich hat eine Idee: Spur der
Erinnerung. 80 Kilometer vom Ort der
Mörder zum Ort der Planer.
Grafeneck – Stuttgart. Lila für die
ermordeten Kranken.

2010
❖ Stuttgart 21: Geplanter Tiefbahnhof.
Weniger Züge nach Bratislava.
❖ Partygänger Christian Wulff macht
für zwei Jahre den Präsidenten.

2011
❖ Arabischer Frühling trotzt unserer
Hilfe für die Diktaturen.
❖ Der Nationalsozialistische Untergrund
befruchtet den Verfassungsschutz.
❖ Baden-Württemberg: Mehr als
33 Prozent Nichtwähler, Grüne vor
der SPD.

Ach Mensch,
es wäre so schön,
wenn ich mich täuschte!
2007 bis 2017

❖ Alle 10 000 Jahre ein Atomunfall –
wie schnell doch die Zeit vergeht!
Fukushima: Kernschmelze in drei
Reaktoren des AKW.

❖ Norwegens Anders Breivik: Mord
und Totschlag.

2012

❖ Münchner Oktoberfest ohne
aufgeklärtes Attentat, sagt Wolfgang
Schorlau im »München-Komplott«.

❖ Komm, wir spielen Eurokrise und
retten die Banken.

2013

❖ Giorgio Napolitano trifft in
Sant'Anna di Stazzema Enrico Pieri
und Joachim Gauck.

❖ 60 bis 80 Prozent aller
Spitzensportler nehmen Dope.

❖ Der Holzapfel ist der Baum des
Jahres. Keine Rede vom Holzweg.

2014

❖ 100 Jahre Erster Weltkrieg –
Flüchtlinge in Sotschi. Blatters
Schmiergeldverein macht Kasse in
Brasilien.

2015

❖ Wiener Hauptbahnhof ist fertig und
Nadelöhr im Schienenverkehr.

❖ 20. März: Totale Sonnenfinsternis.

❖ 18. Juni: 200. Jahrestag der Schlacht
bei Waterloo.

2016

❖ Landtagswahl in Baden-Württemberg.
Küss mich oder quäl mich.

2017

❖ Die geheimen Akten zur Ermordung
des ehemaligen US-Präsidenten John
F. Kennedy werden veröffentlicht.

❖ 500 Jahre Reformationsstau.

❖ Alle Guantanamo-Häftlinge gestorben.

❖ Aber Grohmann lebt immer noch.
Lehnt das Bundesverdienstkreuz
ab, doch zur Geburtstagsfeier im
Theaterhaus ein: alles rollstuhlgerecht.

Denkzettel 1

Das Ländle – die Menschen – die Wahlen. Das Ländle ist unser Ländle. Fürs Ländle steht der SC Freiburg ebenso gut wie das Stuttgarter Theaterhaus, die verhinderte Daimler-Teststrecke in Boxberg genauso wie Manfred Rommel, der Gudrun Ensslin heimholte. Fürs Ländle stehen Freiligrath und Schubert und Schillers Räuber und der andere, Mappus, Porsche und die Bauernkriege, die Novemberrevolution 1918, aufmüpfige Metaller und glattgebügelte Sozialdemokraten, aber auch Hermann Scheer, die Stromrebellen aus dem Schwarzwald, der Wyhler Widerstand, Georg Elser, Hegel, Hölderlin und Wolfgang Schuster und K 21.

Stuttgart ist keine Metropole. Stuttgart ist der harte Kern einer potenten Region, die weltweit ihren ökologischen Fußabdruck hinterlässt. Hier weiß man nicht nur bei den Grünen (stärkste Fraktion im Gemeinderat), dass Stuttgart etwa das Dreifache seiner Biokapazität beansprucht.

Stuttgart ist aber auch Edzard Reuter und Nina Hoss, Eberle, Lamm, Rück, die Familie Schlotterbeck, das Hotel Silber, ein funktionierender Kopfbahnhof, auf dem die Züge aus Berlin mit Verspätung eintreffen. Gott sei Dank, sonst wären die noch schneller da. Es gibt auswärts schönere Orte, größere Flüsse, höhere Berge.

Stadt und Land verändern sich, die Menschen empfinden das als Ruhestörung für Auge, Herz und Hirn. Als die Cleverle 1960 das von Erich Mendelsohn erbaute Kaufhaus Schocken abrissen, stand Fortschritt auf der Tagesordnung, nicht Denkmalschutz. Der Kommunist Eugen Eberle blieb mit seinem Protest gegen die Stadtzerstörung damals einsame Spitze – heute wäre er in der Mitte der Gesellschaft. In Stuttgart ist die sechste Internationale der Bandarbeiter und Müllkutscher zu Hause, der Klofrauen und rumänischen Freudenmädchen. Menschen aus 182 Ländern, wie der ehemalige Oberbürgermeister Wolfgang Schuster der kinderfreundlichsten Stadt breit und weit verkündet hat.

Ist es der Minderwertigkeitskomplex vieler Schwaben, besser gesagt der Württemberger, oder noch besser: der Stuttgarter? Dass wir weniger Emigranten haben könnten als die Kreuzberger, weniger Bordelle als die in München, weniger Museen als die in Düsseldorf? Immer wieder liebäugeln Stadtmütter und Investoren, Journalisten und Kulturtreiber mit den anderen Orten jenseits des Horizonts, die größer, besser, weiter, höher sind.

Wir geben unseren Projekten vornehme Namen: Trump-Tower. Oder »da Vinci«. Oder nachdenkliche: Clusterinitiative Automotive Region Stuttgart. Oder Business Angels. Und natürlich weit ins nächste Jahrhundert reichende wie »Stuttgart 21«, der Herzschrittmacher am Pariser Platz.

Das Ding ist so gewaltig und gewalttätig, dass es Ehen zerschmettern und in Jahrzehnten gewachsene Freundschaften zerstören kann. Es lässt Menschen die Straßenseiten wechseln, aus Vereinen austreten und zu Übeltätern werden, die dem Nachbarn in den Garten kacken. Stuttgart 21 spaltet Parteien, sprengt Regierungen, lässt Polizeipräsidenten taumeln und Pfarrer am lieben Gott zweifeln – oder wenigstens am Bischof. Es hat dem Land eine neue Regierung und der Stadt einen neuen Oberbürger-

Ebbe Kögel und Wolfram Hülsemann: Friedenspreis der AnStifter 2006.

meister beschert, doch die Auseinandersetzungen der letzten vier Jahre haben tiefe Gräben gerissen: LGNPCK hier, Kampfrentner da.

Zwei, drei Dutzend Filme, Krimis, Theaterstücke, Musicals entstanden, der Bauzaun am Nordflügel des Hauptbahnhofs schaffte es sogar ins Museum. Offen sind lediglich ein paar Randfragen, etwa, ob das Milliardending je fertig, je realisiert wird, ob nicht das Geld ausgeht oder der Übermut, ob nicht die einzigartigen Mineralquellen eines Tages tatsächlich versiegen, ob nicht deutsche Ingenieurskunst am Gipskeuper scheitert und ob nicht der Bonatz'sche Bahnhofsturm einstürzt, weil die Eisenpfähle Eichenpfähle sind und faulen mit den Jahren. Paul Bonatz sei, schimpfte ein malender Freund, ein Nazibaumeister – auf dessen Denkmale pfeife er! Und ausgerechnet ich, der erklärte Feind aller Heroen, schwinge mich plötzlich zum Verteidiger der nationalen Baukunst auf. Er kündigte, auch im Namen seiner Frau. Zugegeben, es war ein Treffer.

Es wäre also nicht weiter schlimm, würde der Kopf vom Körper fallen, der Turm vom längst amputierten Stuttgarter Hauptbahnhof kippen. Doch Denkmalschutz und Wasserwirtschaft, Kostensteigerungen oder Stadtplanung sind längst zum Nebenkriegsschauplatz geworden, ohne dass es Protagonisten des Pro oder Contra recht gemerkt haben.

Wessen Straße? Bürgerbriefe im Winter ...

Fast kein Mensch zweifelt, dass (deutsche) Brandschutzmeister und Feuerwehrleute auch in den längsten und tiefsten Tunneln im Fall des Falles die rettenden Engel in der Not sein werden. Dass den Plan-Bahnhof aber mit seiner Schieflage und den acht Gleisen rund ein Drittel weniger Züge passieren können, ist noch gar nicht recht durchgesickert. Mehr Leistung, mehr Züge – das war ja doch wohl überhaupt erst der Anlass für Stuttgart 21. Die Regierenden in Stadt und Land halten sich bei der Frage der Leistung bedeckt – unstrittig ist allerdings, dass der Kopfbahnhof »mehr als 50 Züge in der Stunde kann«, wie Egon Hopfenzitz, früherer Chef des Bahnhofs und intimer Kenner seiner Leistungsfähigkeit, anhand von Fahrplänen und Stoppuhr nachweist.

»Aber«, fragt da meine Nachbarin und unterbricht meinen Eifer, »aber«, sagt sie, »Herr Grohmann: 3527 Euro Schuldenzuwachs des Staates pro Sekunde – darf man das?«

Sie lenkt den Blick auf ein interessantes Phänomen: Geld spielt keine Rolle, wir haben so viel, dass wir damit sogar die Reichen retten. Der gesamte deutsche Staats-Schuldenstand betrug bei dieser Niederschrift 1 715 638 661 951 Euro, im Ländle der Sparer 45 846 217 487 Euro. Inzwischen sind allerdings ein paar Millionen Sekunden ins Land gegangen ...

Das kann man gar nicht so schnell lesen und begreifen wie schreiben, aber die Leute hier wissen: Wenn nichts stimmt – aber das stimmt bestimmt. Und dass jede Schule, jede Straße, jeder Gleiskilometer zweimal bezahlt werden muss. Einmal für den Bau, einmal für die Banken. Und das Geld für die Bank ist rausgeschmissenes Geld, das die heimische Sparkasse öffentlich-rechtlich verzockt. Stuttgart verbürgt sich. Die Kanzlerin will nicht mehr auf Pump leben, aber keiner weiß, ab wann.

Menschen, Städte und Gewohnheiten verändern sich, oft nicht zum Guten. Die von Angela Merkel zitierte Hausfrau geht seit Monaten zur Montagsdemo. Sie nimmt eine Tüte Äpfel von

... und Bürgerbriefe im Sommer.

ihrer Streuobstwiese mit und eine Flasche Mineralwasser vom Cannstatter Sprudler, eigenhändig abgefüllt. Nur nix verschenken.

Die Äpfel bekommen die Leute von der Mahnwache und eine Handvoll Brezeln vom Waible, bessere gibt es nicht mal am Prenzlauer Berg. Der Sprudel ist fürs Pfefferspray. Man traut den Göppinger Wasserwerfern von Herrn Rech nicht mehr über den Weg, auch wenn der außer Diensten ist, denn man weiß: die Wasserwerfer nicht. Die Leute vorm Hauptbahnhof sind geduldig: 24 Stunden täglich mahnen – seit drei Jahren, egal, ob's 35 Grad im Schatten hat, ob's stürmt oder schneit oder Katzen und Hunde regnet. Rekordweltmeister. Jeden Tag wird mit Kehrwisch und Schaufel der Platz vorm Zelt geputzt. Und die Mahnwachenleute sind das Ohr der Stadt.

Seit 2009 ist man fast jeden Montag hier, das sind fast vier Jahre, es geht langsam auf die 200. Montagsdemonstration zu. Auch ein Phänomen. Bei den ersten Protesten waren es 50 bis 100 Leute, rasch 500, häufig 5000 und zwischendrin auch mal 30 000 oder 100 000. Wir sind hier nicht so, aber: Wir, meine alten Freunde von gestern, die, die gekündigt haben, und die, die bei der Stange geblieben sind, haben es in der Vergangenheit nie zu »so etwas« gebracht – dass derart viele Menschen in einer Stadt, einer Region in dieser Weise für eine Sache Partei ergreifen.

Das gab es in der Geschichte der Bundesrepublik noch nicht. Und da kommt alles zusammen: Engagement und Enthusiasmus, Wut, Zorn, Dummheit, Ignoranz, Kreativität und Eigensinn, Klugheit und Verantwortung. Es gibt halt, sagt man hier, »sotte ond sotte«. Es ist die Masse, die Menge, die Vielzahl, die Dauer und Ausdauer, die mich verblüfft. In meinen Wanderungen durch die politischen Landschaften hat es ja oft so ein Auf und Ab gegeben. Da war man mal allein unterwegs und mal in überschaubarer Zahl – von den Ostermärschen über die Demonstrationen gegen die Atomkraft. Mal zündete eine Losung, mal traf ein Thema Herz und Verstand. Die Katastrophe von Tschernobyl, seien wir ehrlich, war relativ rasch vergessen und verdrängt, und selbst beim Wiederholungsfall Fukushima müssen wohl viele gesagt haben: Das kann doch einen Seemann nicht erschüttern!

Offenbar müssen wir die Katastrophen verdrängen, die Seele braucht diese Hygiene, und gerade wir, als permanente Hiobs-Botschafter, merken doch, dass unsere Nachrichten nicht geliebt werden. Wer empfängt schon gern die Boschafter des Untergangs? Wir würden's ja gern andersherum versuchen – mit Utopia, den Träumen von der anderen, besseren Welt. Meine Omi Glimbzsch aus Zittau schob bei solchen Heilsversprechungen gern eine Frage nach, mit vorgezogener Unterlippe und kritischem Blick aus dem ollen Korbsessel: »Und? Haste Beweise? Wo?«

Bei Stuttgart 21 war das eben anders. Da spielte vermutlich die Tatsache eine Rolle, dass ja hier etwas unmittelbar vor deiner Haustür passierte, etwas, das noch nicht vollendet war, nicht einmal so recht zu Ende geplant, etwas, das du noch beeinflussen konntest – im Gegensatz zum drohenden Atomkrieg, der Klimakatastrophe oder der Chemie in Lebensmitteln. Du konntest den Bahnhof oder den Park besetzen oder die Kreuzungen, die 500 Bäume, die gefällt werden sollten, kanntest du persönlich, 200 Jahre alt viele, das ist schon was. Du konntest deine Zweifel, so herum oder so herum, überall in der Stadt erörtern – so viel

Mit Stefan Charisius.

Kompetenz und Sachverstand war selten sonst unterwegs. Du konntest Leserbriefe schreiben oder dich kundig machen in Sachen Brandschutz, Infrastruktur und höchste Eisenbahn.

Die Freunde eines modernen Kopfbahnhofs waren allemal besser informiert als die meisten Abgeordneten, und die mochten ihre Besserwessis gar nicht. Denn die konnten ja dann auch noch, zu allem Überfluss, entscheiden. Dass der Bürger seinen Abgeordneten in die Schranken weisen kann, macht ja den einen kleiner – aber den anderen größer. So etwas macht doch Spaß.

Es ist richtig: Die »Oppositionsbewegung« erreichte bei der Volksabstimmung am 27. November 2011 etwas über 41 Prozent der Stimmen – wo hat's denn das je gegeben für eine Opposition? Die Befürworter des Bahnprojekts aber kamen auf etwas mehr als 58 Prozent. Die Schlussfolgerung war eigentlich klar: Ende. Aus. K21 hat fertig.

Freilich: Bei dieser Abstimmung stand ja doch das Ehrenwort ganz vorn auf dem Stimmzettel, dass der geplante neue Bahnhof rund ein Drittel mehr leisten würde als der alte – und dass das Land aus der Finanzierung aussteigen würde, wenn die Kosten die fünf Milliarden erreichten. Vor allem auf diese beiden Fakten bezieht sich der seither weiter anhaltende Widerstand und die durchaus ernst zu nehmende

Schlussfolgerung, dass die Volksabstimmung damit ihre rechtliche und politische Basis verloren hat.

Den einen oder anderen, weiter abseits von Stuttgart stehenden Leser mag die Verbissenheit verblüffen, mit der ich dieses doch eher abseitig und nebensächlich erscheinende Thema verfolge. Aber wer diese Schlussfolgerungen wenigstens gedanklich nachvollzieht, wird begreifen, was die Menschen in Stuttgart umtreibt. Ehrenwort!

Die Mahnwache, das Ohr des Widerstands, feiert inzwischen wie erwähnt ihr Dreijähriges. Viele in dieser Bürgerinnenbewegung sind erschöpft, verbittert, enttäuscht, da helfen auch die Bananen aus fairem Anbau vom »Eine-Welt-Laden« in Gablenberg nichts, nichts meine Bürgerbriefe, nichts Trillerpfeifen, Buttons, T-Shirts und Regenschirme und Schals für den nächsten Winter. Der Blick auf die da oben ist skeptischer geworden, der Glaube an die Ehrlichkeit von Politik ganz schön erschüttert. Das Auge des Widerstands sind die Web-Kameras. Die Enttäuschten, die nun wieder zu Hause auf dem Sofa sitzen, schauen fern. Vielleicht stehen sie ja wieder auf, angesichts der Abhörskandale, der Rundum-Überwachung, der Arroganz der Macht? Das Auge des Widerstands sieht alles und hebt es für die Nachwelt auf.

Und das Ohr hört alles. Die Klagen über die Spätzles-Maoisten und die DKP, die sich mit ihren roten Fahnen mitten hinein begeben in die Massen, um später als Spitze des Widerstands genauso die Titelseiten ihrer Parteizeitungen zu schmücken wie die der Tagespresse, die die roten Fahnen dankbar aufgreift. Adrian Zielcke, Ressortchef der »Stuttgarter Zeitung«, schrieb richtungweisend bei seiner Pensionierung in einem Abschiedsartikel, dass Stuttgart 21 ohne das Ja-Wort seiner Zeitung nie zustande gekommen wäre. Sehen Sie? Jetzt sind die auch noch ehrlich!

Was das Geld angeht, das im Land eine ganz besondere Bedeutung hat: Man geht sparsam damit um. Beim Sammeln dennoch reichlich gegeben, Widerstand kostet, und aus dem Osten ist eh nichts mehr zu erwarten. Es ist Geld, das der Schwabe als solcher mühsam erwirtschaftet, erspart hat. Er gibt's gern – aber er kann's nicht leiden, wenn sein Geld mit vollen Händen aus dem Fenster hinausgeworfen wird von Seinesgleichen, ins Milliardengrab. Er kann's nicht leiden, wenn man »mit dem Sach« so umgeht, handbehauene Quader, Steine, die man im Gärtle oder Gütle gut brauchen könnt wie seinerzeit die von der Synagoge, wenn man die kaputthaut in der Dummheit.

Er labert halt gerne, sagt meine Mutter.

Er, der Schwabe, kann die glattgestylten neuen Viertel nicht ausstehen, die nicht in Frankfurt und die nicht in Berlin. Er weiß: Seine schöne Königstraße wird alsbald der Bestimmung aller Königstraßen folgen – Tand und Tändel und Ramsch wie in Remscheid. Die Königstraßen allerorten ziehen den Kürzeren, werden zu Residenzen der Billigheimer. Er sieht die leer stehenden Büro-Areale nebenan und weiß: auf Jahre unrentabel. Und er weiß: Er zahlt's.

Letztlich hat er immer bezahlen müssen. Für die verlorenen Kriege und für die gewonnenen, für die Beamten, die im schwäbischen Frühling ins Abseits gestellt wurden und noch kurz vorher befördert worden waren. Er zahlt, für Spekulanten, wenn sie sich verspekuliert haben, für Brücken, die nie gebaut wurden, für Straßen ins Niemandsland.

Wir haben im Ländle das Auto erfunden und – alles zu seiner Zeit – unsere Freude dran gehabt. Wir haben den Zeppelin erfunden und den Fernsehturm. Wir panaschieren und kumulieren. Aber die da oben sind für die Stuttgarter »Hypo Real Estate«. Wer weiß, vielleicht reichen politisches Bewusstsein und gemeinsame Verantwortung für übermorgen, dass sich die in den unteren Rängen wieder offenherzig begegnen, dass sie sich versöhnen trotz unterschiedlicher Meinungen – entweder, weil der Turm eingestürzt ist oder weil er noch steht? Wer weiß, vielleicht ist der unterirdische Bahnhof einmal der berühmte Tropfen fürs Stuttgarter Fässle?

Denkzettel 2

Ich hab so eine Ahnung, dass ich noch ganz viel leben muss. Es ist noch alles unaufgeräumt, Unerledigtes stapelt sich, und die Vergesslichkeit nimmt zu. Wie sollst du da schreiben, Alterchen, siehst dir langsam zum Verwechseln ähnlich.

Was mich gestern noch umtrieb, regt mich heute nicht mehr auf. Doch eben deshalb ist ja das Erinnern ans Gewesene, für das »der Jude nischt gibt«, so schwer. Wenn doch heute so viel zu erledigen ist, sich so viel stapelt, wie du sagst, warum dann im Gestern kramen?

Sag wenigstens, was dich heute aufregt. Heute ist Führers Geburtstag. Im Frühjahr 2010 waren es ungefähr 100 Leute, die vor der Stuttgarter Dorotheenstraße 10, der ehemaligen Zentrale der Gestapo, für den Erhalt des Hauses kämpften, das einem noblen Einkaufszentrum des Kaufhauses Breuninger weichen sollte. Land und Stadt und Investoren waren sich ja längst einig, die notwendigen Beschlüsse waren alle gefasst, und dann kommt so ein verspäteter Bürgertrupp daher, an der Spitze die üblichen Verdächtigen, und fordert einen Lernort – wo doch ein Nobelkaufhaus der beste aller Lernorte überhaupt wäre. Die Ironie der Presse, die mit onkelhaftem Augenzwinkern ihrer Leserschaft verkündete, so eine Forderung sei ja nun um viele Jahre zu spät gestellt, war unüberhörbar, und wo man denn damals gewesen sei, als das alles verhandelt worden wäre?

Wenigstens hatten wir einige Persönlichkeiten des öffentlichen Lebens gewonnen, mit uns für ein, zwei Stündchen auf die Straße zu gehen: Prominente Gassi führen, und letztlich haben die Oberen von heute uns ja auch in die Wahlhand hinein versprochen, das Haus zu erhalten wie ein liebes Andenken. Sage also niemand, es war nutzlos!

Bei derlei Aktionen bekommt man es mit der öffentlichen Ordnung zu tun, denn ab drei Personen ist man eine Kundgebung, und die braucht einen Verantwortlichen! Einen Versammlungsleiter! Der mobil zu erreichen ist! Ordner! Einen festen Wohnsitz! – Denn der Versammlungsbescheid muss ja amtlich zugestellt werden. Meistens erfolgt die Zustellung übrigens so spät, dass gegen die häufig restriktiven Bescheide kaum Widerspruch möglich ist. Der Wohnsitzlose, gleichberechtigter Bürger unseres Landes, hätte also kaum eine Chance, sein Recht auf Artikel 5 Grundgesetz wahrzunehmen – andererseits muss er aber auch keine Sorge haben um die Unversehrtheit seiner Wohnung – Artikel 13 Absatz 1 GG – er hat ja keine.

Aktionen sind kein Aktionismus, sie machen Mühe und Arbeit und sind nicht kostenfrei zu haben. Aber sie machen oft auch Freude, vor allem, wenn das notwendige Publikum da ist, wenn ein Echo kommt, wenn die Medien berichten. Manchmal ist das Echo geteilt, wie bei jener Aktion vom Frühjahr 2010. Eben hatte ich noch die Banner eingerollt, den Büchertisch verstaut, in fünf Minuten war ich zu Hause. Vielleicht jetzt noch ganz schnell an den Computer und eine Pressemitteilung raus?

Da kam just in diesem Moment, keine halbe Stunde nach dem Ende der Kundgebung in der Dorotheenstraße, eine E-Mail ins Haus geflattert, durchaus persönlich gemeint: »Wir sind auch für den Erhalt der alten Gestapozentrale …«

Wie schön, denke ich im ersten Augenblick.

»Der rote Abschaum wie ihr ist zu schade für normalen Knast. Für euch ist immer ein Zimmer frei im Hotel Silber. Wir wissen, wo du wohnst. Pass auf, dass wir dir und deiner Familie nicht das Gesicht zerschneiden. Halt dich zurück, Grohmann.«

So abgebrüht bin ich leider nicht – eine Drohung dieser Art geht einem nicht so schnell aus dem Kopf, und das ist ja auch ihre Absicht. Ich halte nichts von Versteckspiel oder Deckadressen – Hinz und Kunz wissen, wo ich wohne, kennen Telefonnummer und E-Mail-Adresse. Natürlich glaubt man nicht ernsthaft daran, dass da in einer dunklen Ecke jemand steht und lauert, um mir eine Abreibung zu verpassen. Da gibt's doch ganz andere Ziele.

Ich gehe in Gedanken die Gesichter der Menschen durch – die meisten sind mir bekannt, ich hake sie ab, und die Unbekannten fallen einem viel schneller auf, Passanten, die einen Augenblick stehen bleiben,

Interessierte, die diskutieren, Zustimmende, Ablehnende, Menschen auch mit abstrusen Argumenten, für die unsere Argumente vermutlich ja auch abstrus sind. Wer bei solchen Kundgebungen oder Mahnwachen stehen bleibt, wer sich einmischt, wird ja umworben wie ein Schatz, allein schon deshalb, weil wir viel zu oft unter uns bleiben.

Ich weiß es immer noch nicht – wie sieht denn nu ein Nazi aus? Nicht so.

Während der Leipziger Buchmesse, im März 2008, spazierte ich übers Messegelände, in der Hand einen Stapel Aufrufe für die Literaturschaffenden, sie mögen sich doch meinem anstiftenden Appell gegen einen rechtsradikalen Aufmarsch am Völkerschlachtdenkmal anschließen. Alles, was aus dem Westen kam, zögerte nicht und kritzelte den Namen auf den Zettel, wenn's sein musste, samt Stempel des Verlags: Sie hätten auch einen Porsche gekauft.

Doch alles, was aus dem Osten kam, zögerte. Man las den Text sehr genau und zweimal, man sah mir in die Augen, man war nicht sicher, ob ich auch tatsächlich autorisiert war, hier ungenehmigt Unterschriften zu sammeln. In aller Regel unterschrieben den harmlos gehaltenen kurzen Appell nur explizit linke Verlage und AutorInnen. Alle anderen baten um Geduld oder Bedenkzeit und meinten, so etwas müsse eh der Chef persönlich entscheiden – aber den wolle man nun nicht mit solchen Belanglosigkeiten behelligen.

Das Völkerschlachtdenkmal ist einer der beliebtesten Demonstrations-Orte von Rechtskonservativen, alten und neuen Nazis. Wuchtig und stumm steht's in der Landschaft, ein Angeber ohne Sinn und Verstand, zu Ehren von mehr als 120 000 Toten, die sich nun im Himmel oder in der Hölle dafür bedanken. Sie wurden 1813 bei der Abwehrschlacht von Russland, Preußen, Österreich und Schweden gegen Napoleons Armeen, für die so genannten »Herren« vom Leben in den Tod gebracht. Das Monument wurde 1913 eingeweiht, vorauseilend dem Ersten Weltkrieg, Symbol des Patriotismus, und war immer geeignet, deutschen Dünkel zu schüren: ein Symbol für die Nazis. Dort also versammelten sie sich in hellen Scharen – warum also nicht dagegenhalten – statt »Leipzig liest« Leipzig protestiert?

Beim Messespaziergang all die so viel Wissenden, die anderen, denen die Worte aus den Ohren quellen, denen der Mund überläuft, mit dem Kaffee to go im Arm und die Krawatte kurz vor Torschluss gelockert. An zwei, drei der Stände lachten mich Langhaarige mit lustigen, blitzenden Augen an, fragten, ob ich mich denn auch ausreichend umgesehen hätte an ihrem gut gestalteten Bücherstand. Jajaja, sagte ich, und sie meinten, neinneinnein. »Denn die da« – sie zeigten auf mein Unterschriftenblatt, meinen Appell, mit antifaschistischem Herzblut von mir persönlich verfasst, mit literarischem Anklang, ich weiß doch, was wir uns schuldig sind! – »die da sind wir.«

Bitte wie, wer? Ich verstand nicht, doch die freundlichen Herren mit lockerem Outfit halfen mir auf die Sprünge.

»Ihr ruft da zur Demonstration am Vorabend des 1. Mai auf?«

»Ja.«

»Nun, dann demonstriert ihr gegen uns – wir sind die Nazis.«

Ich schaute sie verblüfft an – will mich da wer für doof verkaufen? Die Messe ist groß. Mein Bild von den Nazis damals war ziemlich fertig: Springerstiefel, Glatze, schwarz. Die Herren hier aber kamen zweifelsfrei direkt aus der Mitte der Gesellschaft, wussten, wie man sich benimmt, hielten was auf gute Unterhaltung, auf Niveau. Ich zog etwas bedröppelt und nachdenklich von dannen, Pflicht ist Pflicht, die Messe ist groß, und so traf ich tagaus, tagein meine guten Bekannten mit unterschiedlichen Gesichtern unter den unterschiedlichsten Verlagsnamen immer wieder. Die Nationalen gemeinsam mit den Unentschlossenen und den nur Literarischen und Fachlichen – das war die Zweidrittelmehrheit der Messe.

In meinen Dresdner Zeiten sind sie mir dann öfters aufgefallen, in anderen Zusammenhängen, in der Montur des Alltags. Ich bin hin und wieder mit ihnen gelaufen – auch als Weihnachtsmann –, um hineinzusehen in die Gesichter, Strukturen, Kommandos, um herauszuhören, was sie da grölten, meinten, wie sie agierten.

Das eigene Bild. Ich lief mit ihnen, unerkannt und unauffällig, am Rande, überholend oder zurückbleibend, blieb unter ihnen und neben ihnen, denn »der Revolutionär muss sich in den Volksmassen bewegen, wie ein Fisch im Wasser«, wie schon Mao Tse-tung wusste und damit forderte, nicht bei allen Gelegenheiten mit den roten Fahnen die Massen zu verschrecken oder ins Bockshorn zu jagen.

Den Brandanschlag zehn Jahre vorher, in der Stuttgarter Kernerstraße, hatte die Familie überlebt, es hätte schlimmer kommen können, war aber schlimm genug. Gebrandmarkt war ich allemal.

»Halt endlich die Fresse – Arschloch«, mailte mir im Februar 2012 ein Unbekannter. Der Mail-Adresse war nicht auf die Spur zu kommen. Früher schon: »Euch hätte man verschreddern sollen wie die Bäume.« – Oder: »Sie sind eine Bürgerplage! Zeit, dass der Staat eingreift.« – Oder: »Eines Tages kriegen wir Dich. Wart's ab.«

Immer dieses Warten.

Ich weiß nicht, ob die Stimmung kippen kann. Die Menschen um uns herum sind nervöser, sie werden mehr als früher bedrängt von Sorgen, die extra für die Allgemeinheit aufgehoben worden sind, damit die hohen Herren nicht auch noch damit belästigt werden. Die Allgemeinheit ist jetzt zuständig fürs Brot für die Welt, für den seelisch krank gemachten Rückkehrer aus Afghanistan.

Der Allgemeinheit stülpt man die Salafisten über, die Flüchtlinge aus Afrika und die explodierenden Ölplattformen. Der Allgemeinheit wirft man die Angst vor dem Terror hin wie einen Knochen für die Straßenköter.

Die großen Sorgen sind für den kleinen Mann übrig geblieben, denn die bürgerliche Mitte driftet nach rechts, wie zu Adolfs Zeiten, und daran ändern auch die »Döner-Morde« nichts.

So etwas passiert, mailt die Meute, »wenn man Moslems, Afrikaner und den Abschaum hereinholt«.

Im Märzen der Bauer: Die rot-grüne Landesregierung, unter Druck, ja keinen Fehler zu machen, schiebt die Sinti und Roma, die Kinder der

Überlebenden von Auschwitz, ab ins Kosovo, dorthin, wo auch die Rassisten wohnen. Die gehen dann nachts Häuser anzünden, als Stellvertreter der badenwürttembergischen Bürgergesellschaft.

Er braucht nicht mehr abgeschoben zu werden.
Am 17. August ertrank in der Donau in Neuburg
mein Freund

Cliff Oase

geb. 15. 12. 1983

Cliff war vielseitig begabt, warmherzig, zuverlässig, hilfsbereit und selbstlos.

2003 war er zu uns mit der Hoffnung gekommen, sich mit eigener Arbeit und Fleiß etwas aufzubauen, ein wenig Glück finden zu können. Als Asylbewerber wurde ihm über ein Jahrzehnt hinweg bis zuletzt alles verweigert: Arbeitserlaubnis, eine menschenwürdige Unterkunft, selbst sein Taschengeld und die längst notwendig gewordene psychotherapeutische Behandlung.

In tiefer Trauer:
Bernd Duschner, Pfaffenhofen

Cliff Oase und 180 Tote, die nicht auf der Liste des NSU stehen.

Die weiß nicht, wie sie es mit einer Zukunft halten soll, in der Menschen verschiedenster Glaubensrichtungen, Herkunft, Überzeugungen unter einem Dach leben werden. Seite an Seite. Es wird viele geben, es gibt viele, die heute schon sagen: Das geht nicht.

Breivik also, der Verrückte? Oder die ausführende Hand des Hasses? Gesellschaftliches Produkt? Die Morde der Dreier-Bande. Sind's nur die drei, zwei davon tot, eine im Knast? Oder lauert da was?

Bernd Wagner gilt als exzellenter Kenner der rechtsextremen Szene und hat das Neo-Nazi-Aussteiger-programm»Exit Deutschland« gegründet. Der Kriminaloberrat a. D. wurde in der DDR ignoriert, weil es in der»antifaschistischen Republik« keine Nazis geben durfte. Das von Wagner geleitete Landeskriminalamt der neuen Bundesländer wurde geschlossen. Wagner forscht – zu Jugendgruppengewalt, Terrorismus, Regierungskriminalität, Menschenrechtsverletzungen. Zur NSU sagt er:»Es war nur eine Frage der Zeit, bis die braune Beule aufplatzt … Die gesamte Bewegung steht in Waffen … Ein»Komplettversagen des Rechtsstaats«. Ich denke, Wagner weiß, wovon er spricht.

Der Hintergrund verschiebt sich 2012. Die Arbeitsplätze sind längst nicht mehr das, was sie mal waren. Es wird weniger krankgefeiert, weniger diskutiert, weniger gemeckert. Es ist schwerer geworden, Kandidaten für den Betriebsrat zu finden, und sogar mancher Kollege sagt inzwischen laut, zuerst die Deutschen, bei den Arbeitsplätzen. Das eine kommt zu dem anderen.

Und irgendwie, Freunde, schließt sich der Kreis. Anders Breivik, der Attentäter von Oslo 2011, wuchs in einer gut-bürgerlichen Gegend auf, besuchte gute Schulen, glitt leicht durchs Leben – und tötete in einem Zeltlager der norwegischen Falken 76 Menschen. Der Mörder war kein unpolitischer Irrer. Er wurde politisch groß in der rechtspopulistischen Fortschrittspartei. Ein Kämpfer, ein Soldat.

Denkzettel 3

Es war Juni, mittendrin, 2012. Ich saß auf dem Ring in Krakau, viel junges Volk da, schöne Mädchen, viele schöne, sie lachten dich an, und mich auch, schöne Jungs, und viele blond und blauäugig. Es war heiß an diesem 17. Juni 2012, ich wär gern geblieben bei Gypsy-Musik auf dem Krakauer Ring, musste aber zurück nach Auschwitz und trank mein Bier aus.

Tychy. Eine kleine Stadt, ein gutes Bier kommt von dort, seit 1629, so steht's auf dem Glas. Der Kellner freut sich, ein Deutscher wie er, die deutschen Gäste sind ihm, dem Gastarbeiter aus Mecklenburg-Vorpommern, die liebsten, wenn's nicht eben Auschwitzgänger sind.

Dem Bier aus Tychy, dem alten deutschen Ort, heute polnisch – er zuckt die Achsel, es ändert sich so vieles – dem Bier aus Tychy schmeckt man das Deutsche heut noch an, nach so vielen Jahren polnischer Wirtschaft, alte Rezepturen, die werden geheim gehalten, die Marke setzt sich durch, sagt er, die deutsche Marke.

»Noch eins?« Nein, lehn ich ab, ich bin Auschwitzgänger. Er weiß so wenig, der Gutste aus Meck-Pomm, weiß nichts von Auschwitz, in seiner Schule nach der Wende kam das fast nicht mehr vor, und was vorher vorkam, in Zeiten des so genannten Sozialismus, hat wohl wenig genutzt und einem anständigen Klassenbewusstsein nicht auf die Sprünge geholfen. Er hat also nichts gewusst, wie auch und vom wem gehört, nichts weiter gelesen, sagt er, ja, Perry Rhodan, da hat er drauf gewartet, weiß nichts von Tychy außer den geheimen Rezepturen. Um Tychy herum gab's jene 40 berüchtigten Außenlager des KZ.

Er weiß so wenig, nimmt reichlich Trinkgelder der Auschwitzgänger, sie sind großzügiger als sonst, das ist man Auschwitz schuldig, man kann nicht viel tun, aber ein anständiges Trinkgeld, das ist doch das wenigste, ein anständiges Trinkgeld für ein gepflegtes gutes deutsches Bier, das schäumt, wie es muss, wie es richtig ist, auch wenn Tychy nun wohl polnisch ist. Dem Gutsten ist auch unbekannt geblieben, dass die Brauerei in Tychy mitsamt ihren geheimen Rezepturen nun abermals den Besitzer gewechselt hat wie so vieles in unseren Zeiten, nun also zu den ganz Großen gehört, SAB-Miller. Ein Kriegsgewinnler gewissermaßen im Bierkrieg – der zweitgrößte Brauereikonzern der Welt.

Ich nicke dem Kellner zu und meine die Mädchen, hinter ihm. Wenigstens das, sie lächeln zurückhaltend zurück. So haben die blauäugigen blondhaarigen Schönen auch 1939 gelächelt, versehentlich sicherlich und nimmer lang, sind den Herrenmenschen aus dem Deutschen Reich in die Arme gelaufen, blau und blondäugig. So viele! hatte Heinrich Himmler, der Ausrotter, der Chef der Deutschen Polizei, der Chef meines Vaters, sonst nirgends gesehen. Ein Münchner im Himmel, wollt ich sagen, aus gutbürgerlichem Elternhaus, ach was, best-bürgerlich! Wohl erzogen, streng katholisch.

Gegrüßet seist du, Maria, voll der Gnade, der Herr ist mit dir. Du bist gebenedeit unter den Frauen, und gebenedeit ist die Frucht deines Leibes, Jesus. Heilige Maria, Mutter Gottes, bitte für uns Sünder jetzt und in der Stunde unseres Todes. Amen.

Wenn dieses Gebet einen Monat lang täglich gebetet wird, bewirkt es einen vollständigen Ablass für eine Seele im Fegefeuer.

Ich fahre zurück nach Auschwitz, immer wieder, manchmal allein, öfters mit euch, meinen Freunden. Ich verstehe alle, die die Schnauze voll haben von Auschwitz, denen man das eingebläut hat, eingetrichtert, den falsch verstandenen Antifaschismus, ich verstehe alle, die nicht mehr weinen können, auch nicht in Auschwitz, und denk mir: In Auschwitz sollst du lachen können. Da sind junge Leute aus aller Welt, in der Internationalen Jugendbegegnungsstätte in Oświęçim, der große Worte von der Politik vor Tor und Tür gekippt werden, wie wichtig das alles ist, was hier passiert: Wulff war da und Tusk und Kofi Annan, Parlamentarier und wortmächtige Menschen aus reichen Ländern, Amis und Israelis, Norweger, ja, ja, Deutsche natürlich. 19 000 Übernachtungen, erzählt der Leszek Szuster, der Direktor, 19 000, im Jahr. Die Einnahmen reichen nicht, nicht hinten und nicht vorne, und wenn die Reichen ihren mächtigen Worten, mit denen sie sich schmücken, wie man sich mit Auschwitz schmückt, wenn sie wenigstens etwas daließen, was die Herzen hüpfen ließe: Geld. Knete. Mäuse. Der großen Worte sind genug gewechselt.

Jetzt, im Juni 2012, ging der internationale Plakatwettbewerb zu Ende, und es war ein Leben in der Begegnungsstätte wie im richtigen Leben, mit Fußball und Nationalstolz und international, und den Tschechen eins drüberziehen, mit Heinrich Böll und Willy Brandt und Hannah Arendt auch noch, drunter macht man's nicht, mit Umweltschutz und Müller-Milch und Lidl und Bier aus Tychy. Es waren Jugendliche da aus Bamberg und Lemberg und Breslau alias Wrocław, aus Warschau und Berlin, und Zivildienstleistende und Freiwillige und große Kunst, wie gesagt.

Wir müssen uns Sorgen machen, wenn zu wenig gelacht wird, finde ich. Wenn genug gelacht wird, kommt alles andere von selbst.

Die Zugfahrt von Krakau nach Auschwitz ist elend lang, mehr als zwei Stunden. Der Zug bummelt durch Felder und Auen, die rund 50 Kilometer lange Strecke ist für zwei, drei Euro zu haben. Es wird geerntet, Kirschen, Heu, dazwischen kleine Fabriken, viel freies Feld, und alle Lebensmittelläden heißen, wenn sie nicht Lidl heißen »Delikatessy«, was aber nicht stimmt. Die Zugfahrt in den warmen Abend lädt zum Nickerchen ein, aber was ist mit dem Gepäck? Wir sind in Polen, Mann, sei froh, dass du kein Fahrrad dabei hast! Die stehen

zu zehnt am Zaun der Jugendbegegnungsstätte, ausgeschlossen abgeschlossen.

Irgendwo, kurz vor Auschwitz, waren die Sprüher am Werk.

Heil Hitler SS
Sieg heil. Skinhead

Wenn ich nur wüsste, was ich sagen soll. Es sieht alles so polnisch aus. Nein danke, ja bitte. Und heute? Es ist Juni, mittendrin, 2012. Gemeinsam unterwegs bleiben, raus aus Hinterzimmern, weg von den Bildschirmen.

Denkzettel 4

Die ihren Frieden
mit dem Krieg gemacht haben
gehen davon aus
dass ganz ohne Krieg auch
kein Frieden zu machen ist

In den jüngsten Jahren unserer Geschichte, die wir die aufgeklärte, »die Moderne« nennen, haben wir die Erde mehr zerstört als alle Naturkatastrophen und Kriege zusammen. Irgendwie geht mir das nach.

Es ist immer noch Juni, mittendrin, 2012. Vor etlichen hundert Jahren, also kurz nach dem Zweiten Weltkrieg, rissen junge Leute in Europa die Grenzbäume nieder – als Signal für ein weltoffenes, vereintes Europa, eine Lehre aus den verbohrten und verlorenen Kriegen der deutschen Großväter, sie hat nicht groß geholfen.

Aber, dieses Niederreißen war ein freundlicher Akt brutaler Gewalt, Gewalt gegen Sachen, was man damals aber nicht so genau nahm, Sachen oder Menschen, der Gewalt fiel so manches zum Opfer. Der Akt gegen Sachen freilich wurde in Bild, Text und Ton festgehalten und ist

bis heute lobend in Schulbüchern erwähnt: Das Sinnbild einer hoffnungsfrohen Generation, kurzärmelig, hemdsärmelig und in Lederhosen auf dem direkten Weg in den neuen Morgen. Aber, wie man auf den Fotos sieht: Die sahen alle so alt aus, so furchtbar alt auf den Fotos, vor allem die Jugendlichen! Von heute aus betrachtet, von diesem Juni mittendrin, 2012, ahnt man, warum sie nie angekommen sind.

Hundert Jahre später also blättern wir in den Geschichtsbüchern, um nicht alles zu vergessen, um den guten Gedanken und den anderen auch auf die Sprünge zu helfen, der Erinnerung, was war und was hätt sein können. Was hätt sein können, könnt ja heut noch sein, morgen wenigstens, aber wir haben diesen Tagdieben wie Muammar al-Gaddafi Millionen gezahlt und seinen und andere Schurkenstaaten subventioniert, die Panzer vor die Kasernen gestellt, die U-Boote aufgehalst, die Polizei auf Vordermann gebracht, da sind wir groß, da waren wir immer groß, hätt nicht sein müssen.

Millionen in den Arsch gesteckt, auf gut Deutsch – Öl für Moral. Und damit er die Hungerleider nicht übers Meer laufen lässt, auch nicht übers Tote, damit er sie hinter Stacheldraht schikaniert. Wir haben, 100 Jahre später, mit Frontex, eine effektive Truppe aufgebaut, die Europa vor der Flut schützen soll, vor den traumatisierten Kindersoldaten, die ihre Gewehre zu Hause gelassen haben, vor ihren vergewaltigten Schwestern, vor den abgemagerten und halb verdursteten Slumbewohnern aus jenen Regionen der Welt, die wir ausgelöffelt und ausgelutscht und dann weggeschmissen haben wie eine Bananenschale. Bis Lampedusa mögen es die einen oder anderen noch schaffen – aber dann ist Schluss mit lustig für alle, die immer noch leben.

Jetzt, in diesem frühen Sommer, scheffeln wir Geld nach Griechenland – dort gibt's noch die eine oder andere Grenze, die nicht dicht genug ist, dort sickert noch wer ein, Mensch, das darf der doch nicht, abhauen vorm Hunger, vorm Folterer, was haben wir nicht alles ausgehalten damals, als noch Diktatur war, wir sind geblieben, wir können Lieder davon singen. Europas Botschaft für Griechenland heißt, wählt nicht falsch, sonst knallt's, aber alle wissen, es knallt mit oder ohne

Wahl. Nach Griechenland reisen nicht nur die Banker und die Aufkäufer alter Yachten und neuer Villen, es reisen auch die Sparkommissare, die Abgesandten der Industrie, die Bessermessies der Medien, es kommen auch die Frontex-Kommissare, die Spezialisten für sichere Grenzen, für rostfreien Stacheldraht: Darin haben wir Erfahrung. Über die Akropolis darf keiner.

Wer's dennoch, früher oder später, geschafft hat nach Deutschland, wie etwa die Nachkommen der Sinti und Roma – die Glück hatten, weil der Krieg aus war und ihre geplante Massenvernichtung –, ist hier groß geworden, im Land der niedergerissenen Grenzbäume. Nicht eben im Deutschland von Adenauer, Speidel, Globke und Abs, aber vielleicht doch im Deutschland von Heinrich Böll und Sophie Scholl und Willy Brandt.

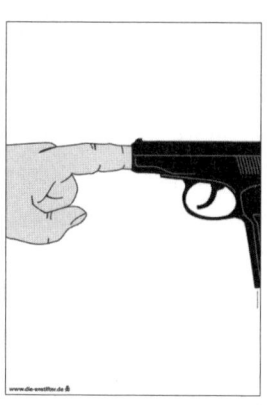

Die Menschen konnten durch Europa zigeunern wie wir, obwohl wir immer was Besseres waren. So manche kamen, mehr der Not gehorchend als dem eignen Triebe, aus dem weltoffenen Europa, den Ländern ohne Schlagbäume, im Laufe der letzten 10, 20 Jahre in unser demokratisches Wunderland, vertrieben von den

Plakatwettbewerb der AnStifter.

Rassisten nebenan. Unmittelbare Nachbarschaft. Sie kamen aus dem Kosovo, aus (Ex-)Jugoslawien, aus Ungarn, Rumänien, Tschechien. Ihre armseligen Hütten nennt man hier behördlicherseits Zigeunerbuden.

Wenn sie auf den Ämtern betteln gehen und behaupten, man hätte ihr Haus abgebrannt – ihre Zigeunerbude, sagt dann der Amtmann voller Nachsicht und lacht –, wenn sie erzählen, dass sie eben mal mit dem Leben davongekommen wären, ja, sagt er, wir kennen das, die eigene Geschichte, es war auch für uns Deutsche nicht leicht nach der Niederlage und seufzt und lacht, wenn sie erzählen, wie sie »dort unten« abgefackelt wurden, wie man die Kinder aus den Schulen gejagt hat, die jungen Frauen hopsgenommen. Na, Sie wissen schon …

In Pommern und Ostpreußen, in Schlesien, sagt der Amtmann, war es für unsere Landsleute nicht einfach, ich weiß, sagt der Amtmann, wovon ich spreche, und der Zigeuner, den man Sinto oder Roma nennen muss, weiß Gott, staunt und wartet, ob der Amtmann nicht vielleicht weint.

Hier leben sie nun. In Horb und Mannheim, auf dem Hallschlag, in Freiburg. Manche sind Scherenschleifer geblieben, Viehhändler und fröhliche Vagabunden. Manchen sieht man das Fremde nicht an – außer, wenn sie sich schminken und für die besseren Leute Musik machen. Für die Intelligenteren unter uns Gypsy- oder Ethno-Jazz, für die Bildungsfernen einfach: Zigeunermusik.

Es ist Juni, mittendrin, 2012. Jetzt, in diesen Tagen, schickt man die ersten 300 von ihnen zurück ins Land, das nie ihre Heimat war. Von Freiburg im Breisgau ins Kosovo. Klar, Leute, die Flugkosten übernimmt der baden-württembergische Landtag, der hat's beschlossen, mit den neuen Mehrheiten, auf die wir stolz sind.

Ach so, Syrien, auch dort ist es Juni, mittendrin, 2012. Von den Zigeunern aus dem Kosovo zu den Zigeunern in Homs.

Die Flüchtlinge, die syrischen, meint das Auswärtige Amt, sollten vorerst in der Türkei bleiben, die Situation könne sich schnell ändern. Nicht für Siemens natürlich, für solche Firmen ändert sich unter keinem Regime etwas. Siemens, zum Beispiel, investiert und liefert dem syrischen Geheimdienst hervorragende Überwachungs-Technik. Wat mutt, dat mutt. Sonst macht's der Russe.

Anderthalb Millionen sind auf der Flucht, in Syrien, wird behauptet. Es wird viel behauptet, wenn der Tag lang ist. Deutsche Firmen lassen sich von abgehackten Händen, Despoten, Militärregimes, Diktatoren nie aus der Ruhe bringen. Siemens-Kultur steht für uns alle gerade, und wie sie selbst sagen:»Siemens steht einer interessierten, informierten, aber auch kritischeren Öffentlichkeit als früher gegenüber. Wir sind ein Teil der Gesellschaft und wir sind es gerne.«

»Der Spiegel« schreibt, dass zu erzählen wäre »von Haisam, 52, dem sie die Zähne ausschlugen und der fast den Verstand verlor, als sie ihn für zwölf Jahre wegsperrten, in Einzelhaft. Zu erzählen wäre von Tarik, 30, dem sie ins Bein schossen. Zu erzählen wäre von Mehmed, 13, dem sie den Vater nahmen. Zu erzählen wäre von Angst, Verzweiflung und wenig Hoffnung«. Zu erzählen wären tausend und tausend und tausend Geschichten von Menschen, die flohen.

Es ist Juni, mittendrin, 2012. Die Geschichten zeigten uns, einem eher gelangweilten deutschen Publikum, dessen Abgesandte in den Stadien von Warschau und Danzig, Breslau, Donez und Kiew Sieg! Sieg! Sieg! brüllten, wie man in unserem Lande mit den Verzweifelten umgeht: Raus! Raus! Raus!

Das wollt ich sagen zum Anfang, heute, wo ich von meinem Leben erzähle. Weil's doch dazugehört, irgendwie.

Denkzettel 5

Das Militär, der Krieg, sie haben mich beide mitgenommen. Hin und zurück und immer wieder. Wer schon mal als Kind auf einem Panzer saß und mitfahren durfte ... ja, ich weiß, wer schon? In Syrien, im Sommer 2012, setzten sie, sagen die Medien, Kinder auf die Panzer, direktemang vor die Panzerkanonen, ließen die Ketten rasseln wie einstmals die Urgroßväter die Säbel – Homs, 2012.

»Lebende Schutzschilde«, trauerte und trompetete die »Bild-Zeitung«, ich bin ganz sicher, die hat das für ein Foto auf der Tittenseite inszeniert.

Schau doch, die Kinder jubeln wie ich, wie ich 1945, da war wieder Zeit zum Jubeln, als mich Sascha, Offizier aus Odessa, auf einen sowjetischen Panzer hob und ich ein Stickl mitfahrn durft. Die Ungetüme aus Eisen und Stahl lassen mich heut noch schaudern – demnach war es also unvergesslich, war herrlich, war erhebend, und alle großen Jungs beneideten mich, was was heißen will. Die hatten Schiss vorm Russen, aus gutem Grunde.

Mir nutzte das wenig. Vor den großen Jungs mussteste Angst haben. Nicht nur, weil sie einem das Essen klauten jederzeit. Gegenwehr zwecklos bei die großen Jungs, petzen kam nicht in Frage, die Mütter hatten andere Sorgen, die Väter waren auswärts.

»Komma nich um die Zeit mitte Lappaljen«, wies mich die Mutter ab und rieb rohe Kartoffeln wie jeden Tag, presste aus dem Brei die Flüssigkeit, vermengte ihn mit etwas Mehl und einer Prise Salz und die Puffer pur auf der Platte, der heißen. Nach zehn Tagen weißte, wasdehast, wennde irgendwo mal ne Schnitte abkriegst.

Sie waren verroht, die Großen, die Kleinen ein klein wenig weniger, fast so verroht wie ich, denn wer hatte gestern die Toten gefunden im Gebüsche, wer? Ich, krähte ich. Aber sie, sie konnten den Mädchen unter die Röcke greifen, sie konnten Mäuse fressen, sie konnten einem Vogel den Hals umdrehen vor deinen Augen, sie konnten den Fröschen einen Strohhalm in den Arsch stecken und so lange blasen, bis die platzten. Mach's nach, forderten sie, dann gehörschte zu uns.

Sie wussten, wo Schwarzmarkt war und wie du den Polacken oder Russki am schnellsten hinters Licht führst. Sie wussten, dass man sie nie mehr erwischen durfte. Du brauchtest die großen Jungs hin und wieder, für eine Handvoll Kameradschaft. Wenn sie dich trafen, gab es zwei Fragen der Großen an die Kleinen: »Wer gehorcht?« Und die Antwort: »Ich.« – »Wer befiehlt?« – »Du.« Es kann auch umgekehrt geheißen haben, ich krieg das mit dem Militärischen nie auf die Reihe.

Die Führer unter ihnen, den großen Jungs, waren die Skrupellosesten, sie hatten Glatzen. Die mit den Glatzen waren auch die Gefährlichsten. Sie waren Führer. Die Russen hatten sie festgenommen, erzählte uns unsere Mutter, und eingesperrt bei Wasser und Brot, sie mussten verstopfte Scheißhäuser reinigen, und das will was heißen beim Russen, sie mussten sich gegenseitig den Kopp rasieren, spiegelglatt, sie durften sich die Haare nicht wachsen lassen.

»Und wenn sie mit gewachsenen Haaren erwischt werden?«

»Dann stellt sie der Russe an die Wand«, meinte Wanda, die Jüdin Wanda, die bei uns wohnte – einquartiert, davongekommen – und unser Besteck klaute und wir ihre Buletten.

Wir sollten uns fernhalten von ihnen, von den Buletten und von den großen Jungs.

»Meine Jungs warn das nich, nich das mit die Buletten«, verteidigte uns die Mutter.

Wenn die wüsste! Die Großen, die Führer, die waren in der Übergangszeit zwischen Krieg und Frieden mit Eisenstangen auf KZ-Häftlinge losgegangen und hatten denen die Mangelware abgenommen: Die Decke für die Nacht. Es war das Einzige, was die hatten, außer dem Leben.

Die Großen, die Führer, hatten Blutsbrüderschaft geschlossen unter ihresgleichen, sich in die Fingerkuppe geschnitten oder in den Unterarm mit dem Dolch, man konnte dabei sein, man musste zuschauen, es blutete wie die Sau, sie tunkten die Schnittstellen, die Fingerkuppen ineinander und gegeneinander. Das galt auf ewig, das verlangte Respekt, das musste erschtemale nachmachen.

Panzerfahren, na ja, Waffen sammeln und abgeben, beim Russen, die Großen, die Führer wollten das nicht, alles, was noch für einen Schusswechsel gut sein könnte, wurde von ihnen versteckt und

*Mehrfach Vorbestrafte unter sich:
Wolfgang Sternstein vor der
US-Kriegslenkzentrale in Stuttgart.*

vergraben, wer weiß, sagten sie, warts ab, sagten sie. Die Patronenhülsen massenhaft, für einen Sack voll, und er war schnell voll, ein halbes Brot.

Meine Mutter liebte einen Soldaten, und so war's widersprüchlich von Kind auf, das Ding mit den Soldaten. Soldaten war immer Stahlhelm und Strammstehn und gut gebügelt und gescheitelt und streng sein und der Segen der Pfaffen für alles auf einmal, für die Juden gleich mit. Soldaten war in Breslau der Kinderklau, der die 13-, 14-Jährigen direkt vom Volkssturm in den Tod schickte; sie schrien sich die Seele aus dem Leib und die Pfaffen waren weit, weit weg.

Nirgends ein Erste-Hilfe-Kasten.

Denkzettel 6

»Wer Visionen hat, braucht einen Arzt« – sagte einstens Helmut Schmidt. Das hätte auch von Gerhard Schröder kommen können. Der war im letzten Jahrhundert, irgendwann zwischen 1994 und 1998, Bundeskanzler unserer Republik und zählte sich zur SPD. Die Republik ist seitdem noch korrupter geworden. Das müsste uns Sorgen machen, macht es aber nicht. Das macht mir Sorgen. Ach Mensch, Kinder, es wär so schön, wenn ich mich täuschte! Visionen – das kommt direkt aus dem Lateinischen: videre – sehen, wissen! Wer nichts sieht, wer nichts weiß, wer im Finstern tappt, der muss zum Doktor.

In München, lese ich, wurde ein Bettler vom Arzt abgewiesen, weil er die zehn Euro Praxisgebühr nicht zahlen konnte. Schlecht gebettelt, hätte ich ihm geflüstert, er hatte Pech.

In Düsseldorf hingegen wurde ein Bettler verhaftet, weil er sich exakt neun Euro erbettelt hatte und die der aufgefahrenen Polizei nicht hergeben wollte. Gut gebettelt – aber auch Pech gehabt. Zum Arztbesuch hätte es dem guten Mann eh nicht gereicht, und weil er verzweifelt um sich schlug, weinte und biss und kratze, sitzt er nun im Knast. Ich kenne das, ich saß auch schon. Widerstand gegen die Staatsgewalt. Doch er kann sich trösten, denn im Gefängnis kommt der Doktor umsonst. Also letztlich hat der Mann dann doch noch Glück gehabt.

Unter der Regierung Heinrichs VIII. wurden 72 000 Bettler hingerichtet. Die hoch gebildete Elisabeth, seine Tochter, war nicht weniger gnadenlos: Elisabeth verlieh Bettel-Lizenzen. Bettler ohne Lizenzen wurden hart gepeitscht und auf der Stirn gebrandmarkt. Über 18-Jährige, wiederholt beim Betteln erwischt, wurden hingerichtet.

So waren sie halt, die Adligen. Ich nehme an, dass an den öffentlichen Auspeitschungen damals viele Menschen ihren Spaß hatten.

Jud Süß Oppenheimer hing in Stuttgart 1738 jahrelang in einem öffentlichen Gatter – die Käfighaltung des Juden fand großen Beifall unter dem christlichen Volk, wieder und wieder fanden sich Schaulustige ein und blieben auch schaulustig.

Jeder dritte US-Bürger würde gern mal an einer Hinrichtung teilnehmen, natürlich nicht an der eigenen. In der Volksrepublik China werden Todesurteile häufig im Stadion vollstreckt – es ist immer wieder ein Volksfest.

Betteln verboten, da wollt ich drauf zurückkommen ... Arbeit ist genug da, man muss sie nur finden. Mein Vater Erich Grohmann war ein arbeitsamer, aber dennoch viele Jahre lang ein arbeitsloser Sozialdemokrat. So sind sie halt, die Umstände, stellte er achselzuckend fest. Wegen der Umstände und seiner Parteizugehörigkeit fand er ja keine Anstellung.

Für solche wie uns war das Essen immer eine Hauptsache. In meinen frühen Jahren war es immer begleitet von der Angst, es könnte ausbleiben, es könnte gar nichts geben, es könnte zu wenig sein, es könnte ein Fraß sein. Dass es nicht ausblieb, dass es immer reichte für die Alten und die Jungen, dass auch was da war, wenn Besuch kam, überraschenderweise oft genug beim Abendessen, dafür musste man schon selber sorgen.

Essen für solche wie uns.

Die großen Erzählungen der Familie, eigentlich die Grohmann'sche Familiengeschichte, drehten sich ums Essen. Essen kam noch lange vor der SPD, auf die man noch viel hielt, vor allem Hoffnungen. Das Erzählen übers Essen hat viele Mahlzeiten ersetzt.

»Eisbein mit Sauerkraut! Am besten woarsch immer im Breslauer Ratskeller. Hier könnse ja nichemale richtich pökeln!«

»Esstas Eisbein immer noch mit Gordoffelbrei oder mit Salzgordoffeln?«

»Nu freilsch. Aber zuguts Ende isses egal, wenn's Sauerkraut stimmt.«

»Da kannst nu wirklich nischt falsch machen!«

»Was sagste? Nischt falsch machen? Na, ich danke! Wenndes Lorbeerblatt vergisst oder die Wacholderbeern ...«

»Das merkste sofort, beim erschten Happen!«

»Geriebner Appel muss nei, und a halbe geriebne Gordoffel!«

»Aber roh!!«

»Weeßte noch, so dicke Schwoarte, pfui Deibel, war das gutt!«

»Die Schwarte mussta uff da Zunge zagehn!«

»Meerrettsch gehört dazu, frisch geriebn!«

»Wo willsten hier Meerrettisch herkriegen, kannste mir das mal sagen?«

»Nu, aussem Goarten!«

»Im Winter?«

»Nu, ooch da. Du musst nur wissen, woa steckt.«

»Mir ham keen Garten«, stellte meine Mutter lakonisch fest.

Wir hatten in diesen lausigen Jahren auch kein Eisbein, allenfalls im Bette, wegen der schlecht zu heizenden Wohnung. Wir hatten kein Eisbein – nicht, weil sich der Metzger nicht aufs Pökeln verstand. Die Gründe lagen tiefer. Wir Kinder drückten uns beim Heimweg von der Schule am Schaufenster der Metzgerei die Nasen platt, schon der Geruch von Wurst und Fleisch reichte ja für den Heimweg. Manchmal hatten wir Glück und die rotwangige Metzgerin, wohlbeleibt, kam mit einem Riesenmesser heraus, an dessen Spitze zwei Wurstzipfele prangten, und die hielt sie uns entgegen. Unserem scheinheiligen »Vergelt's Gott« schenkte sie ein gnädiges Lächeln und machte mit dem Messer eine freundliche Bewegung. »Jetzt verpisst euch«, meinte sie damit.

Mein Bruder Ingo und ich überlegten, ob wir vom atheistischen Glauben zum katholischen oder evangelischen wechseln sollten, allein unter dem Gesichtspunkt, wo es möglicherweise mehr zu holen gab.

Den Katholiken traute ich mehr materielle Güte zu, auch wenn mich die Hand des Pfarrers an meinem Oberschenkel störte und ich schon allein deshalb dem Ansinnen auf eine Spättaufe widerstand. Mein Bruder war da viel unbefangener, der evangelische Pastor war kein Fummler, sondern weltoffen, was freilich kein Gegensatz sein muss. Ich blieb also allen Verlockungen zum Trotz hinreichend atheistisch-pietistisch, während Ingo die Fronten wechselte.

Jajaja – was das Essen angeht, das begleitet einen gesunden Menschen ja lebenslang. Manchmal, ich wusste es, kürzt das Essen das Leben ab, doch die lebensverlängernden Funktionen überwiegen, auch bei Mohnkuchen, Käsekuchen, Eierschecke. Streuselkuchen, Mohnklößen, Heckerle, Salzgurken, eingelegten Heringen, Fischtunke. Polnische Soße, Fleckl, Quarkkeulchen, Sülze, Gelinge, Grüner Hering mit schlesischem Kartoffelsalat, Eisbein, Kartoffelsuppe, Saure Mehlsuppe. Hackepeter, hacke, hacke.

Wenn die Verwandtschaft kam aus Schweden mit dem dicken Portmonee, gelegentlich, dann ging die Familie aufs Ganze. Wenn die Familie aufs Ganze ging, dann hieß das Ausgehen. Und Ausgehen hieß immer: Essen gehen. Essen gehen hieß immer: Entweder war Besuch da und man spielte Großkotz in der Hoffnung, dass der Besuch die Zeche übernehmen würde. Oder die Oma war 70 und zückte die Börse und übernahm oder es kam die schwedische oder die österreichische Verwandtschaft, die ihrerseits der verarmten Flüchtlingsfamilie mal zeigen wollte, wie man mit Messer und Gabel isst, ohne jeden schrägen Blick auf die Preisspalte in der Speisekarte, was man schon meilenweit sieht, wenn arme Leute essen. Sie müssen immer vorher rechnen und die Köpfe zählen und die Kröten und die Kinder im Zaum halten.

Oder die schlechten Zeiten waren besser geworden. Dann aber! Dann aber selbstverständlich ein Hochzeitssüppchen, Gemischten Salat, Rehkeule mit Preiselbeeren, Kompott (so hieß der Nachtisch bei uns). Dann keinen Expresso (der ja eh Mokka geheißen hätte und im Zwiefalten dieser Jahre nicht auf Lager war), sondern einen Obstler, und dann der Spaziergang, und nach dem Spaziergang zurück an die

Futterkrippe und Kaffee und Kuchen und Kuchen mit Sahne und Torte und Kakao für die ganze Mischpoke.

Aber vorher, vorher! Zwischen dem Mittagessen und dem Kaffee.

Vorher also in besten Kleidern an den Misthäufen vorbei und stolz durchs ganze Dorf, was mag das für ein seltsamer Anblick gewesen sein für meine Zwiefalter Freunde, für die Skatbrüder von Erich, der sie im Suff wie die ganze Kneipe ausgehalten hatte, sie hatten nicht gemurrt, sondern Proooscht gerufen, was für ein seltsamer, ja fast obskurer Anblick mag das gewesen sein für die Schulkameraden! Sechsmal Grohmann, herausgeputzt wie die Hennen des Pfarrers, bevor er sie hernimmt, sicherlich eine unbewusste Demonstration, allen Umständen zum Trotz. Wenn Verwandtschaft da war.

Der Verdauungsspaziergang. Im weißen Hemde, auch wenn's schwerfällt, Manschetten, die nicht grau und schwarz erst recht nicht

Zwiefalter Madonna.

werden durften, das Jackett zugeknöpft, die Hände auf dem Rücken, der Schritt gemächlich, der Blick über die Dächer, in die Vorgärten, es ist Sonntag, die Verrückten haben Ausgang und Besuch.

Der Spaziergang durchs Dorf. Der Bach heißt Aach und fließt durchs Dorf stellenweise, seit Jahrhunderten, in aller Stille meist. Er unterquert hurtig die Hauptstraße, scheut nur kurz das Tageslicht und ist jenseits des Asphalts wieder da, fröhlicher als zuvor, um dann mit Eile irgendwie im Kloster zu verschwinden, mehr als der Zehnte.

Vis-à-vis vom Benediktiner-Kloster, das ums barocke Münster gebettet scheint, nie läuteten die Glocken Sturm, Alarm, warnten: Versteckt eure Kinder, die Häscher kommen! Das Kloster, die grausame Anstalt, in der die Ärzte den schnellen Tod kommandierten.

Vis-à-vis vom Kloster und früher dessen Teil: Das Brauhaus, von Abt Beda 1724 erneuert, nichts erinnert bei den Bildern des saufenden Mönchs, der sich genüsslich den Bierschaum vom Maule wischt mit dem Handrücken und dann am gesunden Bauch, vom gesunden Bier, Zwiefalter Braukunst allemal, die Hände trocknet an seiner braunen Kutte, nichts erinnert an meinen Vater, den hageren, schmächtigen. An nichts ist der damalige Hartz-IV-Empfänger zu erkennen in jener Zeit, Händler und Bauern und Hausfrauen und Irrenwärter sehen alle aus wie du und ich, nur die Irren erkennt man, der Hosenstall offen, die Joppe schräg und verkleckert, der Hut schief im Genick, das Lachen der Kinder im heiteren Gesicht.

Die erkennbaren Hartz-IV-Empfänger hat Kanzler Joschka Schröder ja erst vierzig, fünfzig Jahre später erfunden. Sie sehen so aus, wie sie die »Stuttgarter Zeitung« im September 2012 aussehen lassen möchte: Ein dicker, ja, ein fetter Wanst, die Fresse nicht poliert, nicht rasiert, hockt schepps auf dem Armsünderbänkle, die Schnapspulle in der Hand.

So sehen sie aus für die seriöse »Stuttgarter Zeitung«, deren Abonnement im Regelsatz der armen Schweine nicht enthalten ist, ach, ich wünschte mir, die dummen Redakteure der Titelseite würden morgen schon dem Schicksal anheimfallen, arbeitslos zu werden, und sei es nur für vier, fünf Jahre, um Erfahrungen zu sammeln im richtigen Leben.

Damals also tanzten wie heute die frischen Forellen im Bach, der Aach heißt. Immer noch und immer wieder tanzen sie und flirren im glasklaren Quellwasser, haben keine Ahnung, was ihnen blüht, wissen nichts vom Grill, nichts von heißer Butter, nichts vom Peterling, den man ihnen bald schon ins offene Maul stopfen wird. Nimmerlang, nimmerlang, ruf ich ihnen zu, sie wissen ja nicht, dass da die Reisegesellschaften, eben aus dem Bus gestiegen, auf den frischen Fang warten.

Forelle blau
Forelle gedünstet
Forelle gegrillt
Forelle Müllerin
Forelle geräuchert

Dass die da einfach so schwammen und essbar sein sollten, wollte mir als Schulbub nicht so recht einleuchten. Wenn's Wasser bloß nich so kalt wär! Meine Mutter stand Schmiere mit mir, und mein Vater zog die Gummistiefel über und watete durch den Bach, der Aach hieß, aber die Forellen waren schneller. »Du Aas«, rief er, »jetzt krieg ich dich!« – »Nich so laut«, warnte meine Mutter. Mein Vater, Mitte vierzig, hechtete im Bach, der Aach hieß, fluchend hin und her, drohte den Fischen, »nu warte, dlei habichdich!« Triumphierend hielt er, pitschenass, ein Prachtexemplar in der Hand, auch pitschenass, warf's im hohem Bogen auf die nächtliche Gasse, »aber wie kriegen wir den tot?«, fragte ich. »Uffschlitzen, stell dich nich so an!« Ich schnitt mir zweimal in den Finger, der Fisch zappelte, mein Vater wrang die gute Joppe aus und half mir beim Totmachen.

Er war pitschenass, das muss ich zweimal sagen, weil überall aus ihm Wasser rauskam. Er war tagelang krank hinterher. »Ich hab Blut und Wasser geschwitzt«, erzählte meine Mutter bei guten Gelegenheiten, als die Zeiten besser waren, »Blut und Wasser«. Mir war das damals eher peinlich. Unser Ruf war zwar nicht der beste im Dorf, durch das der Bach floss, Aach, auch das Dorf hatte nicht den besten Ruf, doch ich ahnte, dass sich die intellektuelle Crème de la Crème, mit der meine Eltern verkehrten und zu der sich vor allem mein Vater zählte, abwenden würde von uns. Immerhin gehörte der Weinhändler dazu und der Dorfarzt, dann ein ehemaliger Polizist aus Schlesien und der einarmige Buchhalter einer Spinnerei. Die konnte ich als Freunde des Elternhauses in der Schule in die Waagschale werfen, und zur Not auch den evangelischen Pfarrer, der mitlitt mit uns Atheisten. Aber wenn sie sich abwendeten von uns, hatten wir niemanden mehr. Sie mussten sich nicht abwenden. Wir wurden nicht erwischt.

Vielleicht hatte ich heimlich gebetet? Weiß man's? Es wäre das erste Mal, dass Gott auf einen jungen Atheisten hört.

Wer bettelt, stellt die gerechte Ordnung in Frage, immer schon. Deshalb verfluchen die Gemeinderäte die Bettler und treiben sie von einer Stadt in die andere. Toleranz gegenüber den Ärmsten spricht sich in der Szene so schnell herum wie der Weg zu einem Nummernkonto in der Schweiz unter den Reichsten.

Vom Betteln wird man nicht satt, sagt ein chinesisches Sprichwort. Die Kommunistische Partei glaubt das und schickt die Bettler in Arbeitslager, wo sie aber auch nicht satt werden. Ich wurde immer satt, ich hätt Bettler werden können von Berufs wegen. Das haben die Zeiten gemacht. Den rumänischen Kindern brechen sie die Knochen, damit sie krumm daherkommen, Mitleid erregend. Sie können auch so gucken, dass man gleich weinen möchte. Manche Kinder haben Angst vor dem Gebrochenwerden und kommen deshalb schon krumm auf die Welt. Da muss man als Erwachsener gar nicht mehr viel machen.

Bettler – um die zunehmende Zahl der Ausgegrenzten auf einen Begriff zu bringen – finden sich heute unversehens in der Rolle von Angreifern: Sie verletzten Sauberkeits- und Ordnungsvorstellungen. Ernst Bloch meinte zum Thema Geld:»Da es nicht für alle reicht, springen die Armen ein.«

Am unbeliebtesten sind aggressive Bettler, weiß ich aus Umfragen. Erst arm sein und dann noch frech werden, möchte man ihnen zurufen und die herbeigerufene Polizei zu aggressivem Eingreifen ermuntern, doch meist bedarf es solcher Ermunterungen gar nicht. Denkbar wäre übrigens auch, dass der deutsche demokratische Staatsapparat gegen aggressiven Steuerbetrug vorgeht, gegen jene zehntausende von Patrioten, die ihr Geld am Finanzamt vorbei ins Ausland schieben und sich hier lauthals über schlechte Schulen beklagen. Das wäre ja noch schöner.

Schön, wenn wir Arbeit haben. Ein Privileg, gewissermaßen. Das kann morgen anders sein. Da wartet die Agentur für Arbeit auf Sie. Und ab sofort gilt für alle Faulenzer: Egal welcher Tarif, egal wie hoch der ortsübliche Lohn. Zumutbar ist jede Form von Arbeit – Kohlen schippen, Schwarzgeld in die Schweiz bringen, Klos reinigen. Also all das, was zu Wallraffs Zeiten die Türken gemacht haben. Und zumutbar ist auch jede Form von Entlohnung: Prämien, Hungerlöhne, Bestechung.

Unzumutbarkeit ist auf persönliche Kriterien begrenzt: Wem die Arme fehlen, der muss nicht rudern, und wer taubstumm ist, braucht nicht bei der Telefonseelsorge arbeiten. Und wer seine Stimme nicht erhebt, braucht nicht wählen gehen, das erledigen dann andere für ihn. Und dann geht ein Ruck durchs Land ... wir dürfen nicht scheitern.

Die Welt ist eine Blume, die aus einem Samenkorn ewig hervorgeht. Friedrich Hegel

Nichts ist schlimmer als Scheitern! Denn wer scheitert, wer durch den Rost gefallen ist, wird merken, dass es bei uns selten so viel Stimmungsmache und Hass gab: auf die Verlierer – die Penner, die Stadtstreicher, die Streuner, die Bettler, die Straßen-Alkoholiker, die Wohnsitzlosen, die Staatenlosen also, weil die bessere Gesellschaft das Gefühl hat, die wollen ihr ans Leder. Wie schön das wär.

In den neuen Bundesländern gehen immerhin 86 Prozent der Jugendlichen davon aus, dass sie keine Chance haben. Das klingt realistisch.

Ringsum Zagen. Nirgends Zoff. Schade, eigentlich. Es sei denn, wir zählen die NSU als Zoff.

Nee. Lieber nich. Vielleicht sollten wir, mehr als sonst, unser eigenes Ding machen. Den Gegenstandpunkt formulieren. Nach verschütteten Pfaden suchen, nach Wurzeln, nach Freundlichkeit, nicht nach Macht.

Vielleicht gibt es ja außer Cross-Border-Leasing auch andere Ideen. Utopien für heute. Querdenken, statt geradeaus laufen. Optimismus gegen die Kultur des politischen Jammerns. Nur wer an Wunder glaubt, ist realistisch genug in diesen Zeiten.

Nachsicht mit Dank.
Ein Epilog

Es ist Freitag, der 26. Juli 2013, 21.20 Uhr. Heiß draußen. Marlies sitzt nebenan und sammelt für unser neues Domizil in Sonnenberg Gedanken und Muster: Eine hartnäckige, wunderbare Frau. Jochen Stankowski in Dresden erreiche ich eben nicht, er wird dieses Buch setzen und gestalten. Unterdessen bearbeitet Angelika Lüning einen Haufen Fotos, sie sind unvollständig, unsortiert, wer sind die Fotografen? Ein Chaos, wie's in diesem Buche steht.

Susanne Heeber hat mir die Last abgenommen und 1000 Seiten Manuskripte, Lesestoffe, Bruchstücke sortiert, eine Art Vor-Lektorat. Vor ein paar Tagen schrieb mir Gertrud Menczel: »Ich bin gespannt auf die ersten fertiggestellten Kapitel.« Sie wird »Alles Lüge außer ich« lektorieren. Na, dann viel Vergnügen! Titus Häussermann, ein alter Bekannter aus meinen Zeiten bei der Evangelischen Studentengemeinde, ist der Chef des Tübinger Silberburg-Verlags. Er war etwas besorgt, ob denn das nicht mit zu heißer Nadel gestrickt sei. Und wie! Und: ich auch.

Das Lektorat braucht Zeit bis August 2013. Dann muss ich vermutlich noch mal ran. Ende August schaue ich der Grafik über die Schulter, um dem Verzweifelten Mut zuzusprechen. Am 27. Oktober 2013 stelle ich das Werk in unserem Theaterhaus vor. Wenn Sie Interesse haben, lese und diskutiere ich auch bei Ihnen, mit oder ohne Musikke. Schreiben Sie mir.

Gestern klopfte mir Rüdiger Gay auf die Schultern: Wird schon, sagte er. Er jedenfalls kennt meine Arbeitsmethoden: fünf vor 12 oder auch gar nicht, wenn Sie wissen, was ich meine. Er sei gespannt, wie ich die alten Konflikte im Sozialistischen Zentrum bearbeiten würde, beispielsweise, um die beiden konkurrierenden Zeitungsprojekte »Tageszeitung/taz« und »Die Neue«. Die Neue war Nachfolgerin des Berliner Extradienstes und erschien nahezu zeitgleich wie die »taz«. Rüdiger ist ein alter Skeptiker. Er sah zeitig in der »Neuen« die linken Traditionalisten und in der »taz« die Neuen Linken. Ich umgekehrt, aber heute nicht mehr.

Vieles in meinem Leben ist anderen wichtiger als mir, vieles habe ich vergessen, verdrängt, unterdrückt, weggelassen – es fehlte die Zeit, der Platz, die Ruhe, die notwendig wäre für ein Buch, wie ich es mir wünschte. Zeitlebens habe ich mir zu viel vorgenommen, ich weiß. Aber meine Güte – draußen wartet die Welt! In den Wagenhallen trommelt die »Capella Rebella« gegen aufgezwungene und unnötige Großprojekte, 800 Leute sind da – und ich sitze hier! Auf dem Karlsplatz protestieren seit Tagen drangsalierte Asylbewerber – und ich sitze hier! Auf dem Sonnenberg wäre der Garten zu richten, auf dem Friedhof das Elterngrab zu pflegen – und ich sitze hier!

Vergesst es! Ich sitze nicht länger. Ich setze jetzt Prioritäten.

Danke an die vielen, denen ich bei 15 Lesungen im Theaterhaus dieses Projekt und etwas von meiner Philosophie vorstellen konnte! Danke an alle, die ich immer wieder vernachlässigt und sitzengelassen habe, die Frauen, die Kranken und Gesunden, die Müden, die Aufrechten, und an alle, die in diesem Buch nicht auftauchen. Ehrlich, an euch denk ich besonders gern, wollt aber hier nicht sagen, warum. Warum auch?

Momentan plane ich meine Beerdigung. Langfristig, sehr langfristig. Es soll ein Fest werden. Ich hoffe, Sie sind dabei.

Ich auch.

Peter Grohmann

Inhaltsverzeichnis